Billard Carambole: Plus énigmes et puzzles

Problèmes et situations qui amélioreront votre analyse tactique et vos compétences de jeu.

Allan P. Sand
PBIA Instructeur de billard certifié

ISBN 978-1-62505-294-0
PRINT 7x10

ISBN 978-1-62505-448-7
PRINT 7.5x9.25

Copyright © 2019 Allan P. Sand

All rights reserved under International and Pan-American Copyright Conventions.

Published by Billiard Gods Productions.
Santa Clara, CA 95051
U.S.A.

For the latest information about books and videos, go to:
http://www.billiardgods.com

Acknowledgements

Wei Chao created the software that was used to create these graphics.

I want to specifically thank the following for help in making this book work:
Raye Raskin
Bob Beaulieu
Darrell Paul Martineau

Contenu du livre

INTRODUCTION GÉNÉRALE 1
Configuration de la table... 1
Règles de jeu 1
Descriptions de balle 2
Options de table 2
Comment étudier 2
Défis pour le plaisir et le profit 2

MOTIFS EXEMPLE 3
Groupe 1, set 6 (diagramme 2) 3
Groupe 5, set 11 (diagramme 3) 4

GROUPE 1 5
Groupe 1, set 1 5
Groupe 1, set 2 7
Groupe 1, set 3 9
Groupe 1, set 4 11
Groupe 1, set 5 13
Groupe 1, set 6 15
Groupe 1, set 7 17
Groupe 1, set 8 19
Groupe 1, set 9 21
Groupe 1, set 10 23
Groupe 1, set 11 25
Groupe 1, set 12 27

GROUPE 2 29
Groupe 2, set 1 29
Groupe 2, set 2 31
Groupe 2, set 3 33
Groupe 2, set 4 35
Groupe 2, set 5 37
Groupe 2, set 6 39
Groupe 2, set 7 41
Groupe 2, set 8 43
Groupe 2, set 9 45
Groupe 2, set 10 47
Groupe 2, set 11 49
Groupe 2, set 12 51

GROUPE 3 53
Groupe 3, set 1 53
Groupe 3, set 2 55
Groupe 3, set 3 57
Groupe 3, set 4 59
Groupe 3, set 5 61
Groupe 3, set 6 63
Groupe 3, set 7 65
Groupe 3, set 8 67
Groupe 3, set 9 69

Groupe 3, set 10 71
Groupe 3, set 11 73
Groupe 3, set 12 75
GROUPE 4 77
Groupe 4, set 1 77
Groupe 4, set 2 79
Groupe 4, set 3 81
Groupe 4, set 4 83
Groupe 4, set 5 85
Groupe 4, set 6 87
Groupe 4, set 7 89
Groupe 4, set 8 91
Groupe 4, set 9 93
Groupe 4, set 10 95
Groupe 4, set 11 97
Groupe 4, set 12 99
GROUPE 5 101
Groupe 5, set 1 101
Groupe 5, set 2 103
Groupe 5, set 3 105
Groupe 5, set 4 107
Groupe 5, set 5 109
Groupe 5, set 6 111
Groupe 5, set 7 113
Groupe 5, set 8 115
Groupe 5, set 9 117
Groupe 5, set 10 119
Groupe 5, set 11 121
Groupe 5, set 12 123
GROUPE 6 125
Groupe 6, set 1 125
Groupe 6, set 2 126
Groupe 6, set 3 129
Groupe 6, set 4 131
Groupe 6, set 5 133
Groupe 6, set 6 135
Groupe 6, set 7 137
Groupe 6, set 8 139
Groupe 6, set 9 141
Groupe 6, set 10 143
Groupe 6, set 11 145
Groupe 6, set 12 147
TABLES VIERGES 149

Introduction générale

Vous avez plus d'occasions d'étendre vos compétences. Apprenez à gérer une grande variété de positions de balle qui apparaissent dans le jeu après match. Ces mises en page vous offrent une chance de faire des expériences approfondies. Ces situations de tests personnels offrent des avantages compétitifs importants sur le plan personnel:

- Formation intellectuelle - Évaluez les dispositions et déterminez le nombre d'options disponibles. Faites des croquis des chemins et des vitesses (CB) et des tours pour la table de pratique. Cela augmente vos compétences analytiques et tactiques.

- Confirmation des compétences - Au fur et à mesure que vous tentez chaque concept, votre expérimentation permet de déterminer si elle est viable (dans vos compétences) ou inutile (trop difficile ou fantastique). Cette comparaison entre l'imagerie mentale et les tentatives physiques permet de déterminer la largeur et l'étendue de vos capacités.

- Avancement des compétences - Si un chemin semble prometteur, mais que l'exécution échoue, travaillez avec différentes vitesses / spins pour découvrir ce qui fonctionne. Plusieurs succès consécutifs l'ajouteront à votre bibliothèque personnelle de compétences.

Configuration de la table

Les anneaux de renfort en papier indiquent les emplacements de chaque balle. Placez-les en fonction de l'exercice d'entraînement que vous souhaitez pratiquer.

Règles de jeu

Pratiquez ces situations avec toutes les règles du jeu de billard carambole.

Descriptions de balle

Explication des boules de billard carambola:

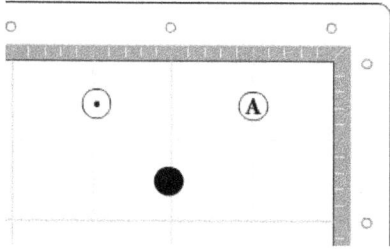

- Ⓐ (CB1) (Première boule de billard)
- ⊙ (CB2) (seconde boule de billard),
- ● (RB) (boule de billard rouge)

Options de table

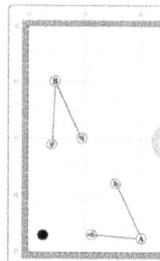

Chaque disposition de table fournit quatre (4) manières différentes de marquer des points:

- CB1 > RB > CB2
- CB1 > CB2 > RB
- CB2 > RB > CB1
- CB2 > CB1 > RB

Comment étudier

Commencez avec l'analyse du fauteuil. Regardez chaque disposition de tableau et examinez les options de jeu possibles. Imaginez que vous essayiez vos idées. Évaluez la vitesse et la vitesse appropriées. Faites des croquis et des Remarques au besoin.

Alternativement, apportez ce livre à votre table de billard. Placez les anneaux de renfort en papier. Déterminez mentalement combien de manières différentes vous pouvez jouer la mise en page. Ensuite, essayez vos idées et voyez si votre imagination est à la hauteur de vos compétences. Prenez des Remarques de vos idées.

À la table de billard, appliquez vos idées. Sur un tir manqué, ajustez vos vitesses / tours et angles. C'est ainsi que vous devenez un joueur de billard plus dur et plus dangereux.

Défis pour le plaisir et le profit

Pensez à organiser une compétition amicale entre vos amis. Sélectionnez plusieurs de ces mises en page et relevez le défi.

Utilisez un format round robin. Tout le monde essaie (1, 2 ou 3). Le gagnant reçoit l'argent et un autre tour commence.

Motifs exemple

Groupe 1, set 6 (diagramme 2)

Votre fantaisie peut-elle correspondre à votre réalité?

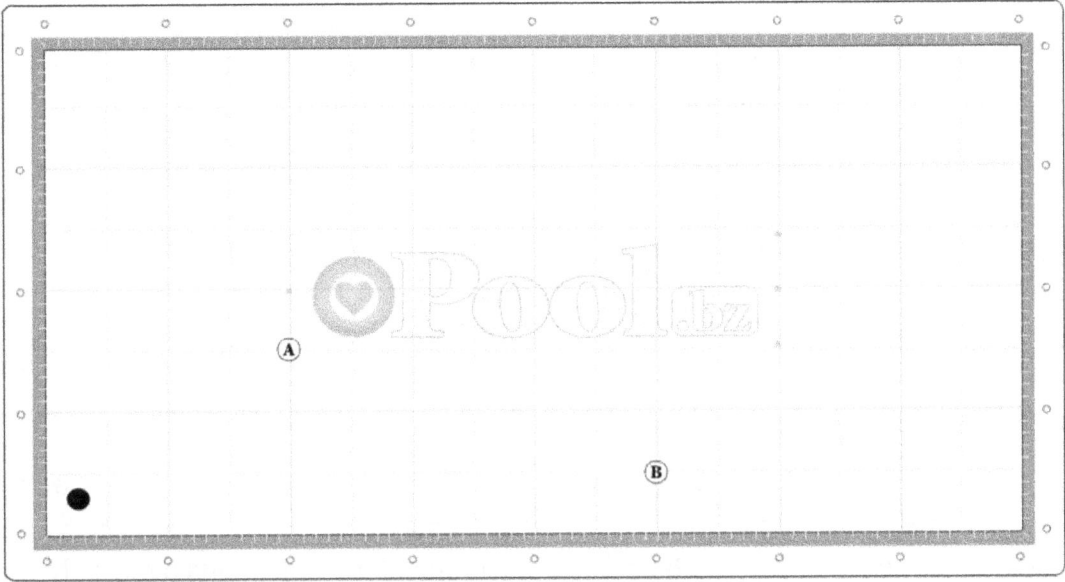

Par exemple (règles à billar tres bandas), sur chaque modèle, vous avez 4 choix de pratiques possibles que vous pouvez expérimenter et différentes solutions.

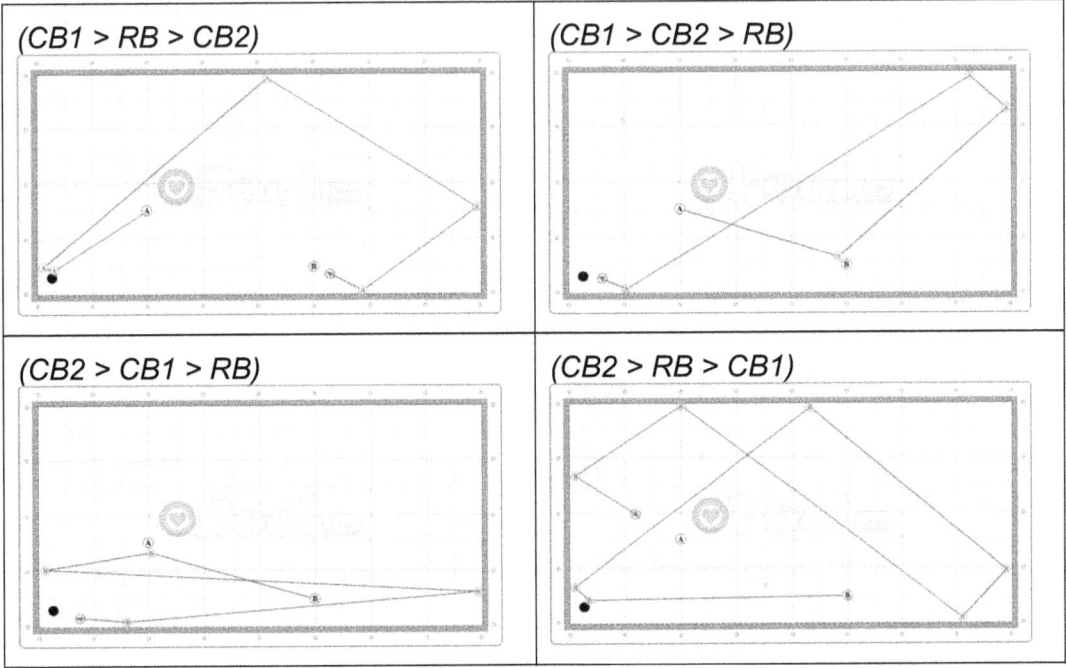

Groupe 5, set 11 (diagramme 3)

Chaque diagramme est une opportunité d'expérimenter et de tester votre imagination ET vos compétences de tir.

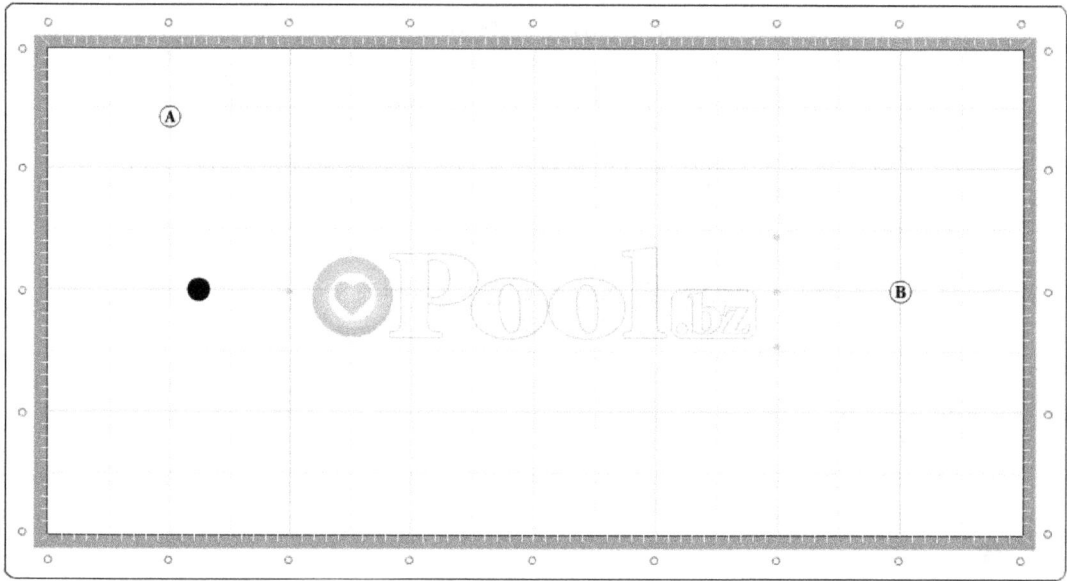

Par exemple (règles à billar tres bandas), sur chaque modèle, vous avez 4 choix de pratiques possibles que vous pouvez expérimenter et différentes solutions.

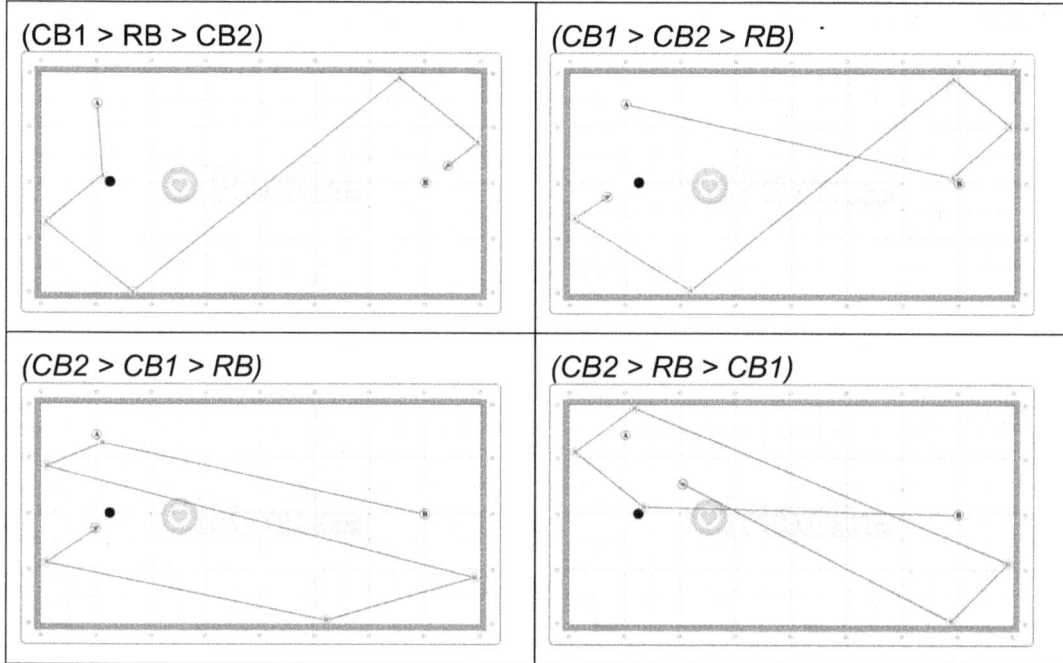

GROUPE 1
Groupe 1, set 1

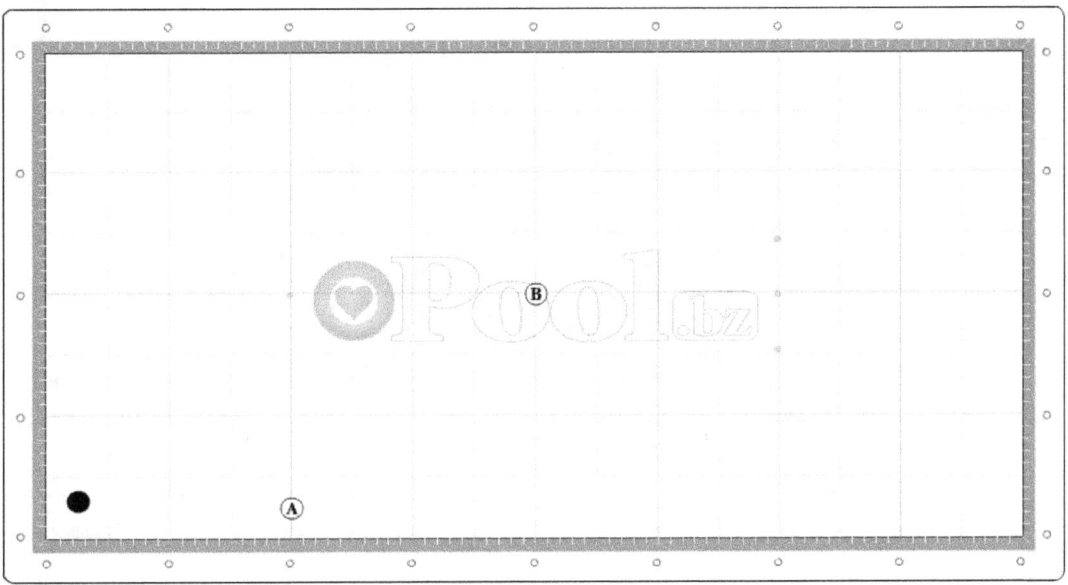

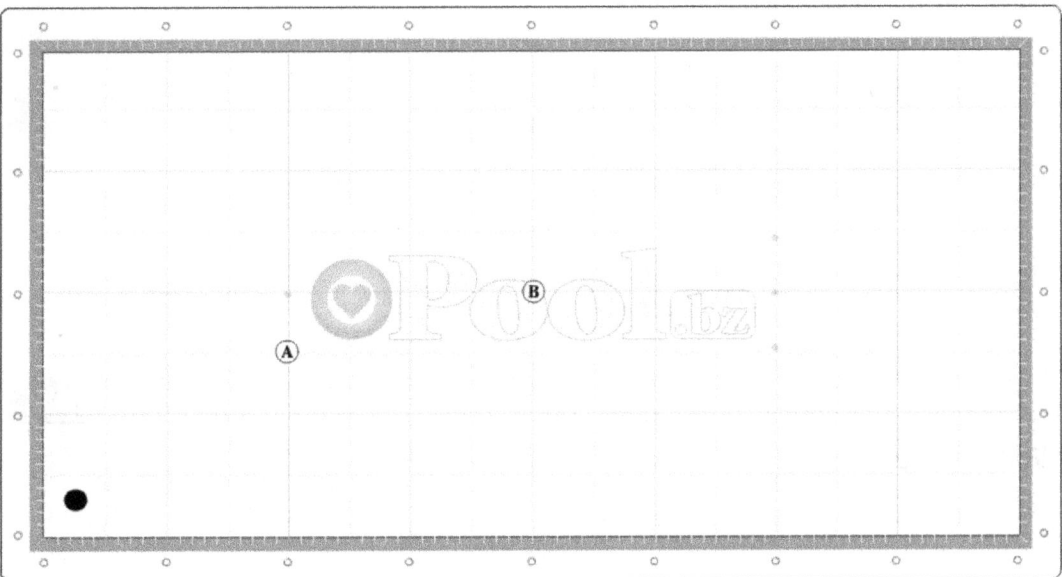

REMARQUES:

Billard Carambole: Plus énigmes et puzzles

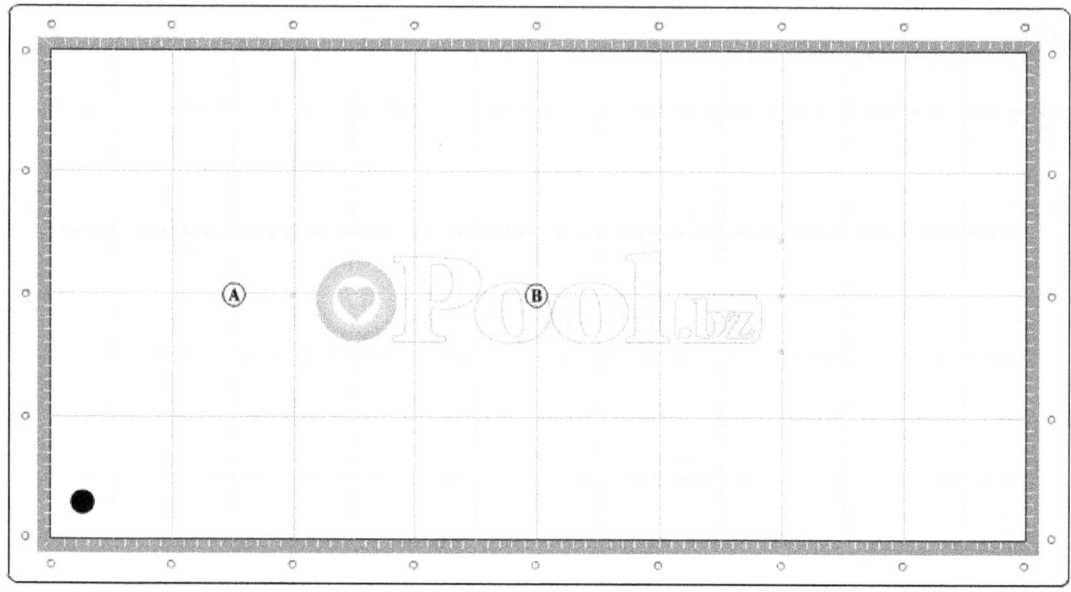

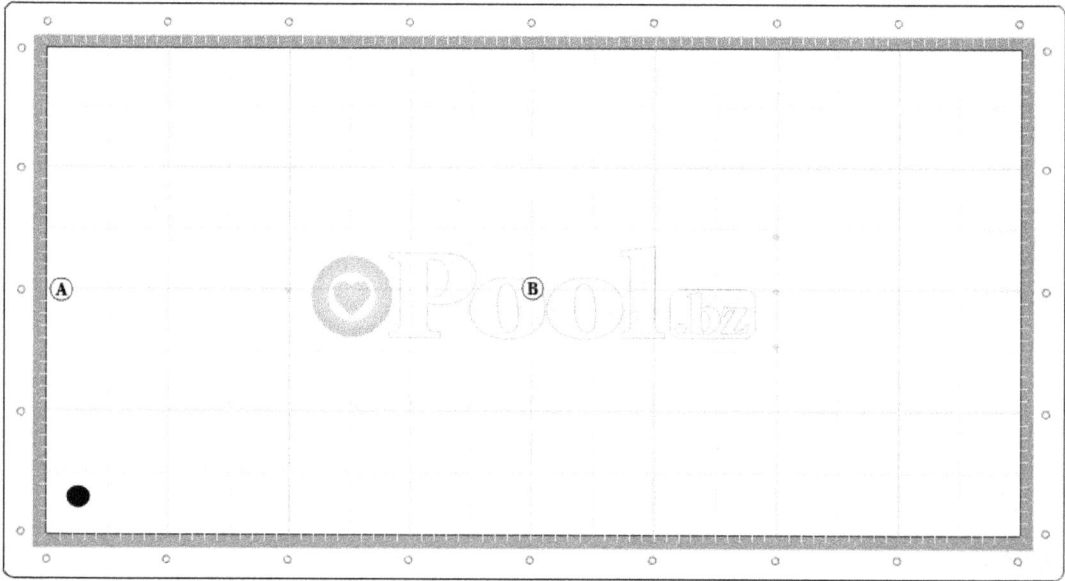

REMARQUES:

Groupe 1, set 2

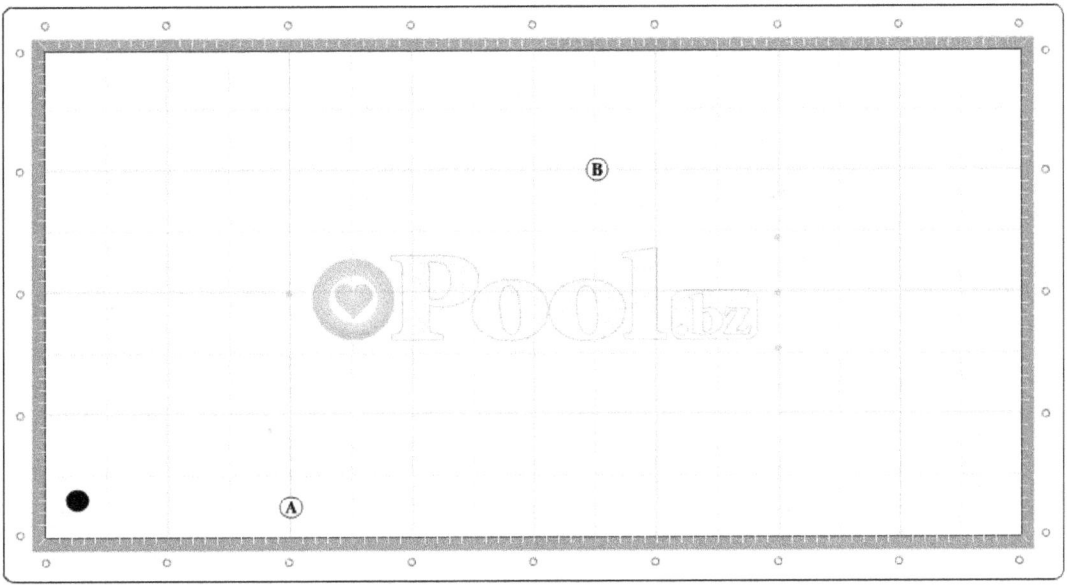

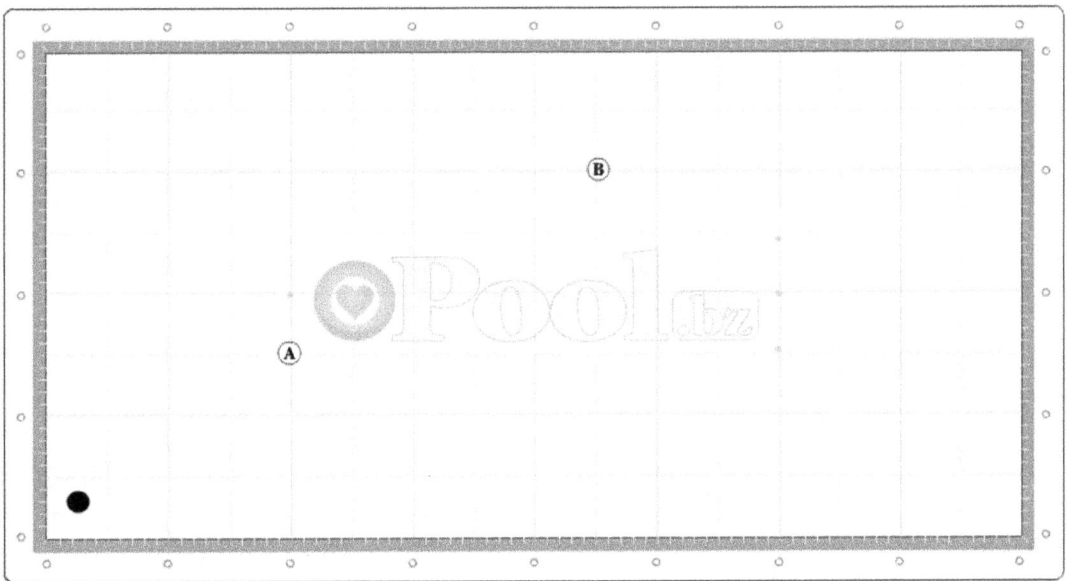

REMARQUES:

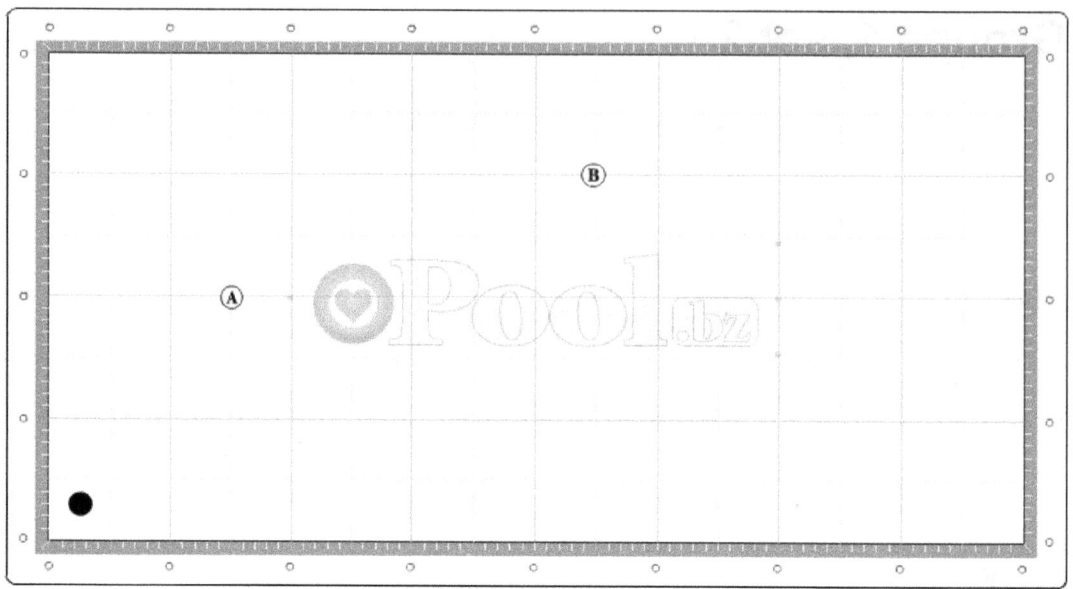

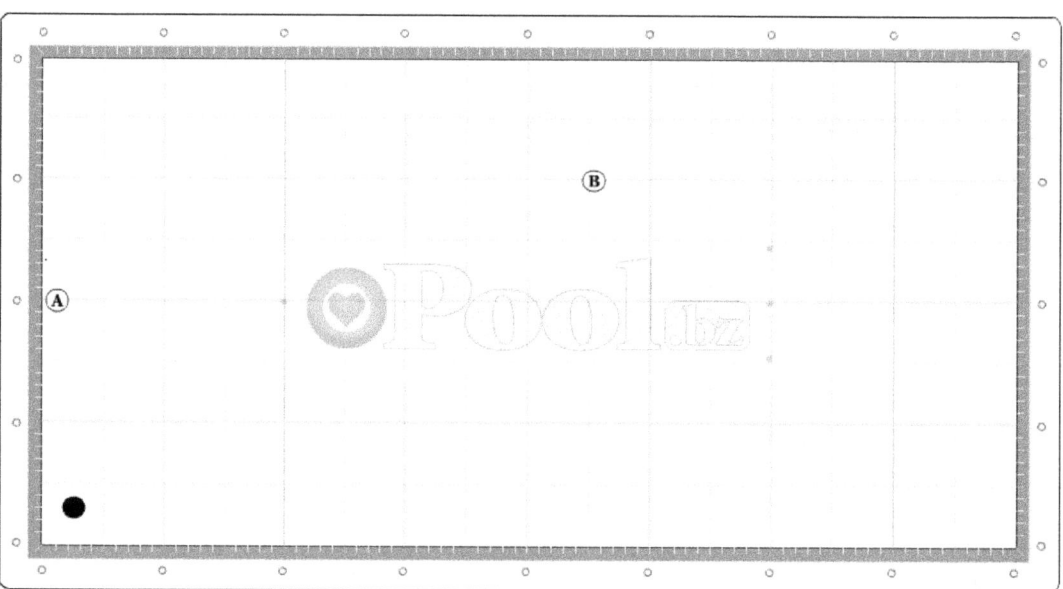

REMARQUES:

Groupe 1, set 3

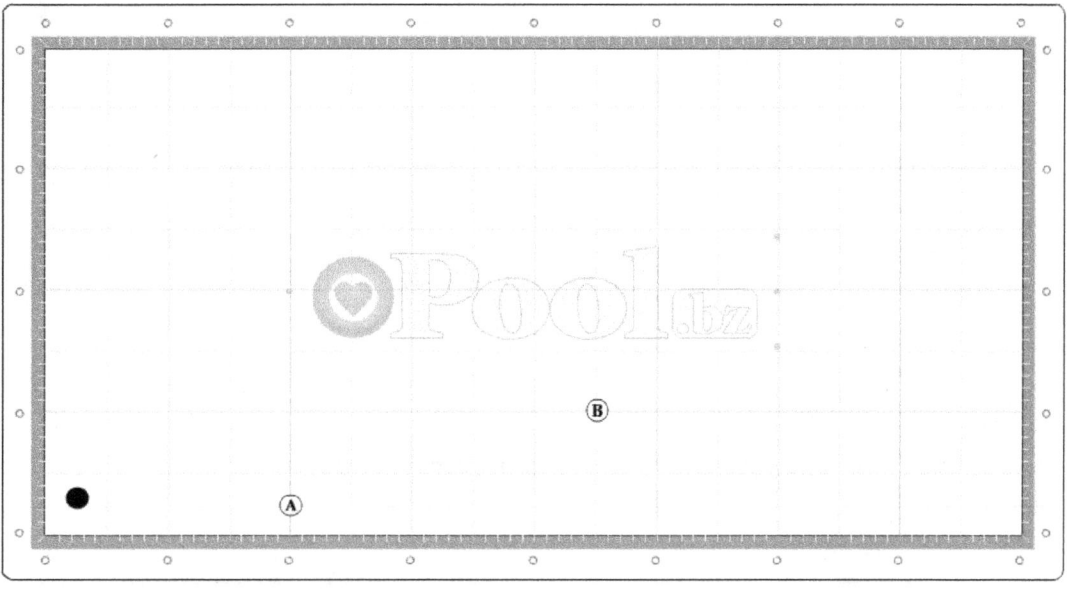

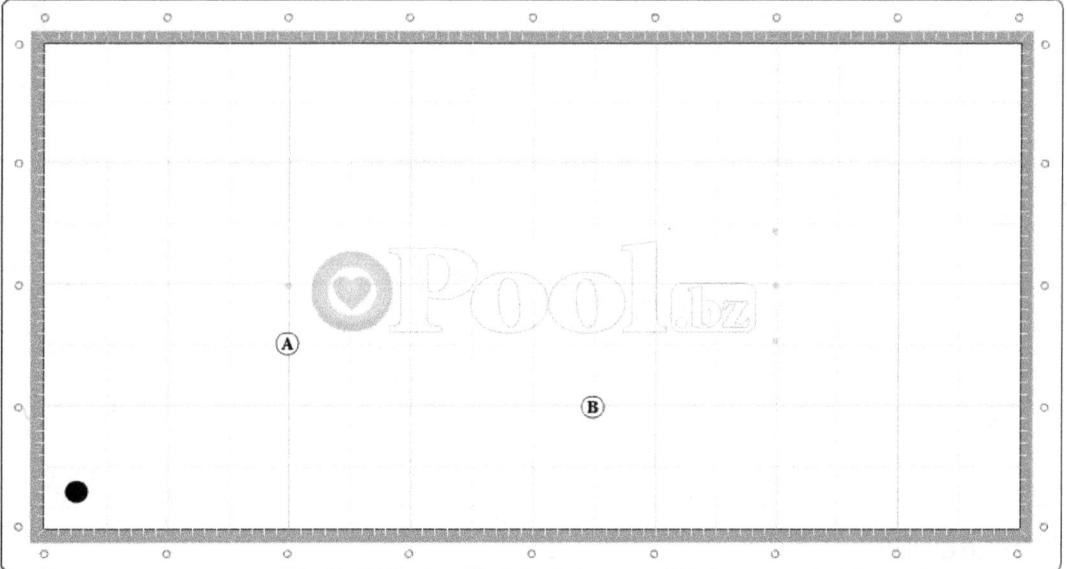

REMARQUES:

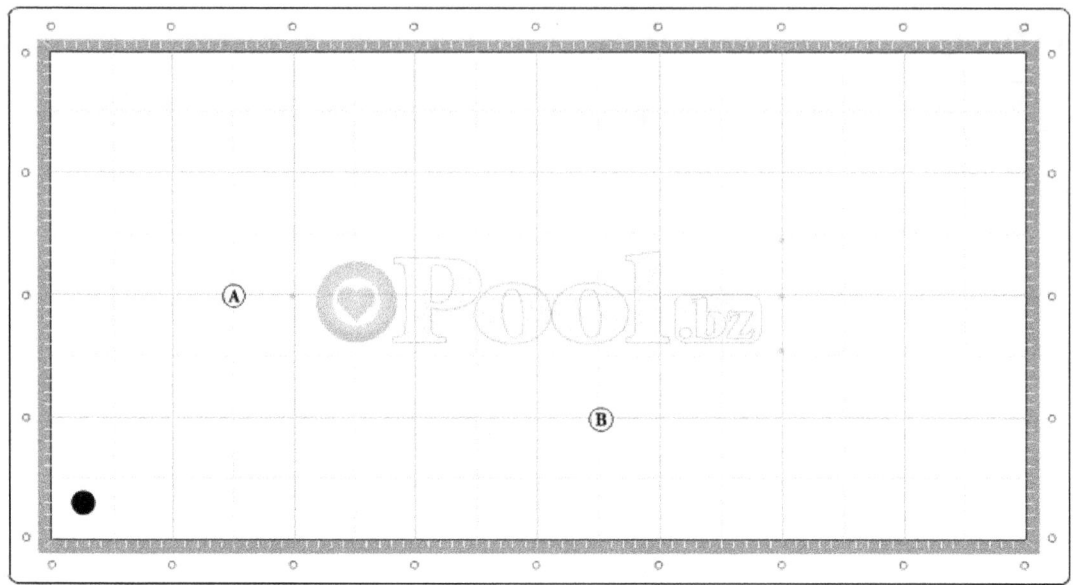

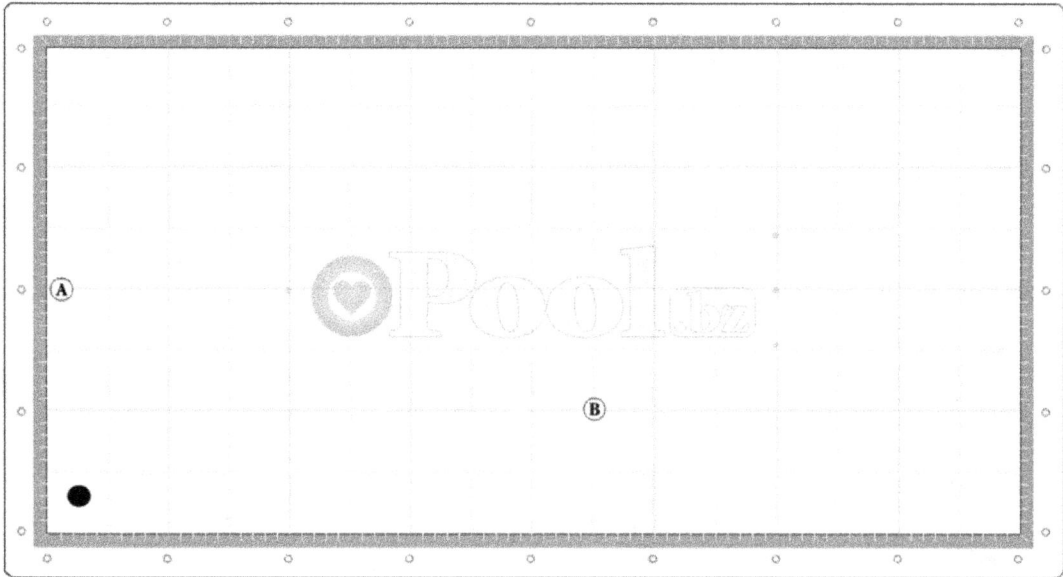

REMARQUES:

Groupe 1, set 4

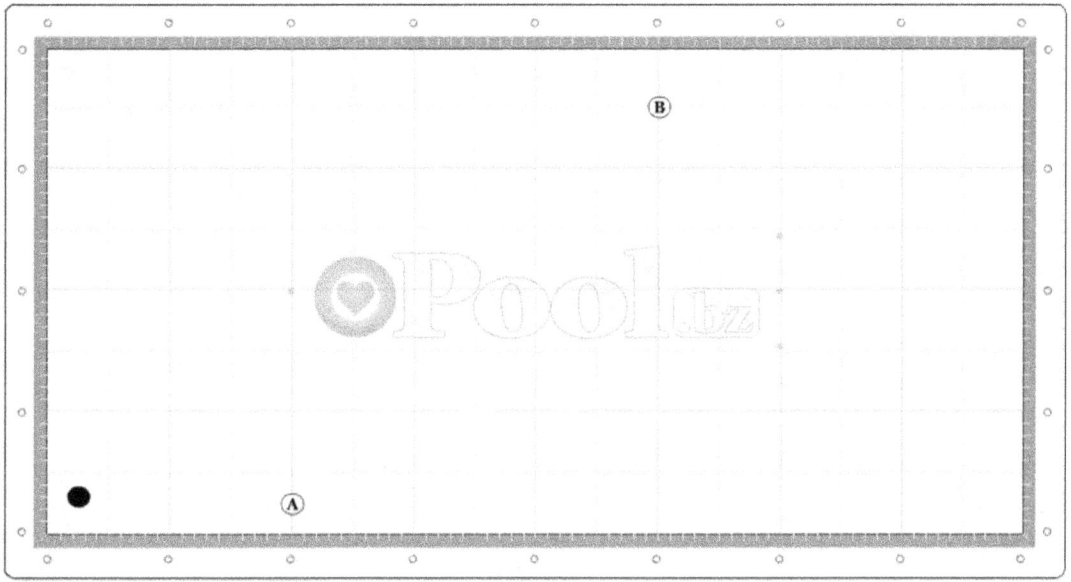

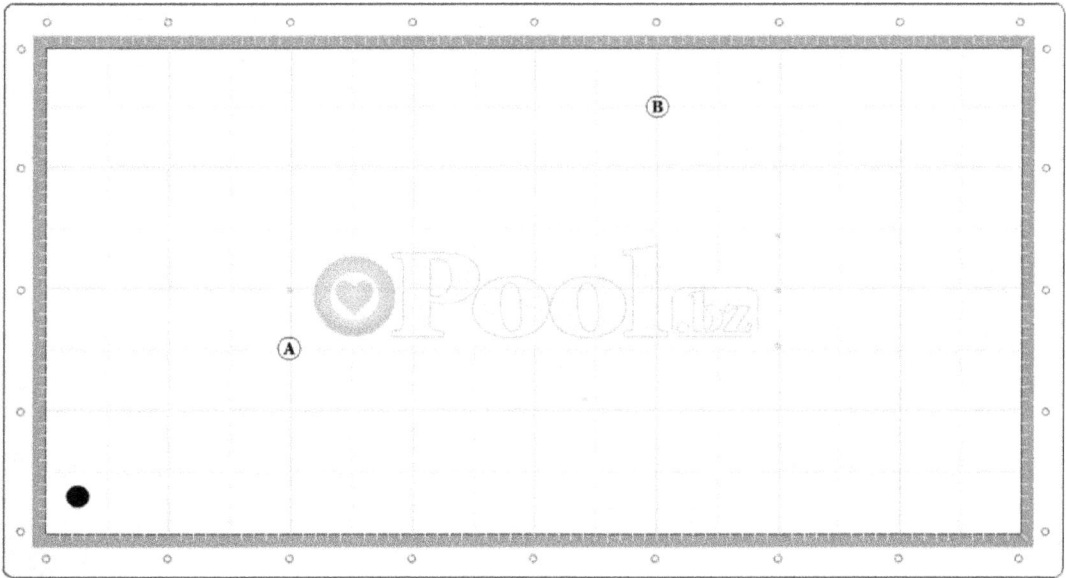

REMARQUES:

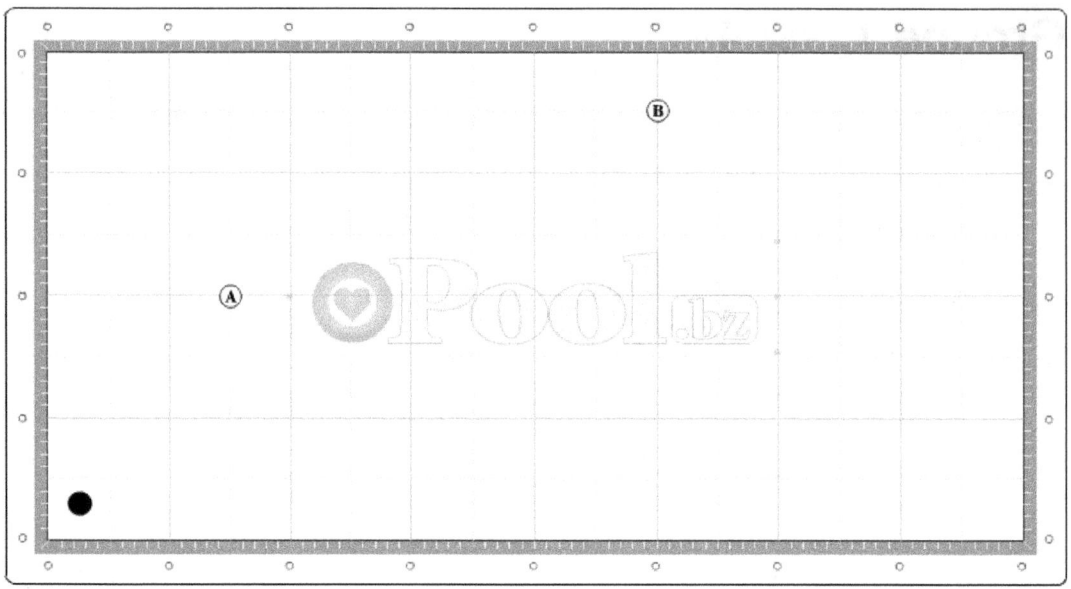

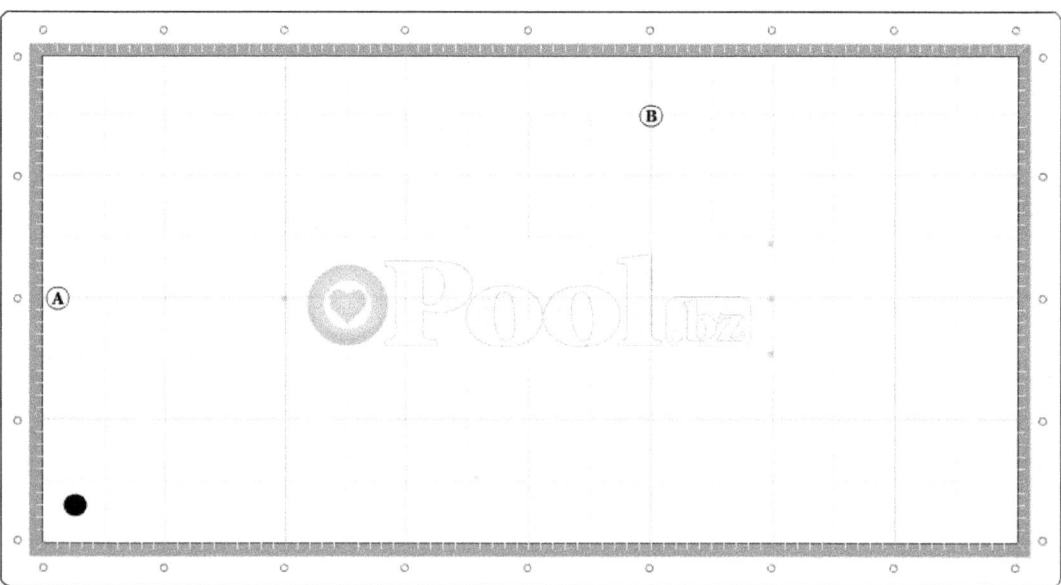

REMARQUES:

Groupe 1, set 5

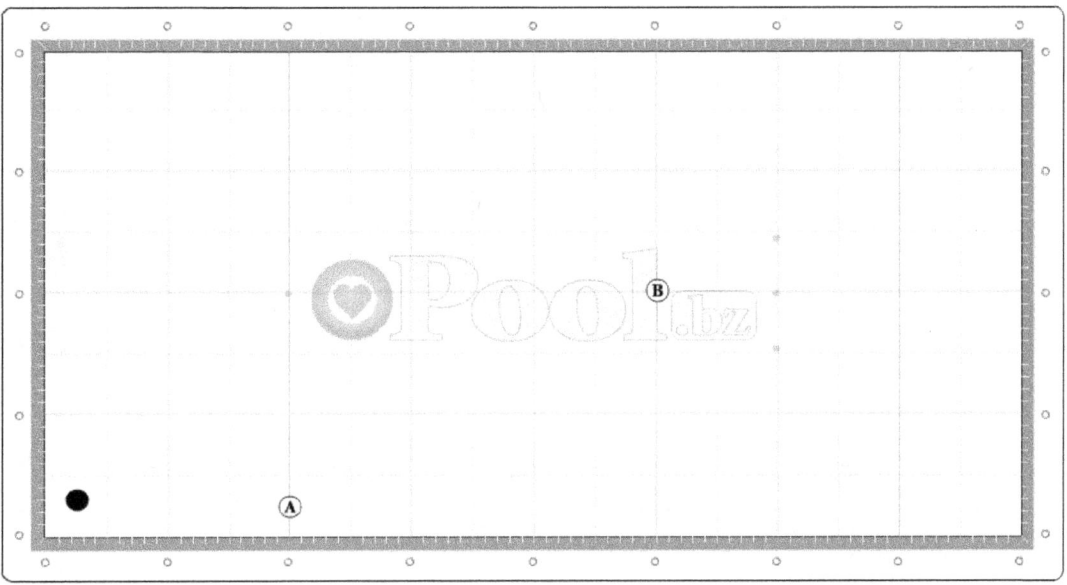

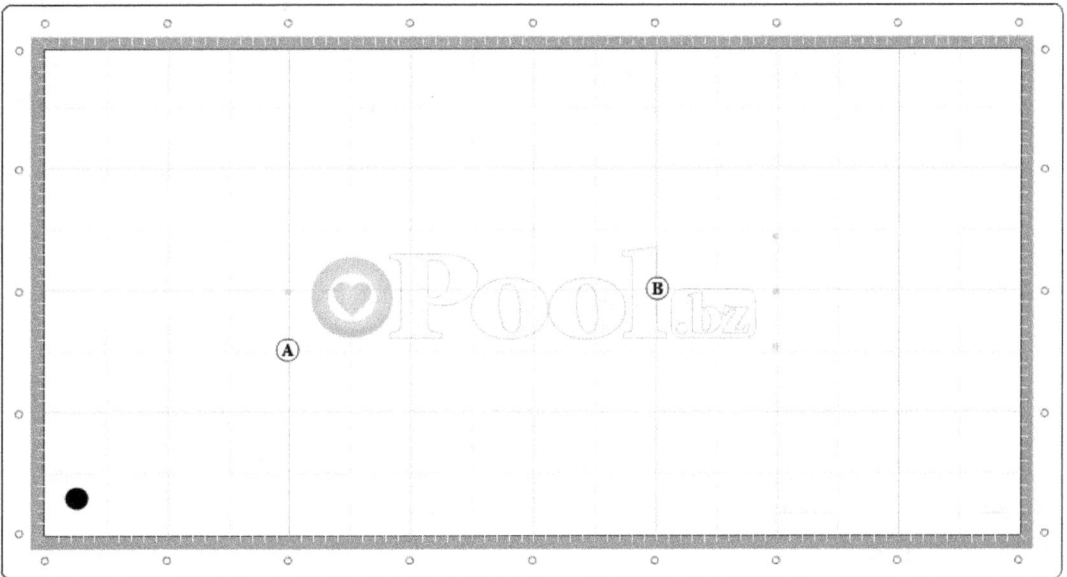

REMARQUES:

Billard Carambole: Plus énigmes et puzzles

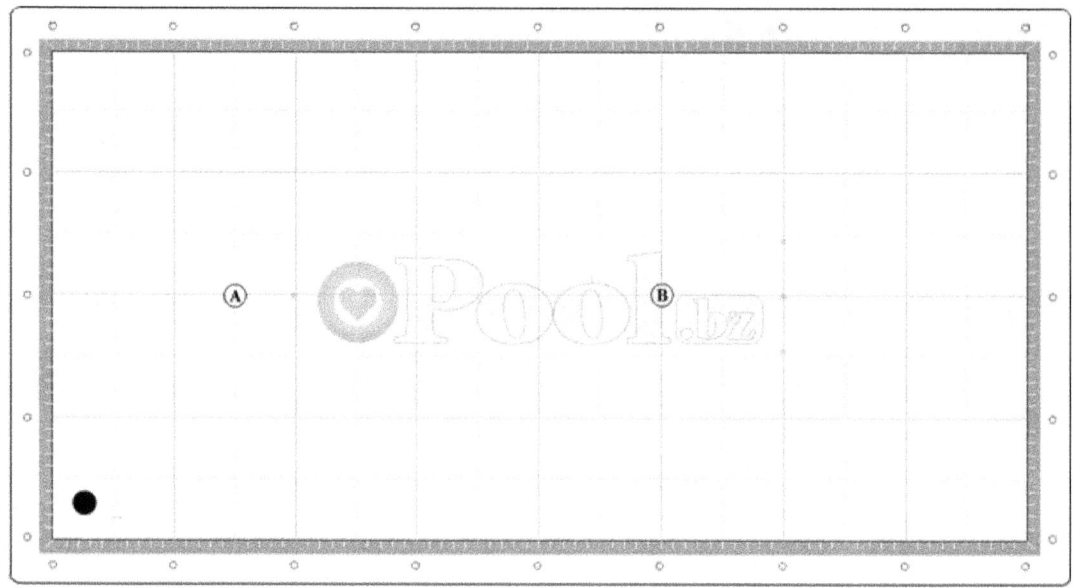

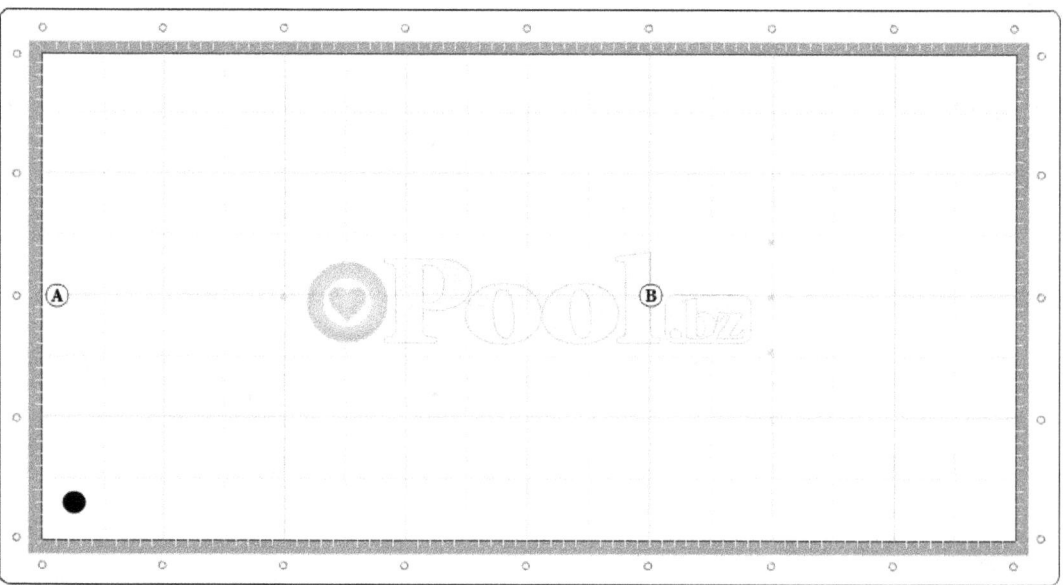

REMARQUES:

Groupe 1, set 6

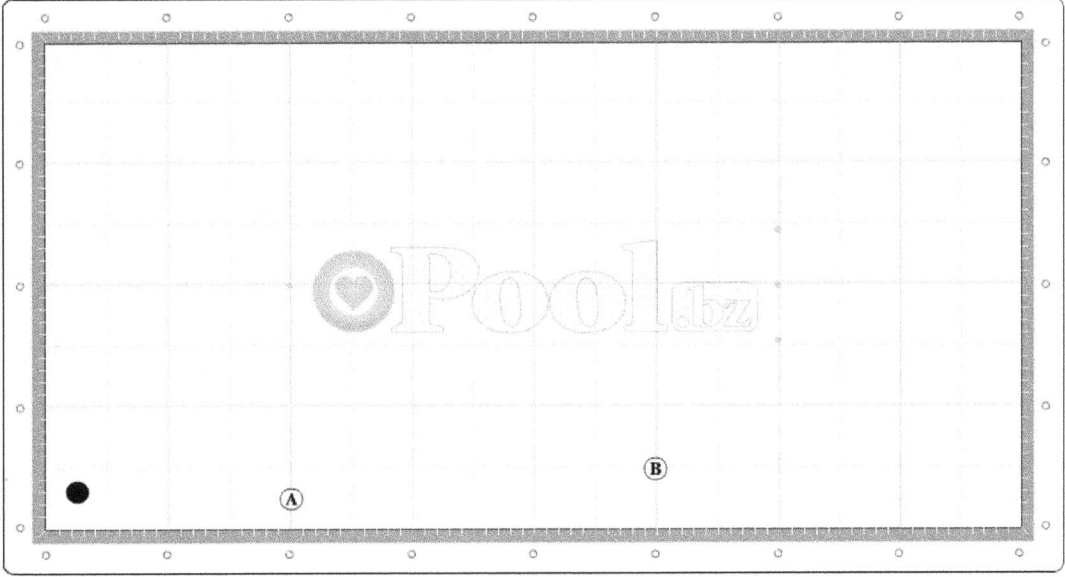

(Au début de ce livre, il y a 4 exemples de solutions de cette mise en page.)

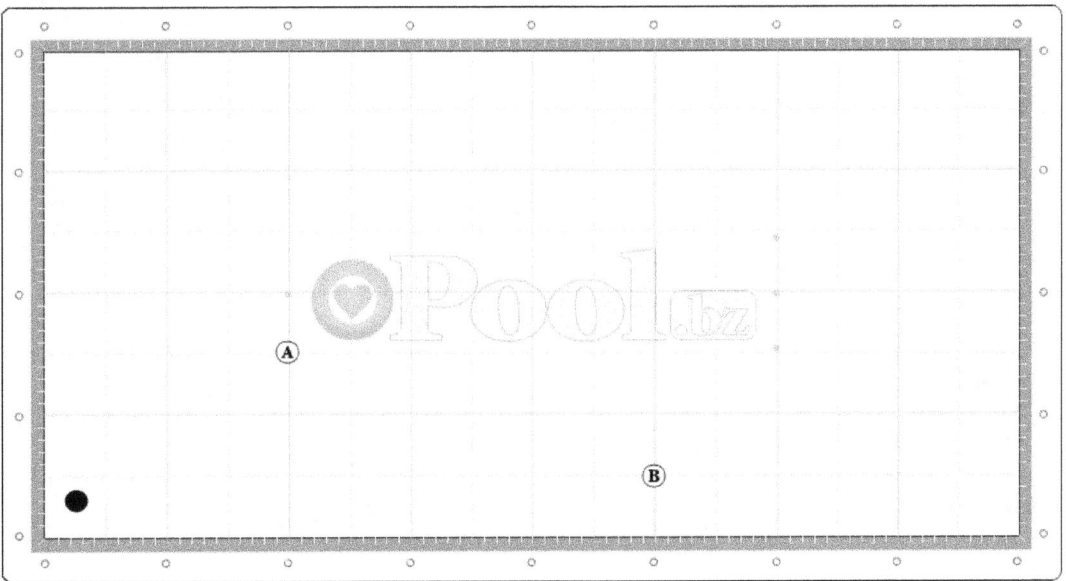

REMARQUES:

Billard Carambole: Plus énigmes et puzzles

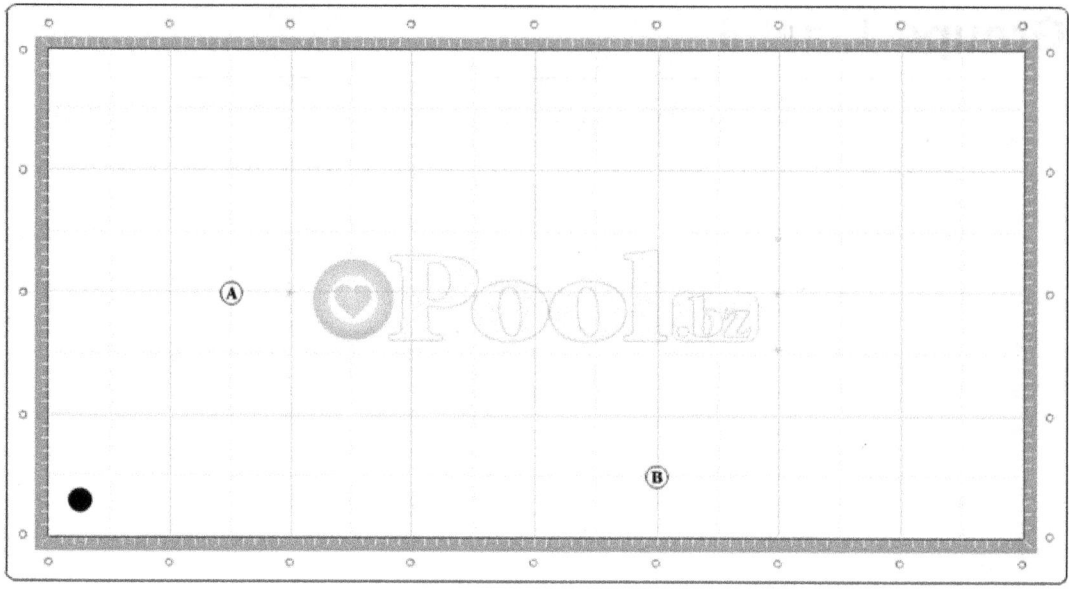

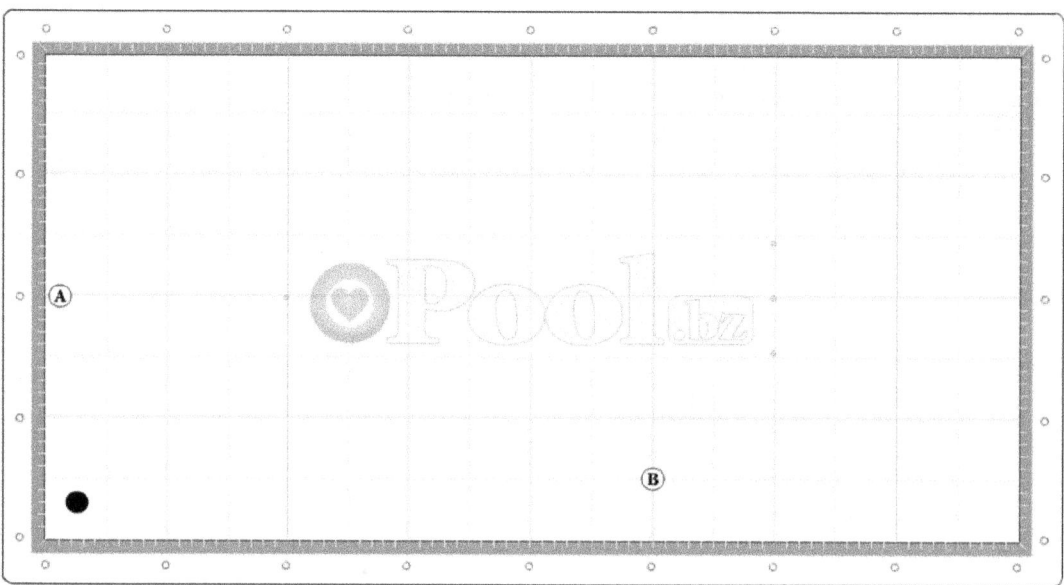

REMARQUES:

Groupe 1, set 7

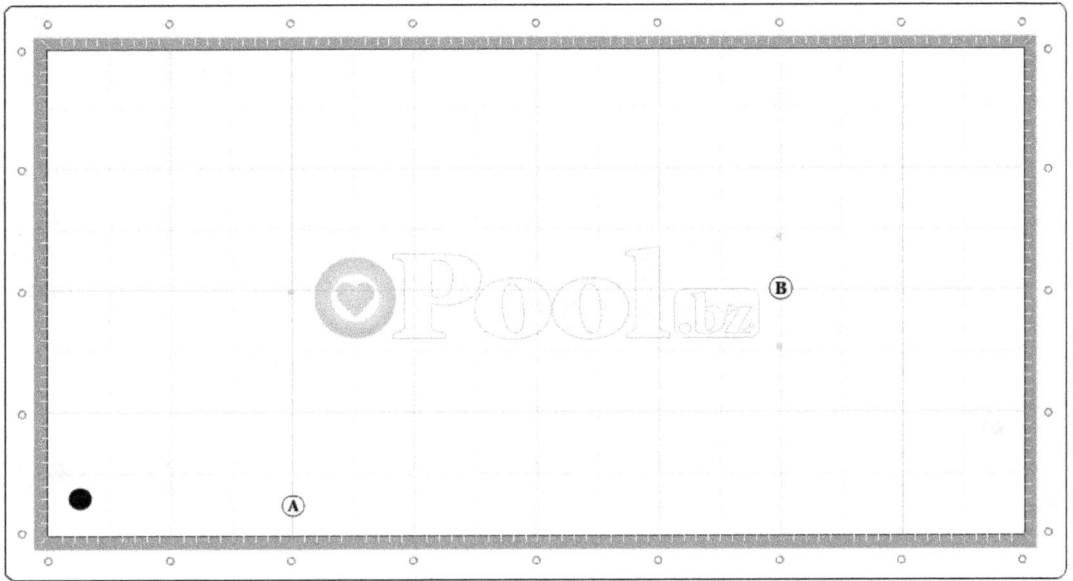

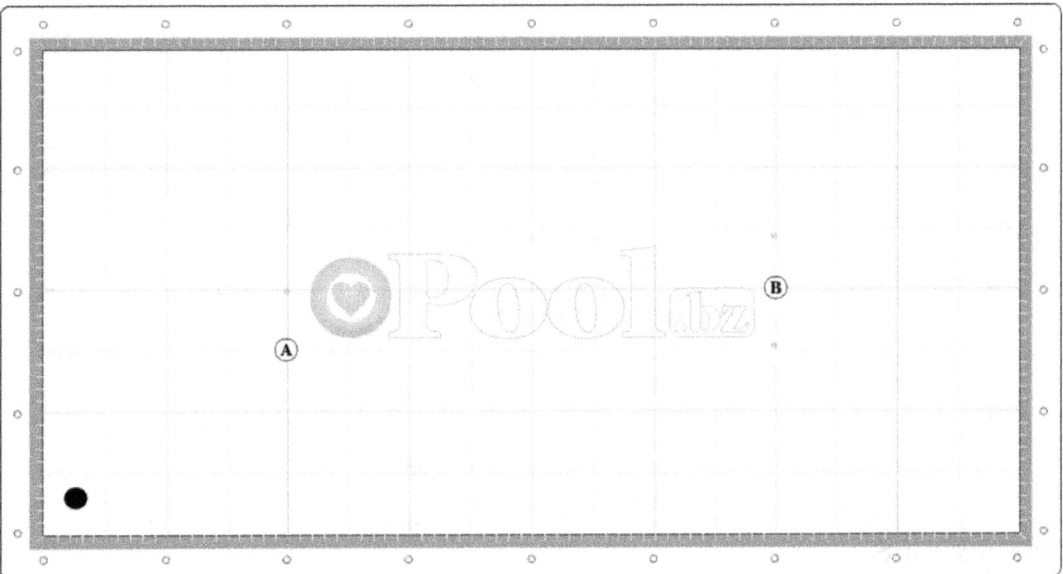

REMARQUES:

Billard Carambole: Plus énigmes et puzzles

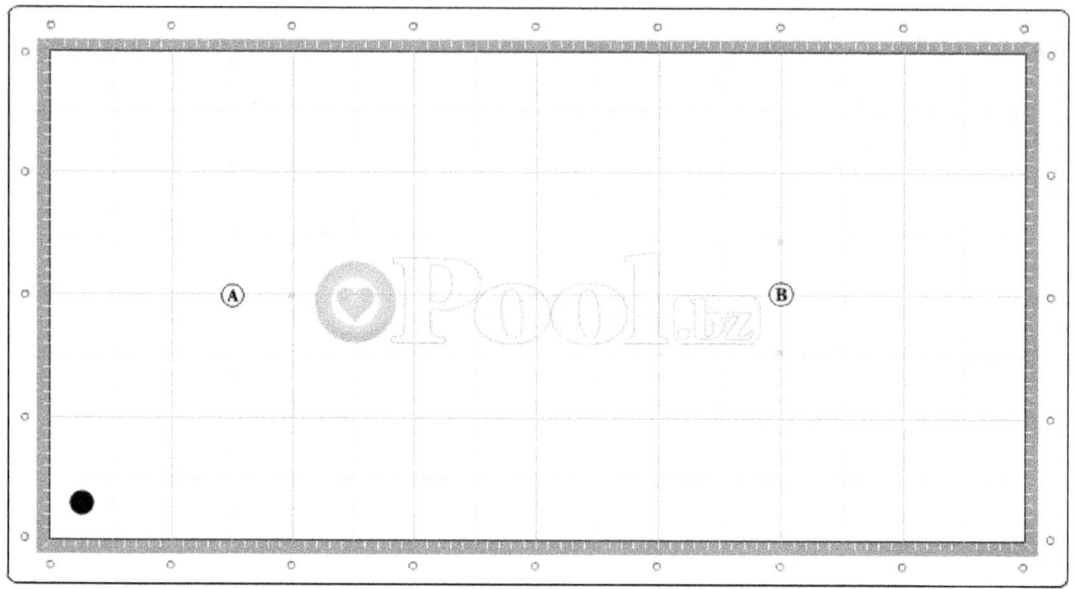

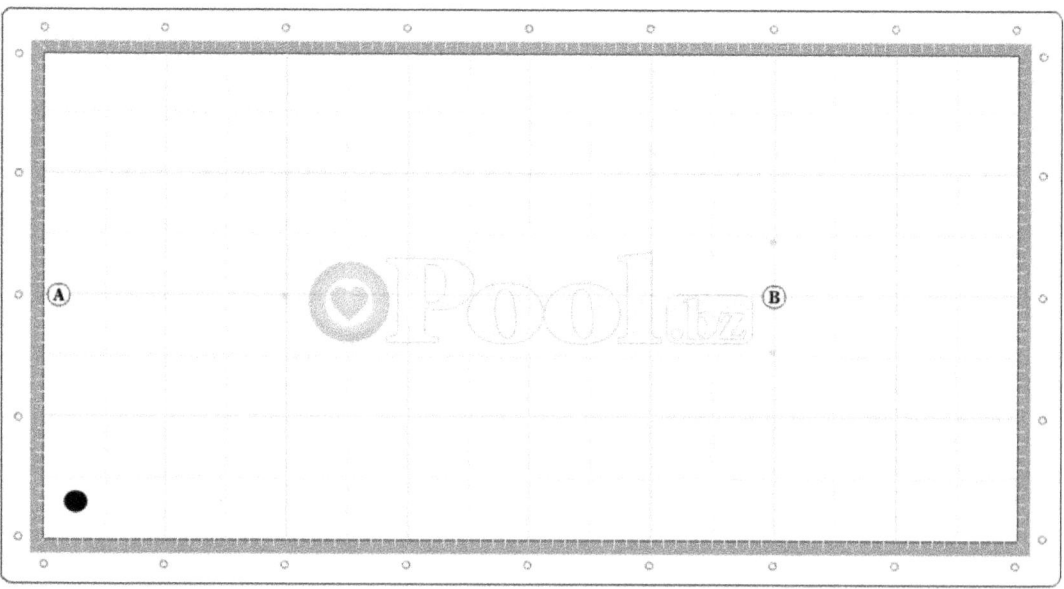

REMARQUES:

Groupe 1, set 8

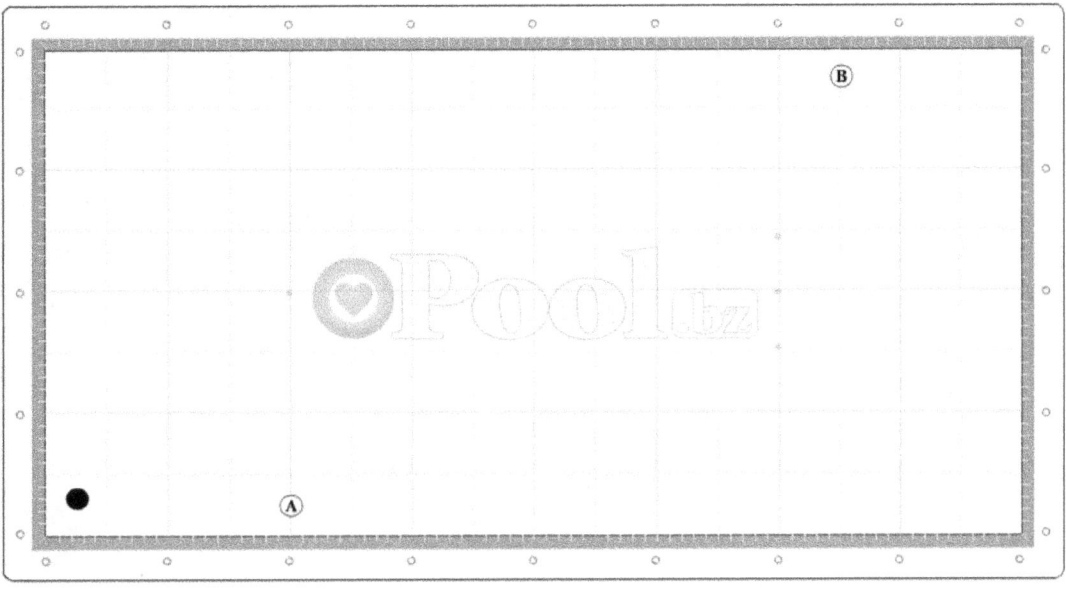

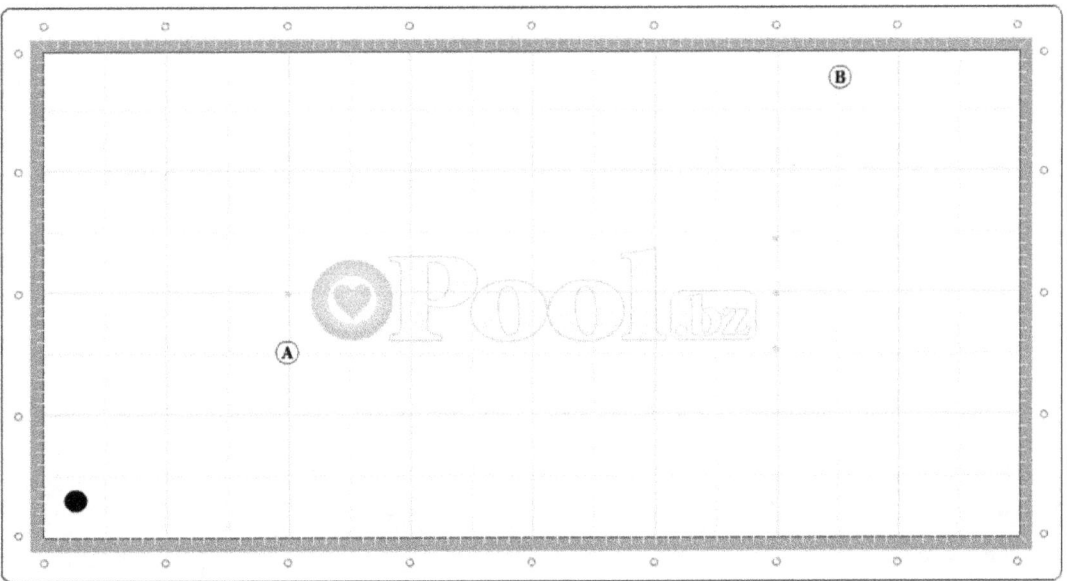

REMARQUES:

Billard Carambole: Plus énigmes et puzzles

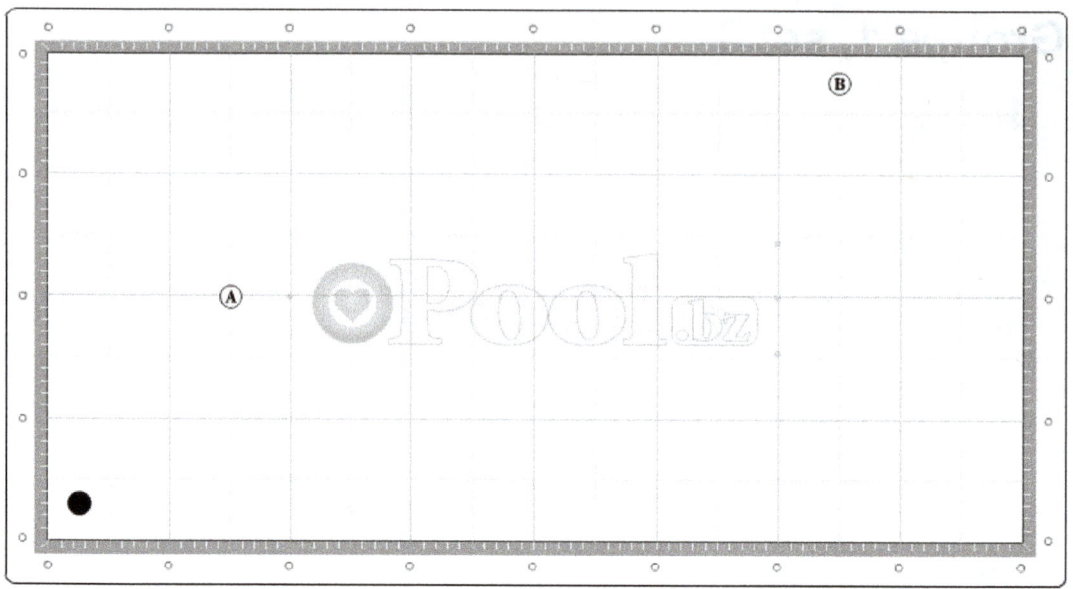

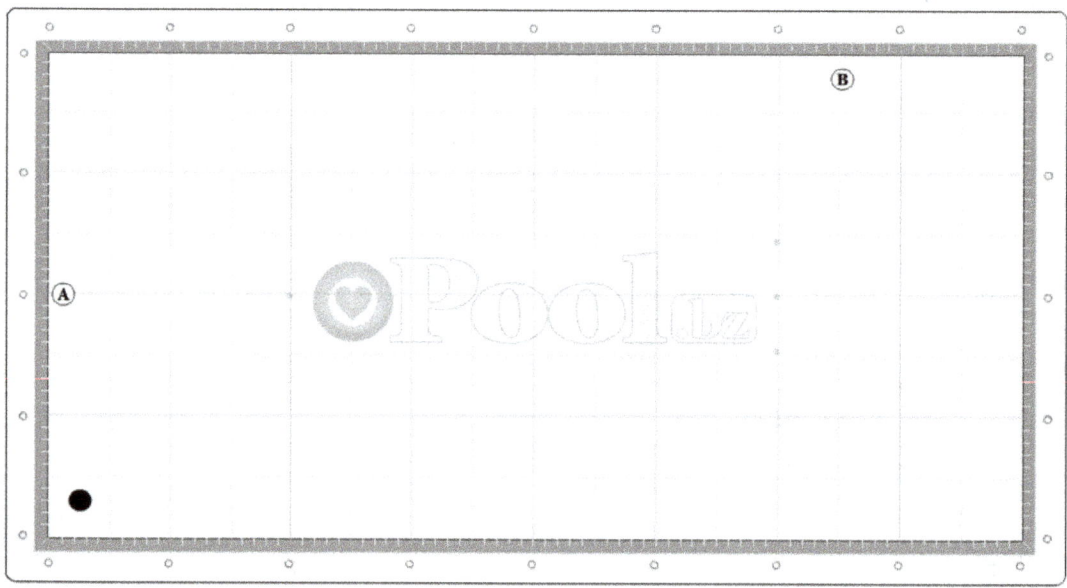

REMARQUES:

Groupe 1, set 9

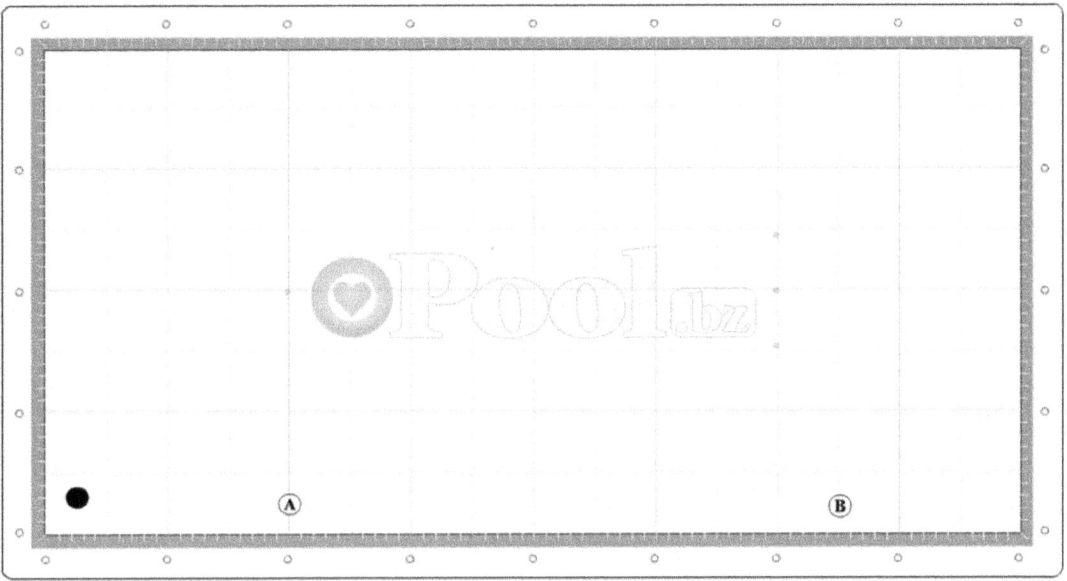

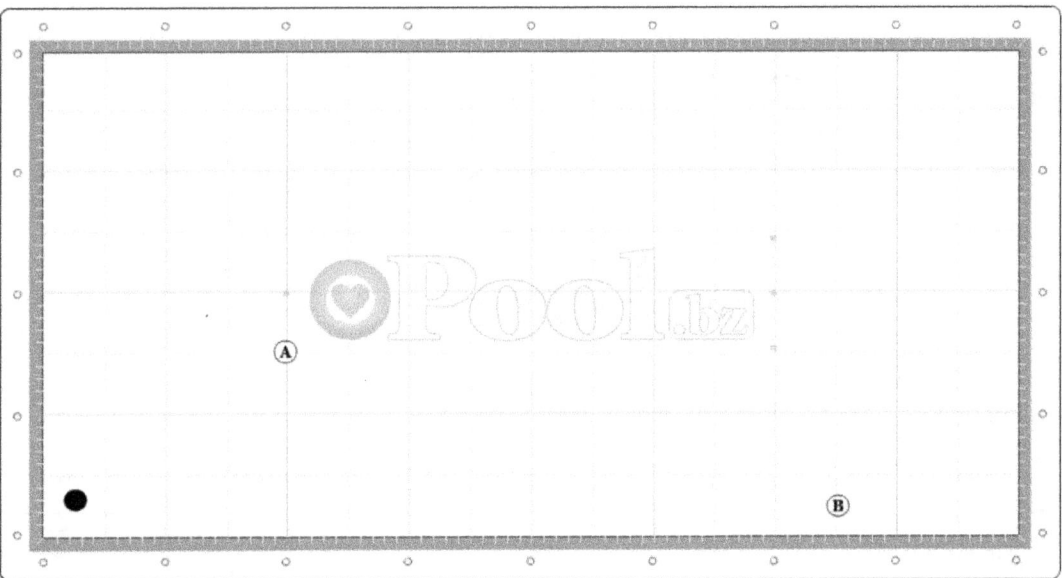

REMARQUES:

Billard Carambole: Plus énigmes et puzzles

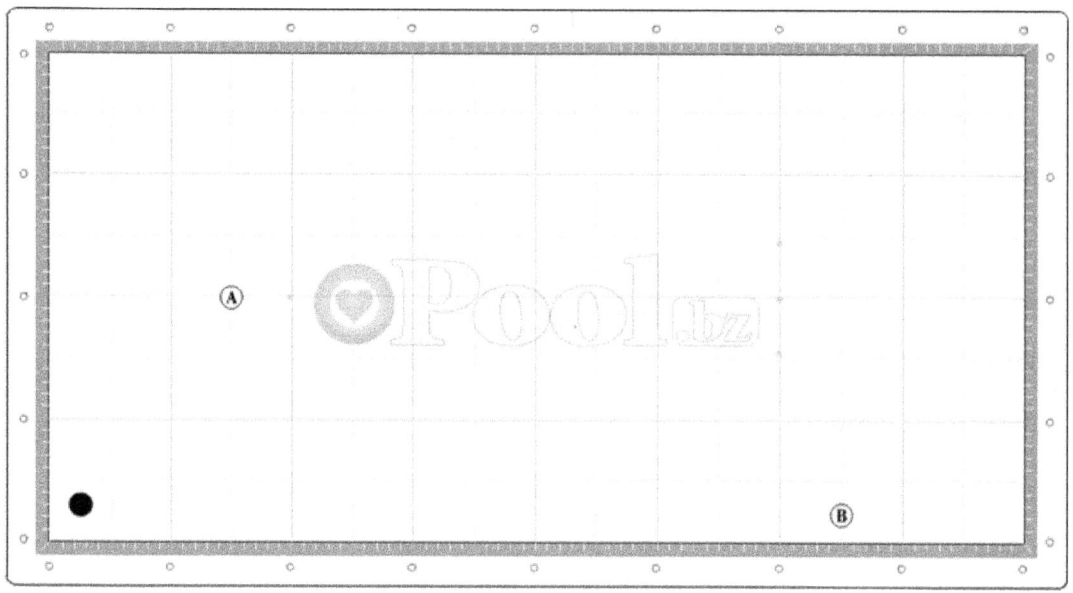

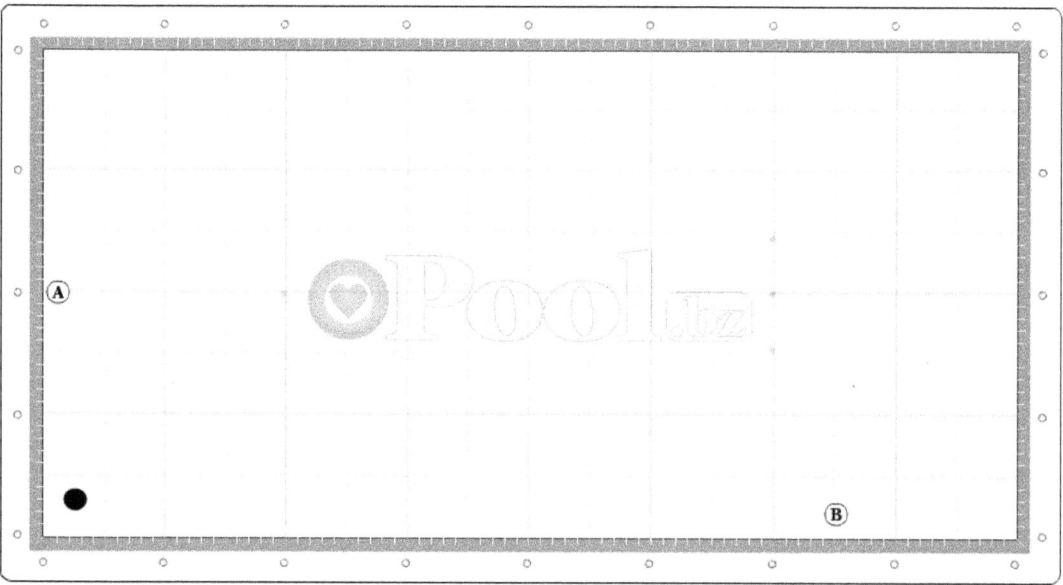

REMARQUES:

Groupe 1, set 10

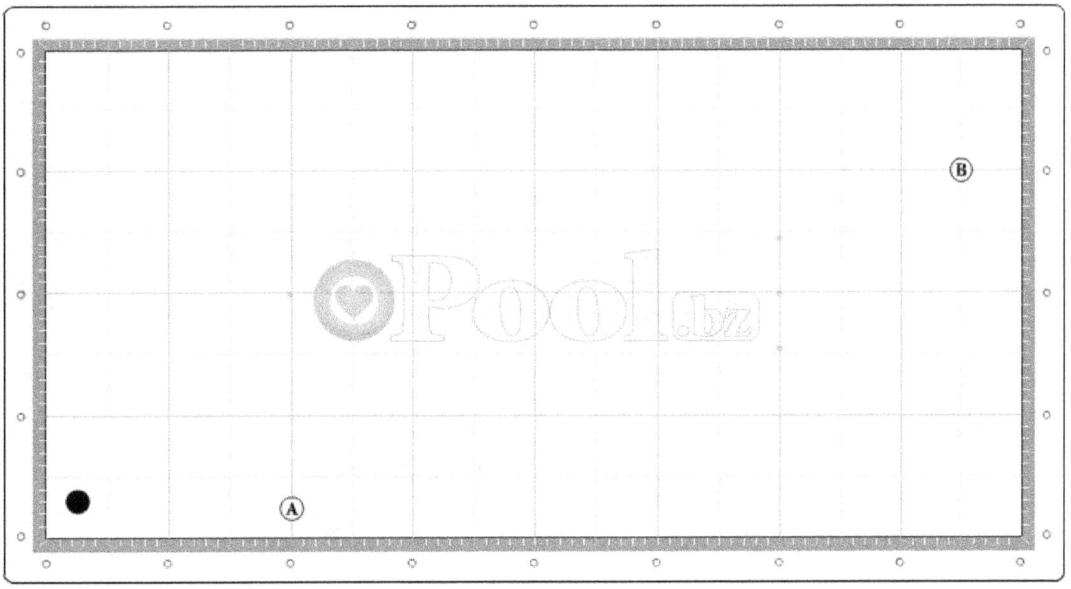

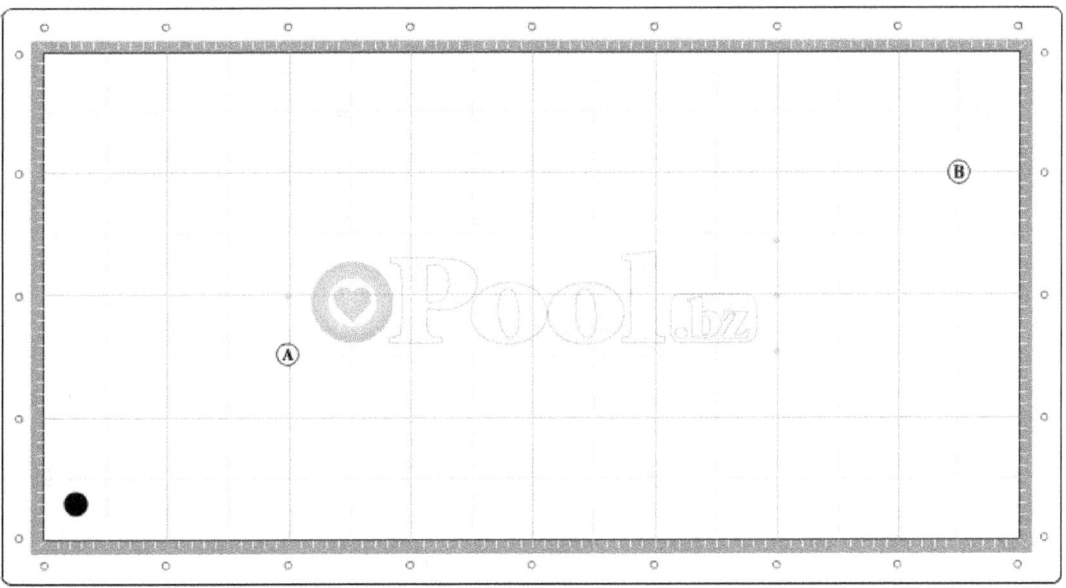

REMARQUES:

Billard Carambole: Plus énigmes et puzzles

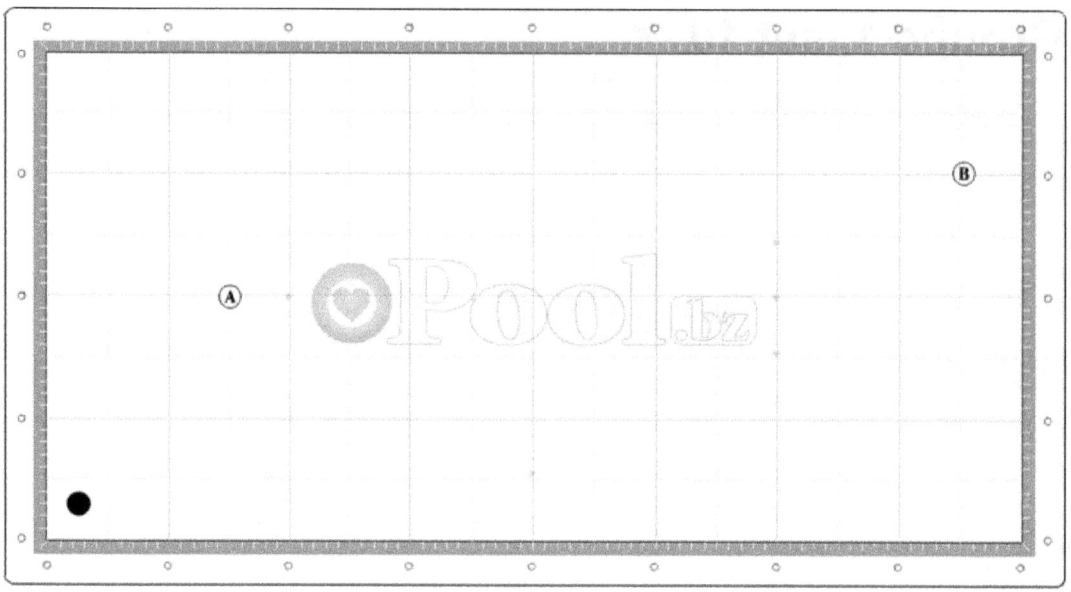

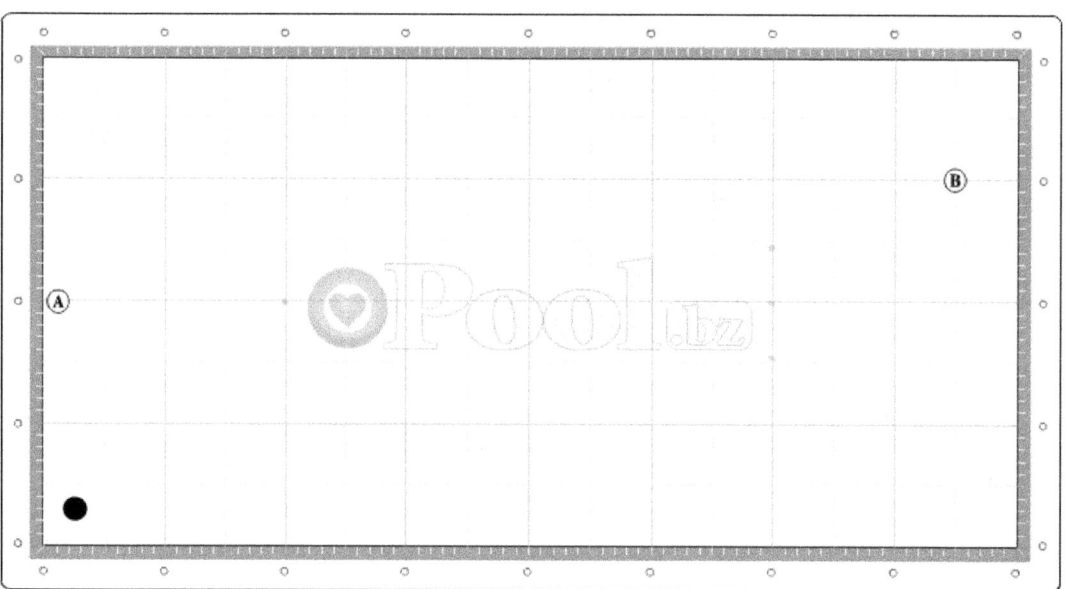

REMARQUES:

Groupe 1, set 11

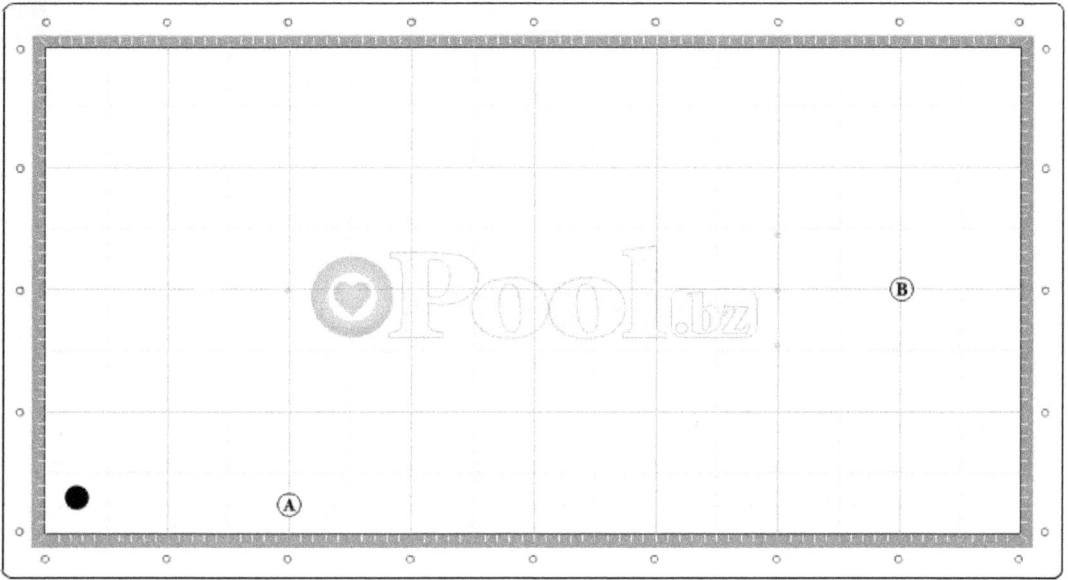

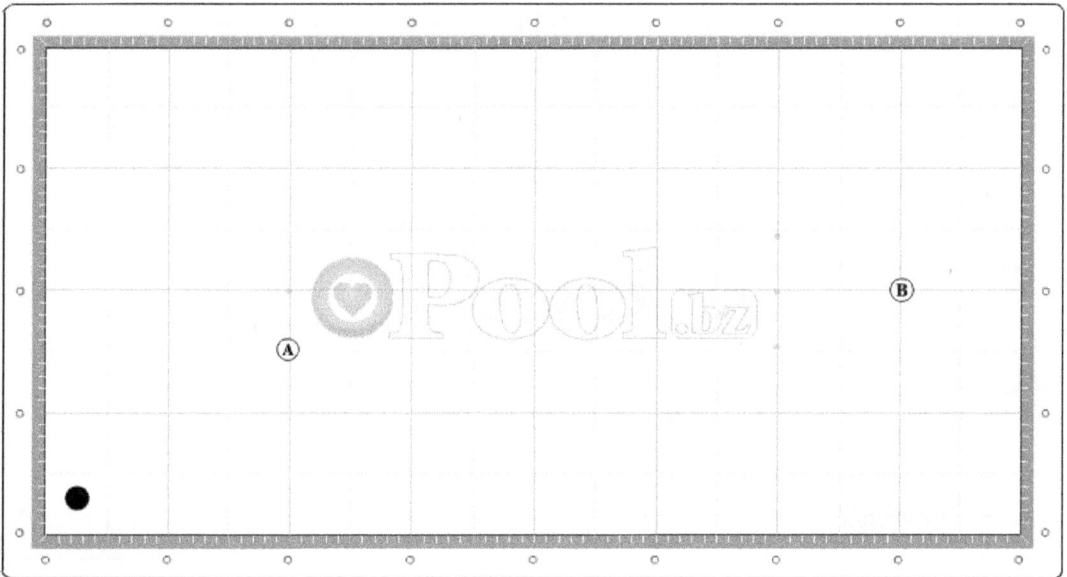

REMARQUES:

Billard Carambole: Plus énigmes et puzzles

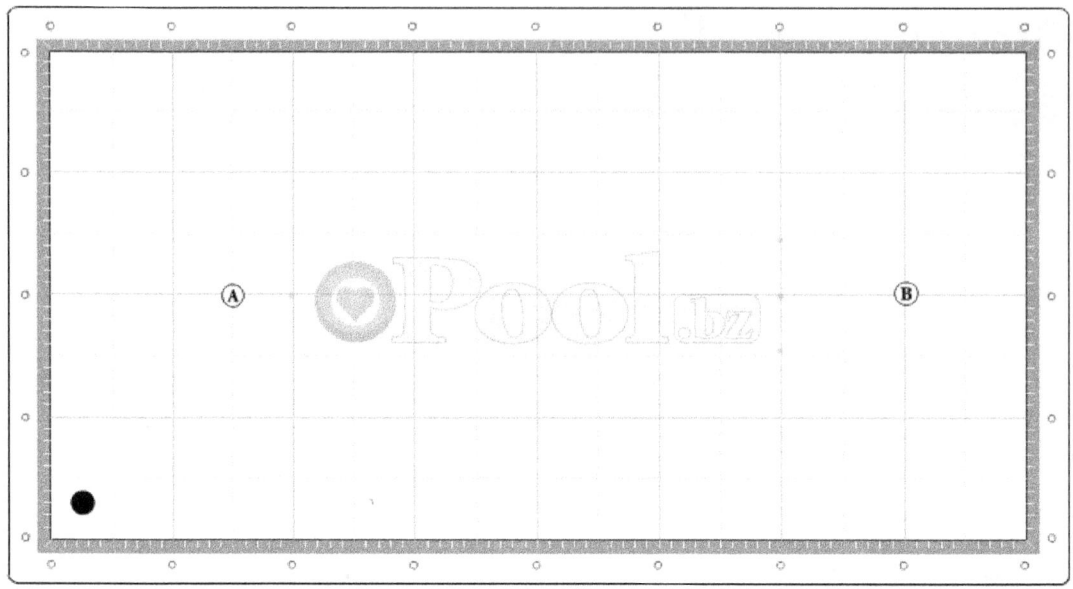

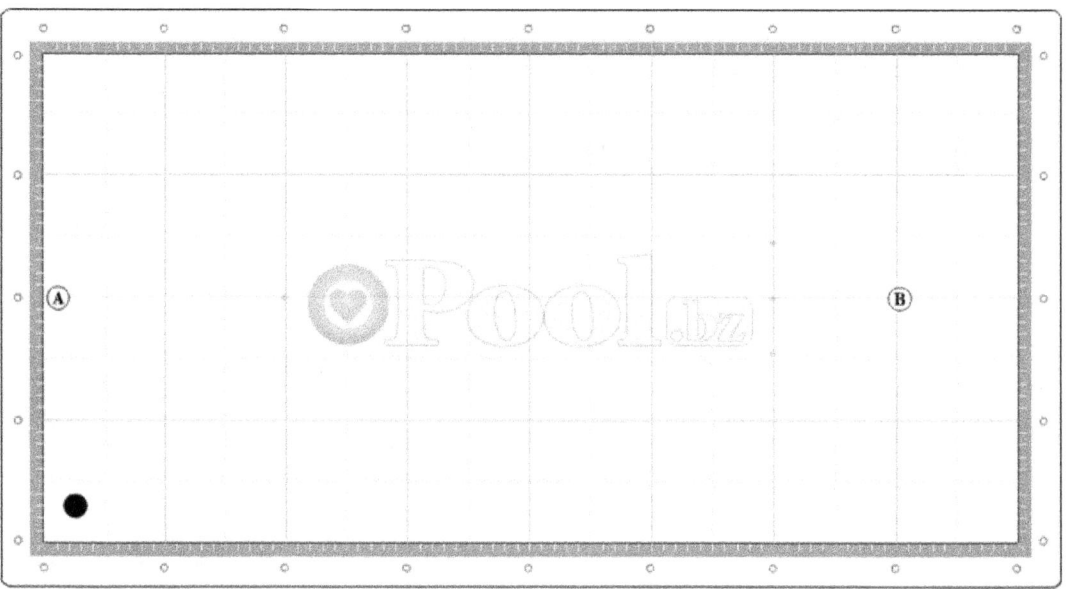

REMARQUES:

Groupe 1, set 12

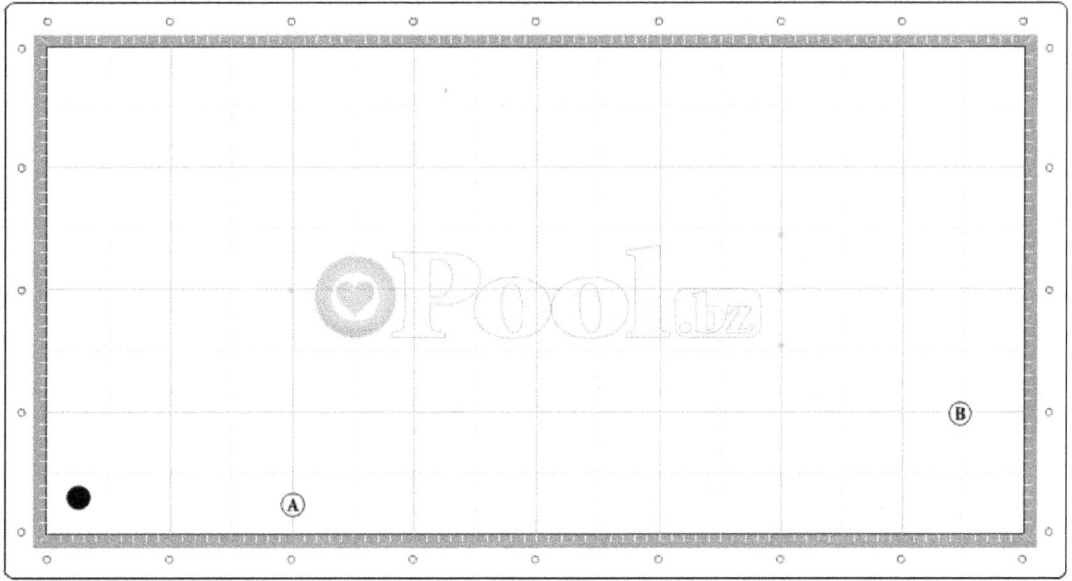

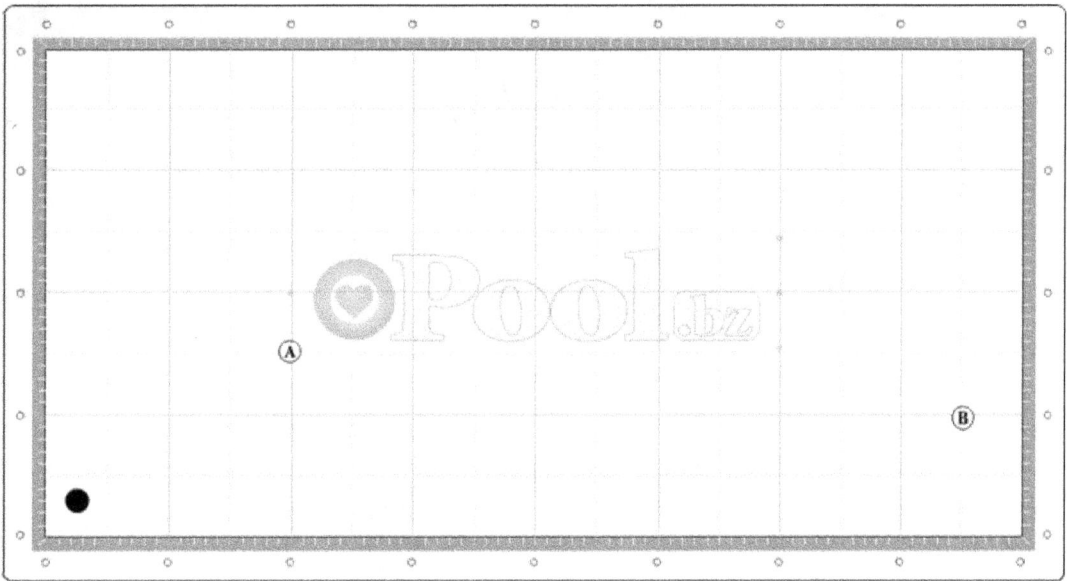

REMARQUES:

Billard Carambole: Plus énigmes et puzzles

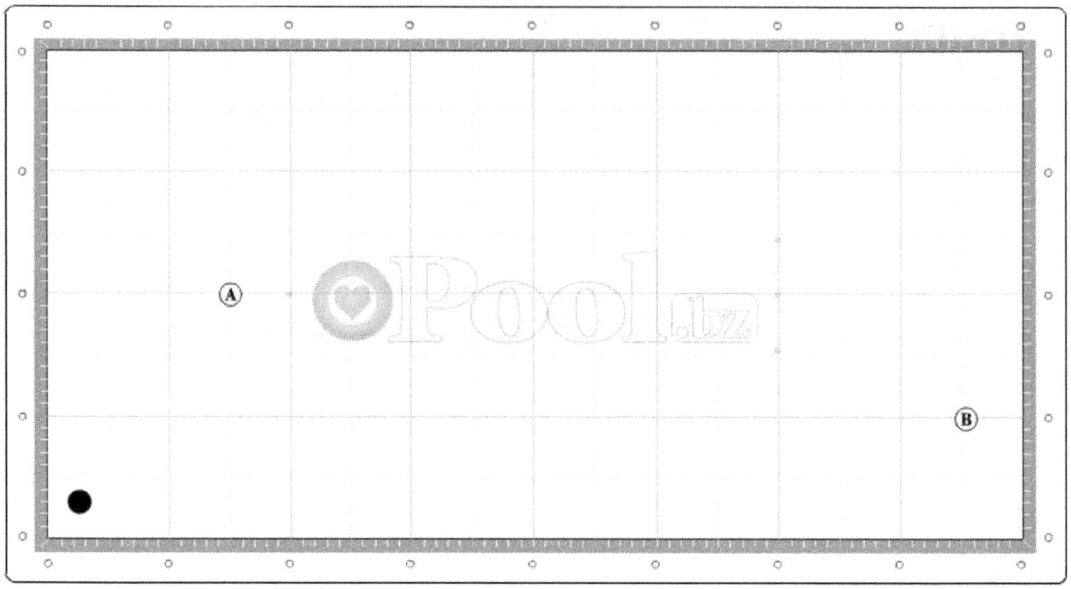

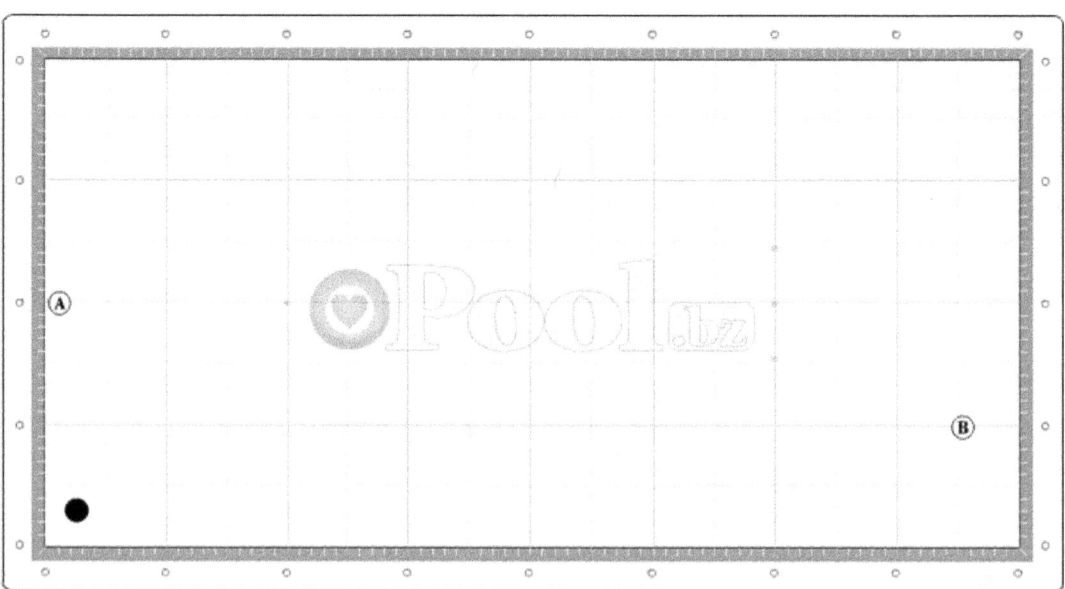

REMARQUES:

GROUPE 2

Groupe 2, set 1

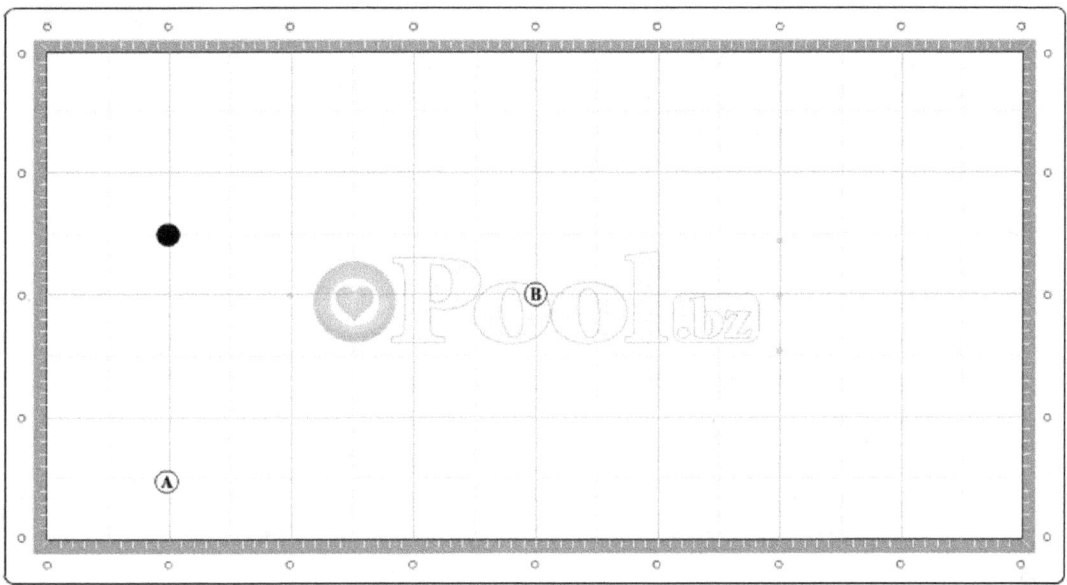

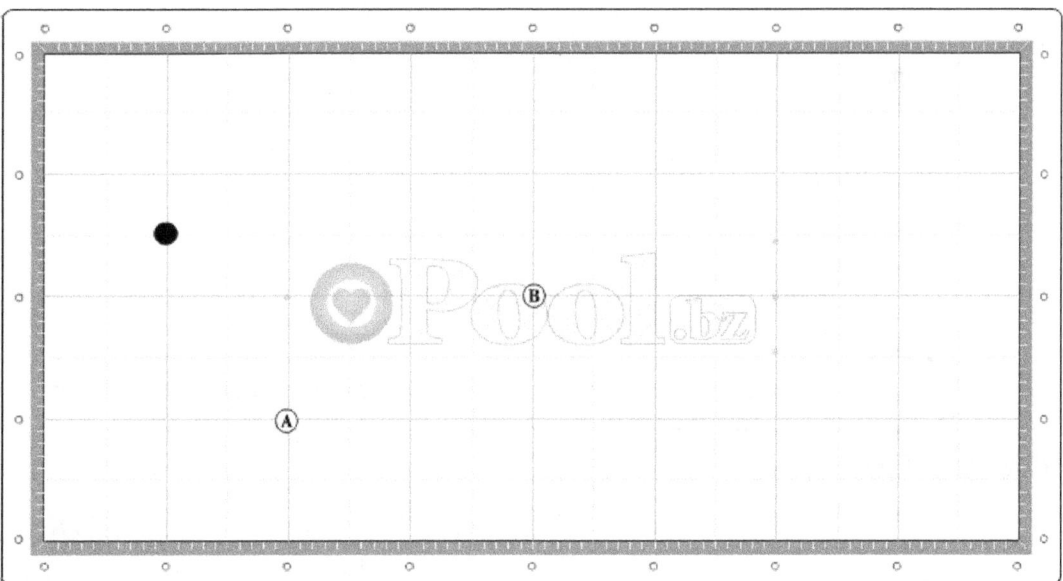

REMARQUES:

Billard Carambole: Plus énigmes et puzzles

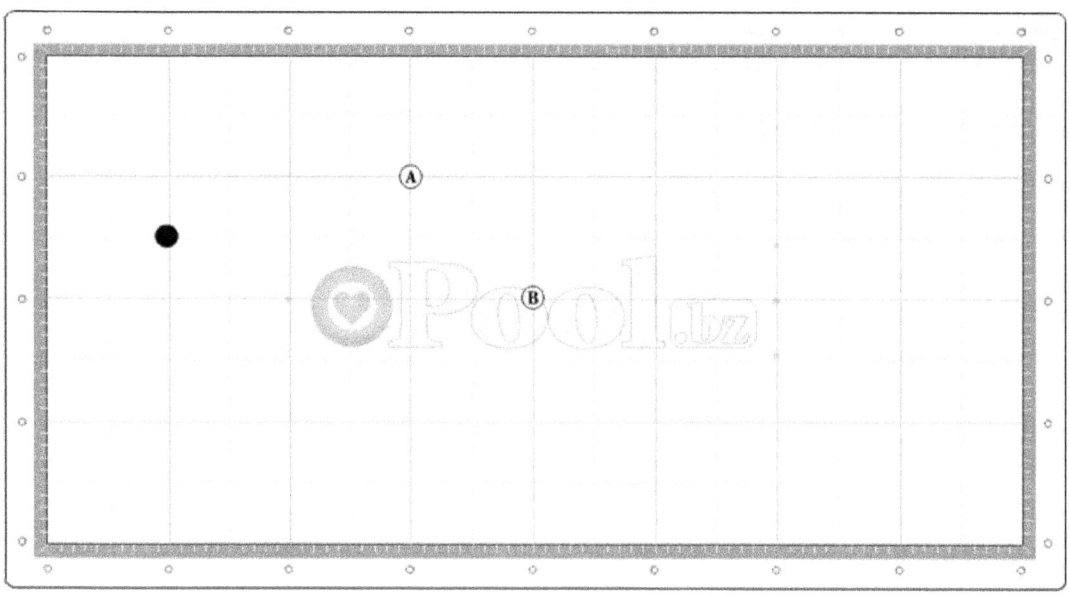

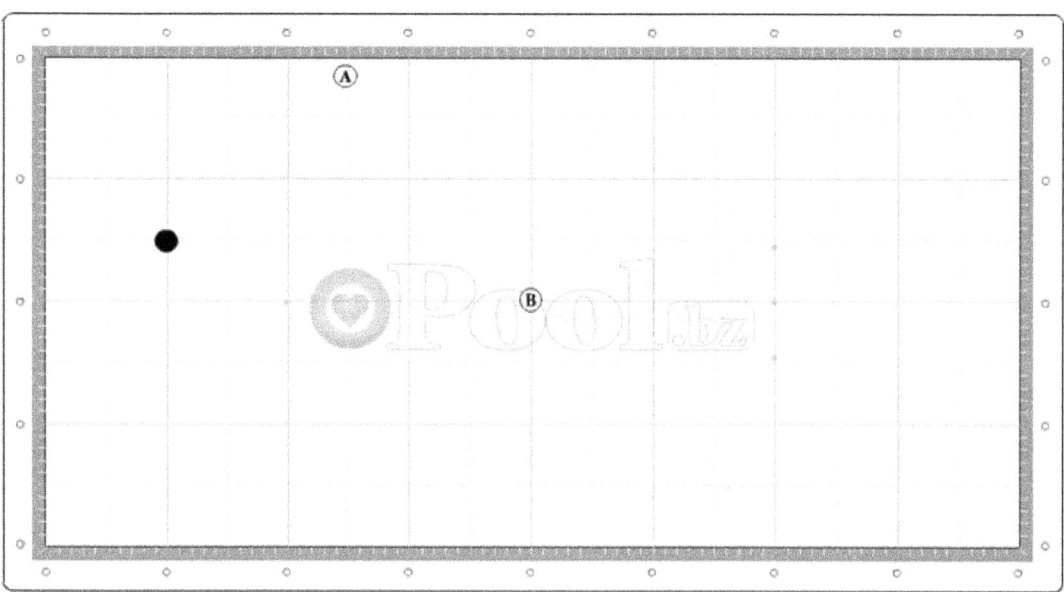

REMARQUES:

Groupe 2, set 2

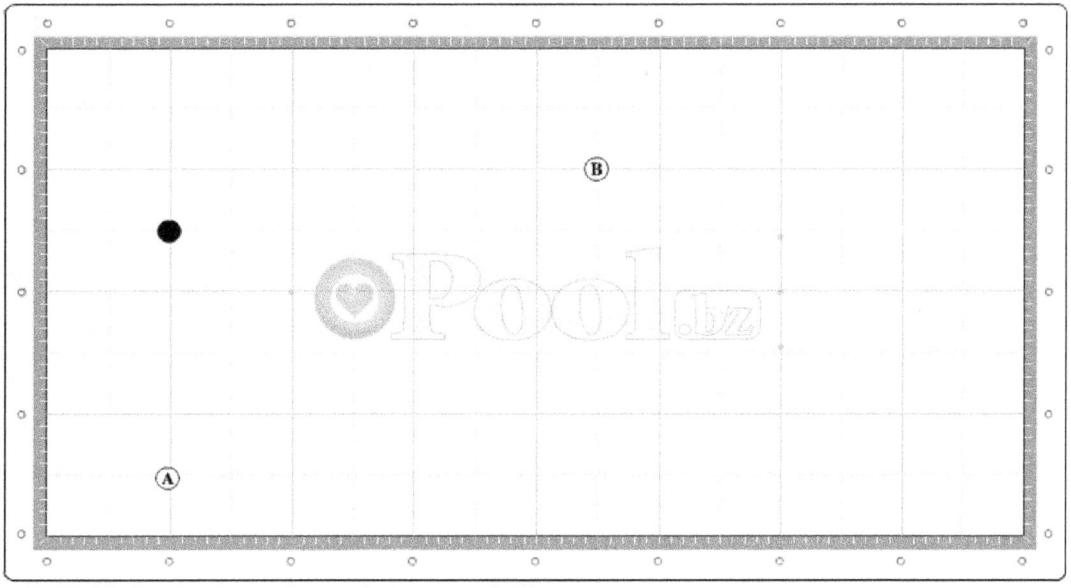

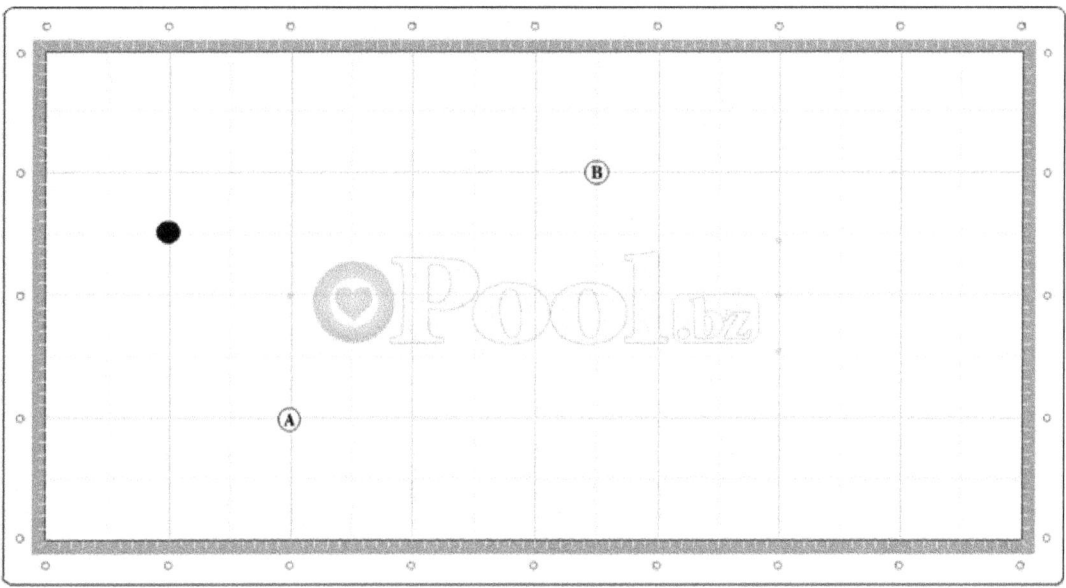

REMARQUES:

Billard Carambole: Plus énigmes et puzzles

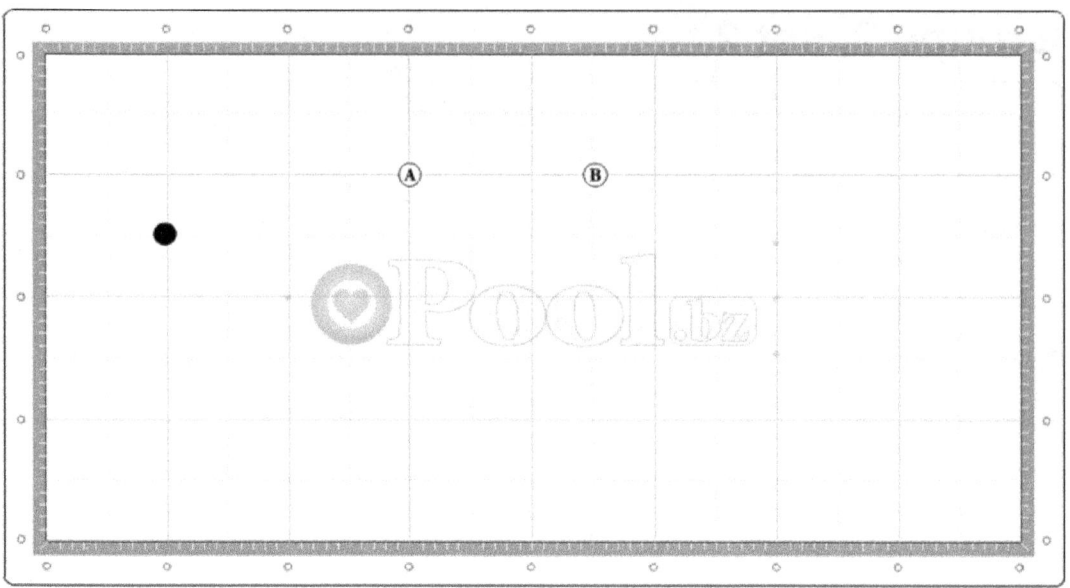

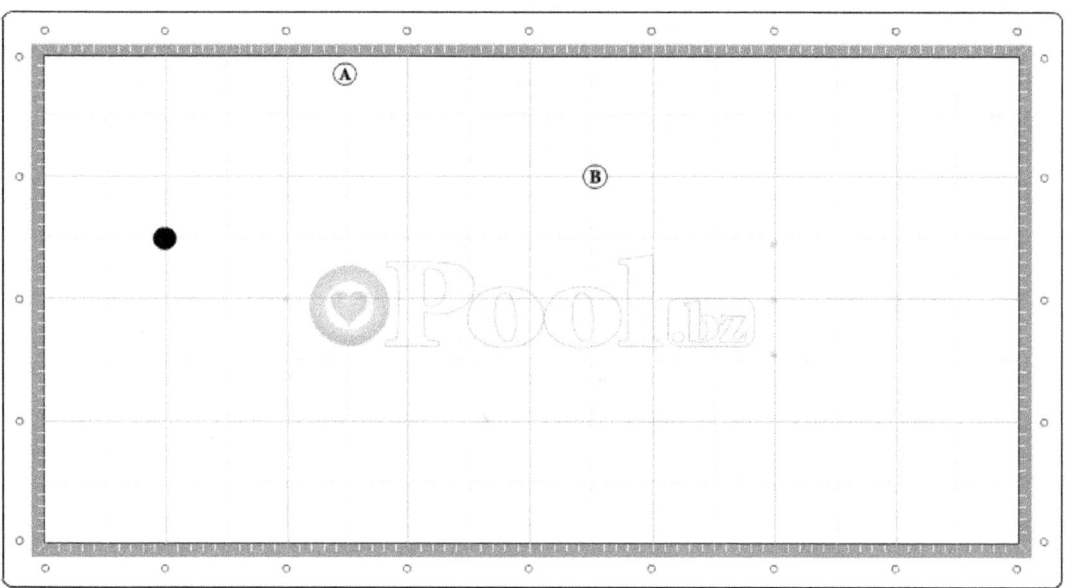

REMARQUES:

Groupe 2, set 3

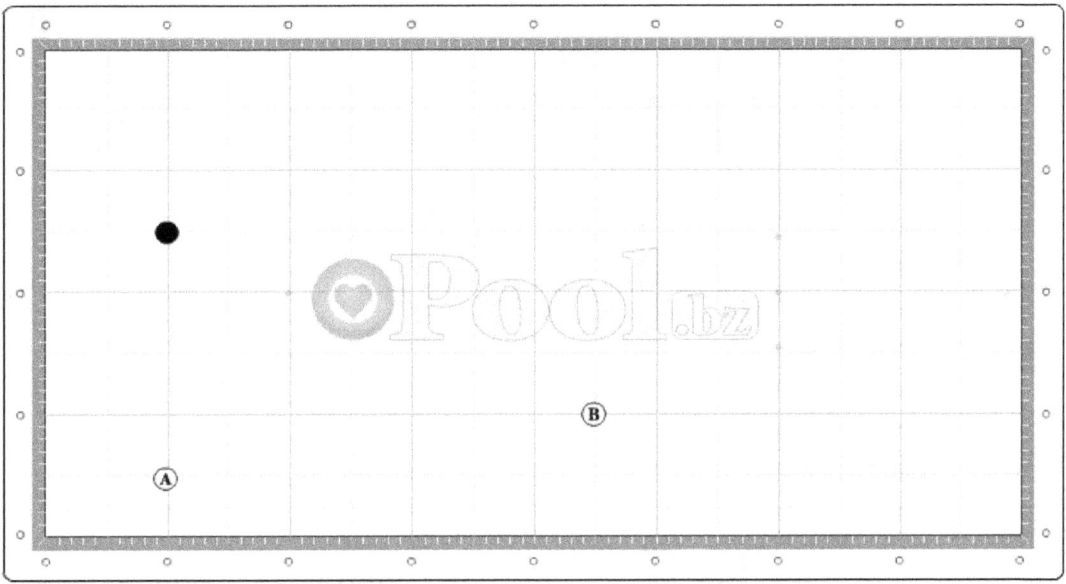

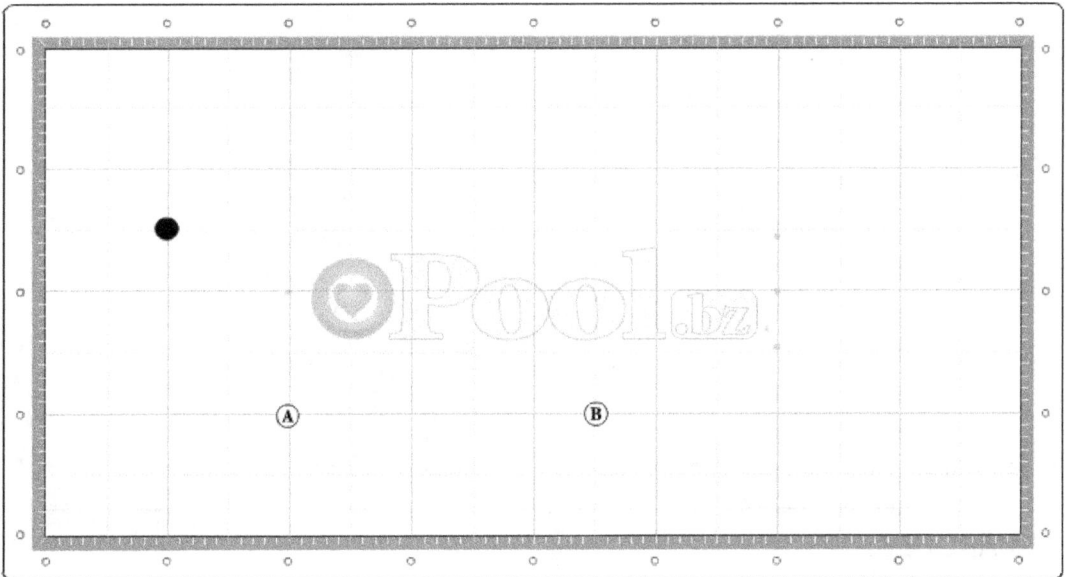

REMARQUES:

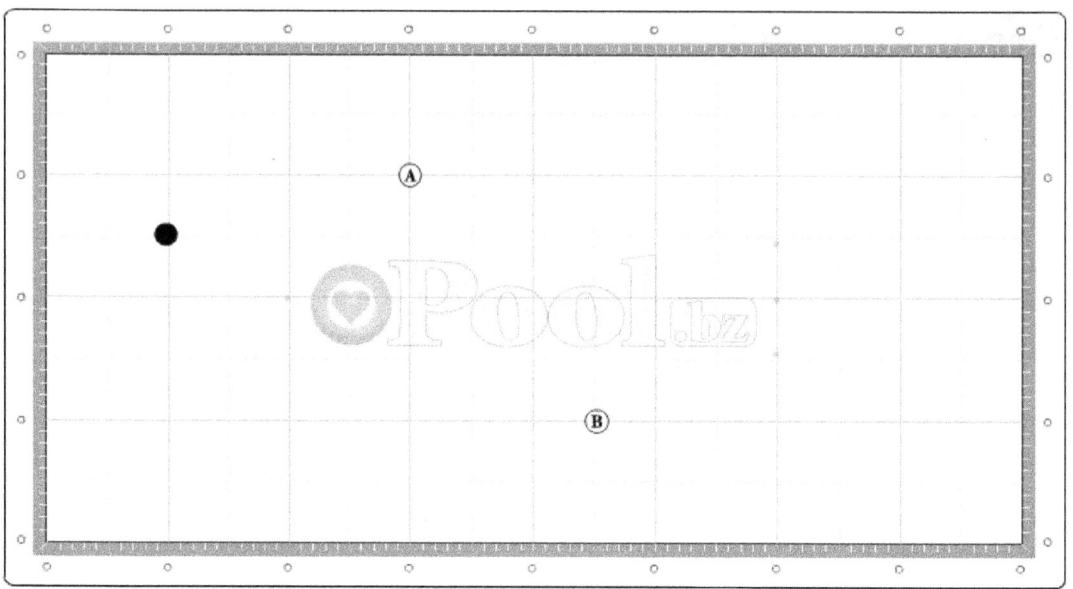

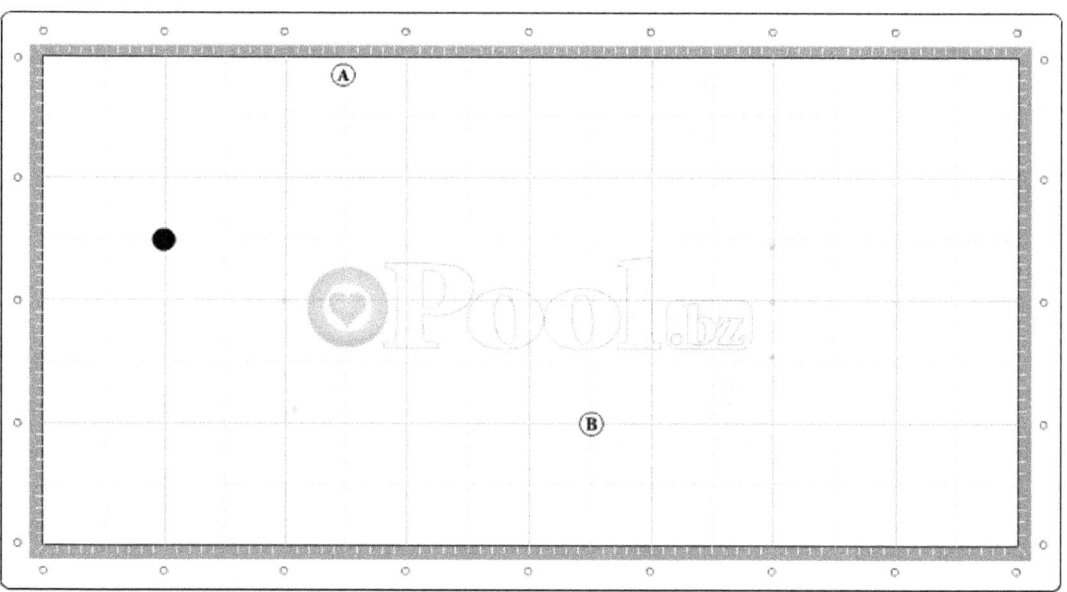

REMARQUES:

Groupe 2, set 4

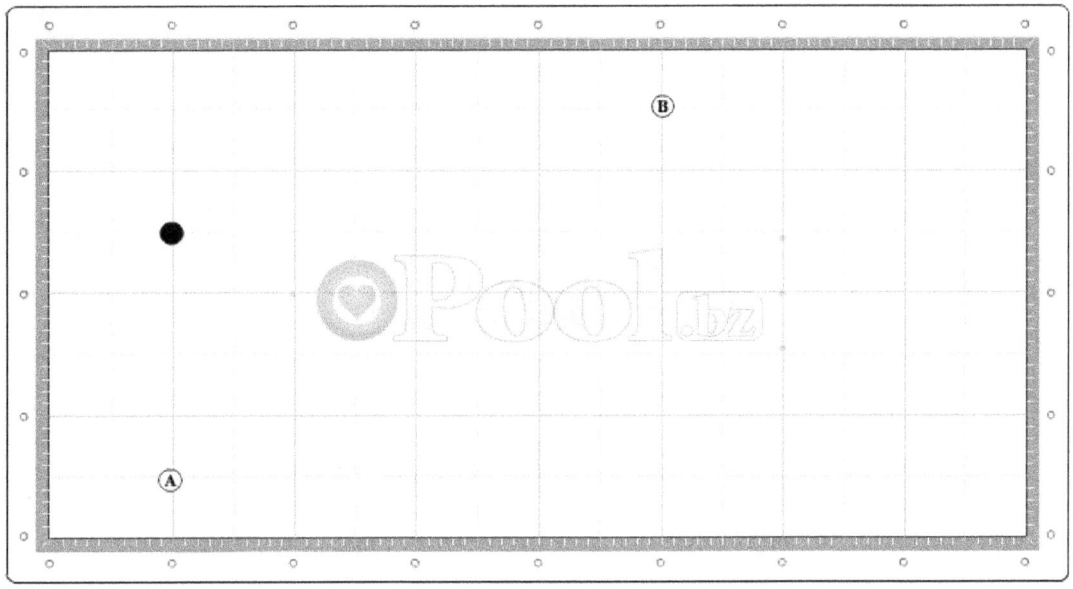

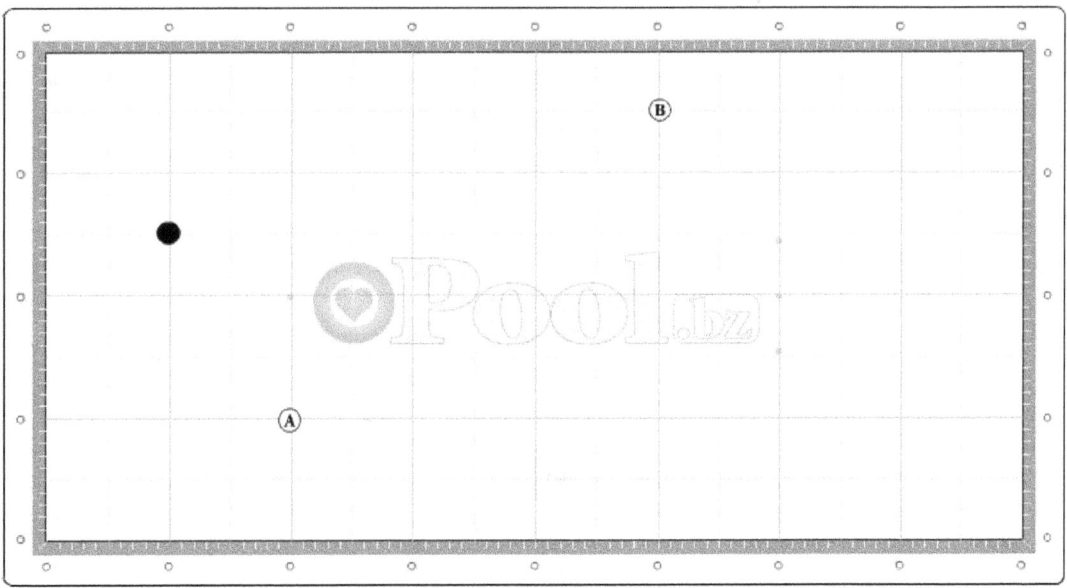

REMARQUES:

Billard Carambole: Plus énigmes et puzzles

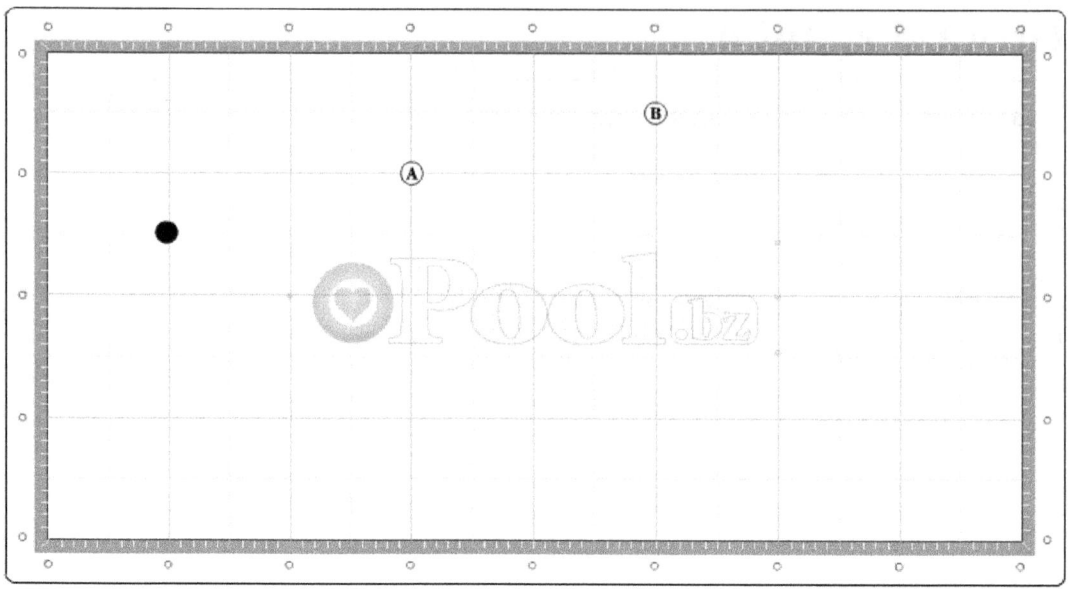

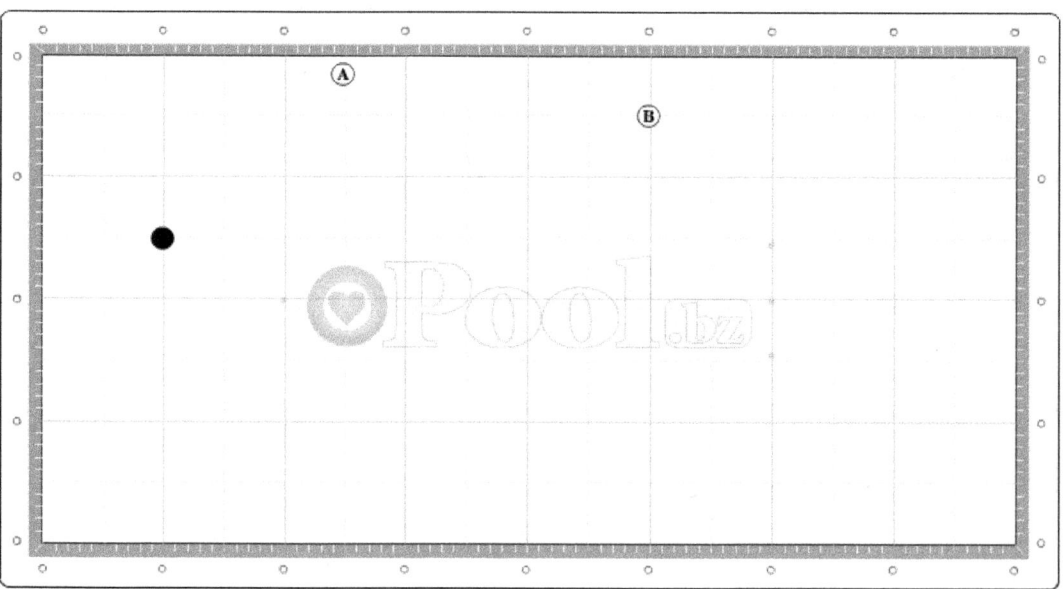

REMARQUES:

Groupe 2, set 5

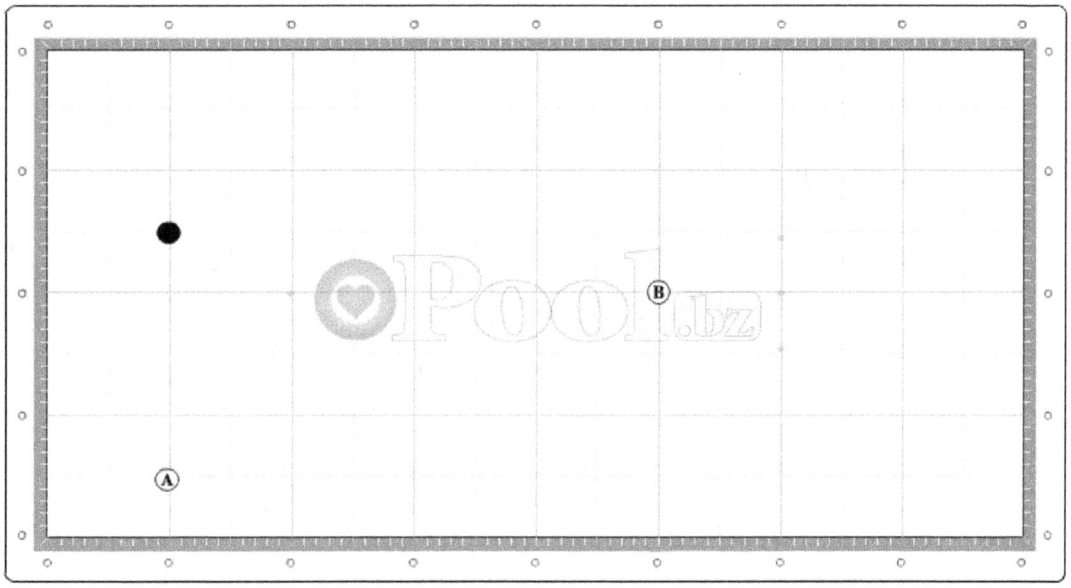

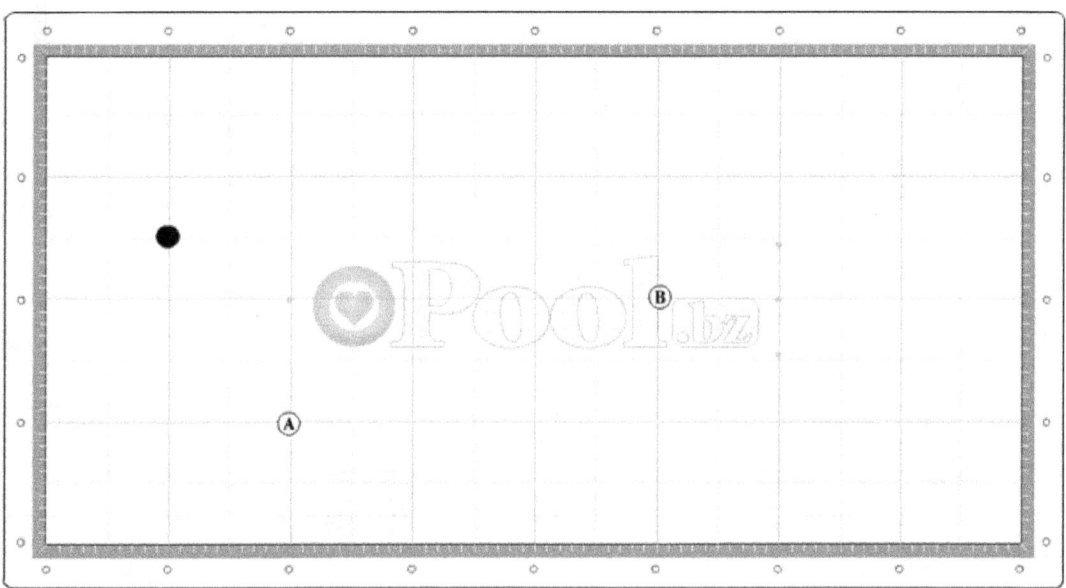

REMARQUES:

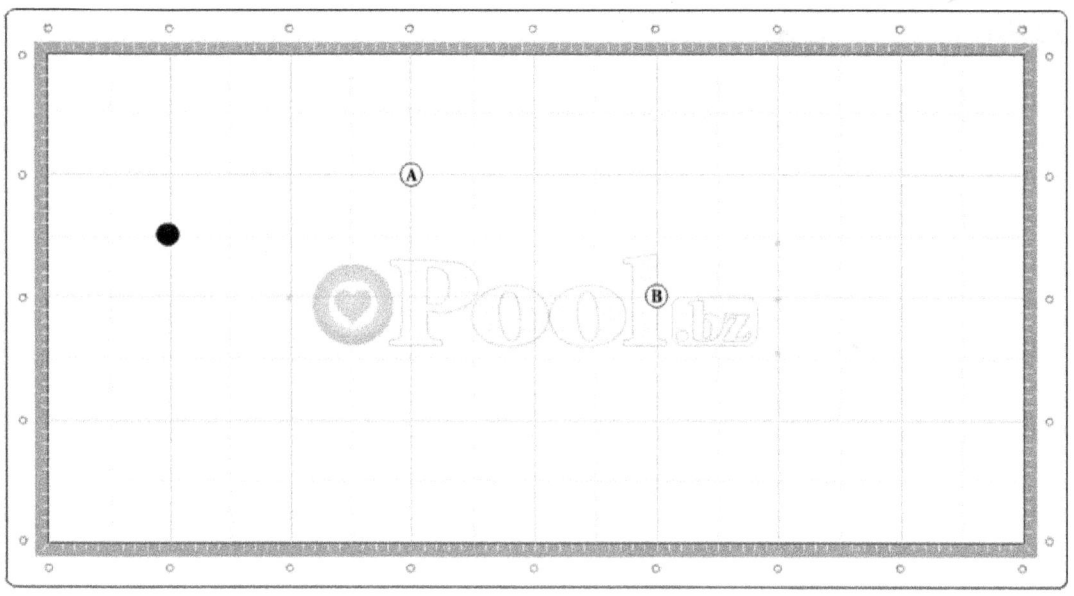

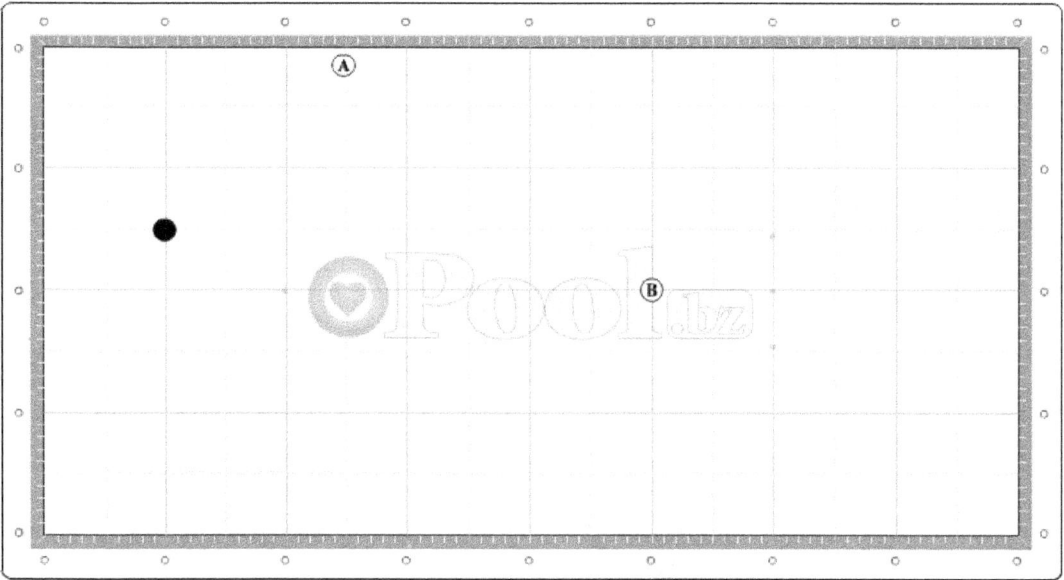

REMARQUES:

Groupe 2, set 6

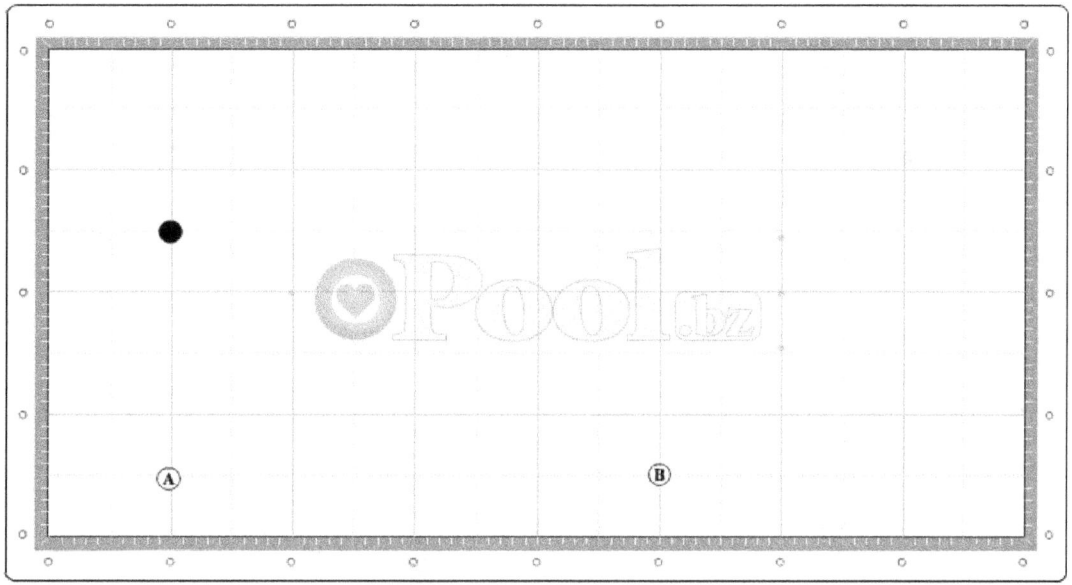

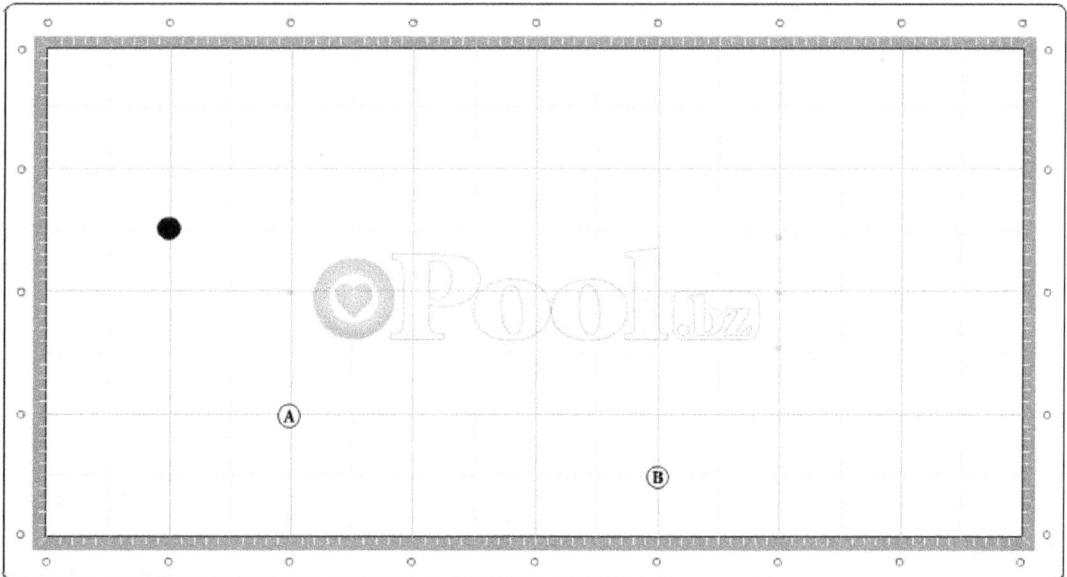

REMARQUES:

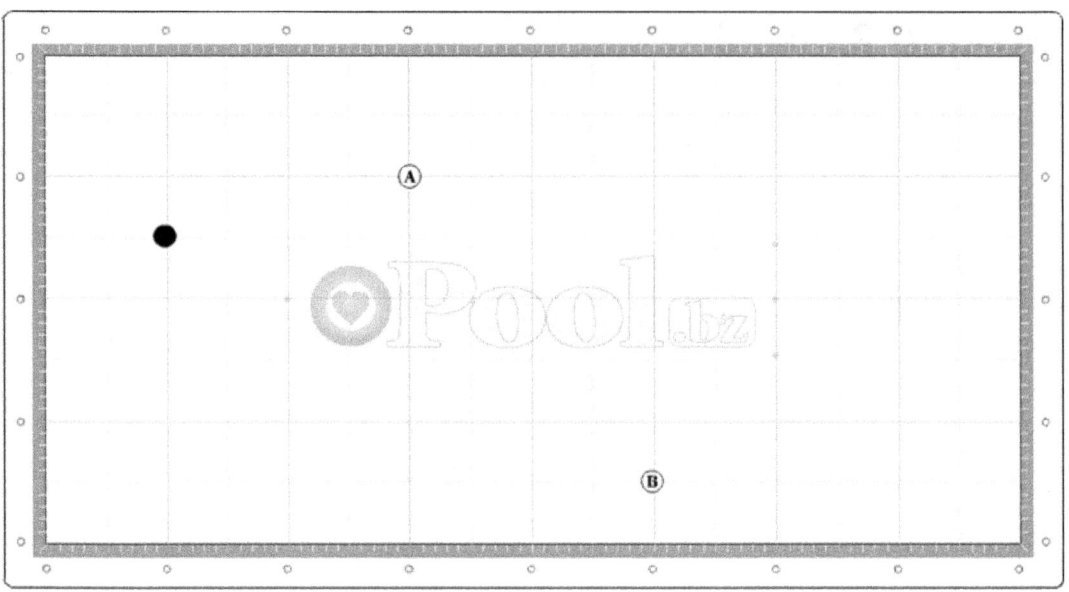

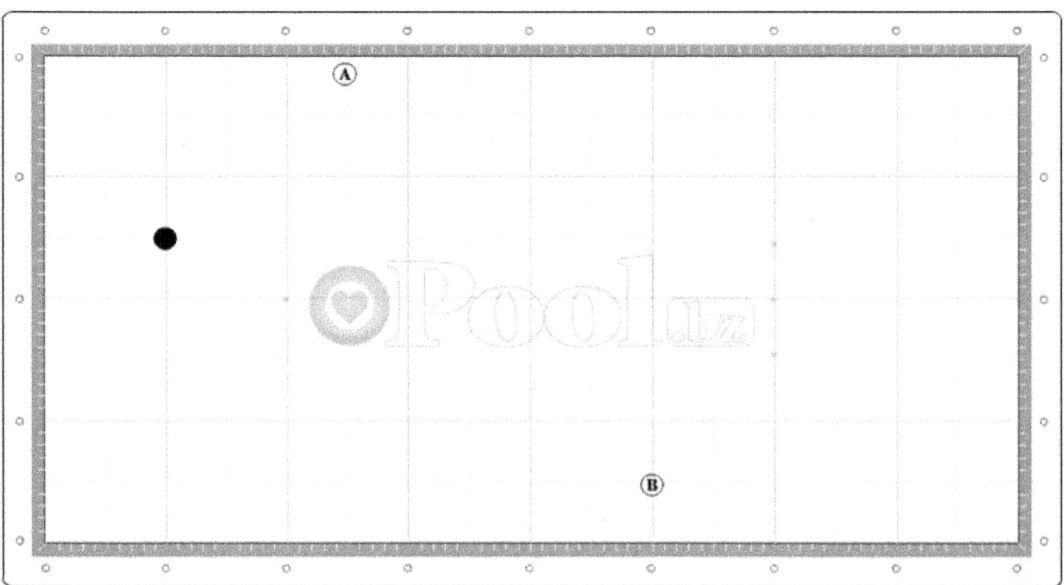

REMARQUES:

Groupe 2, set 7

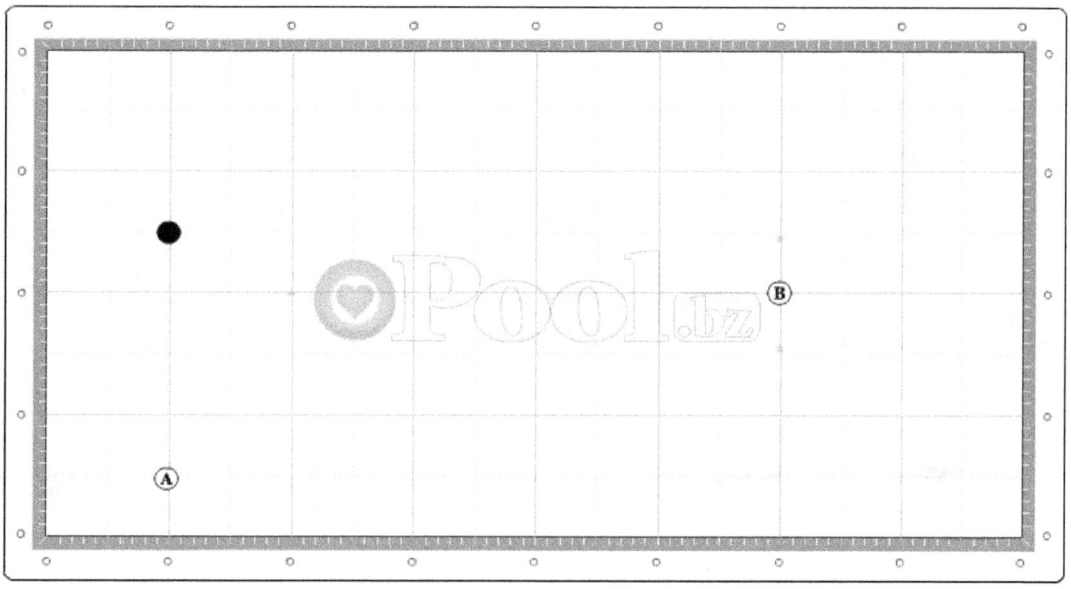

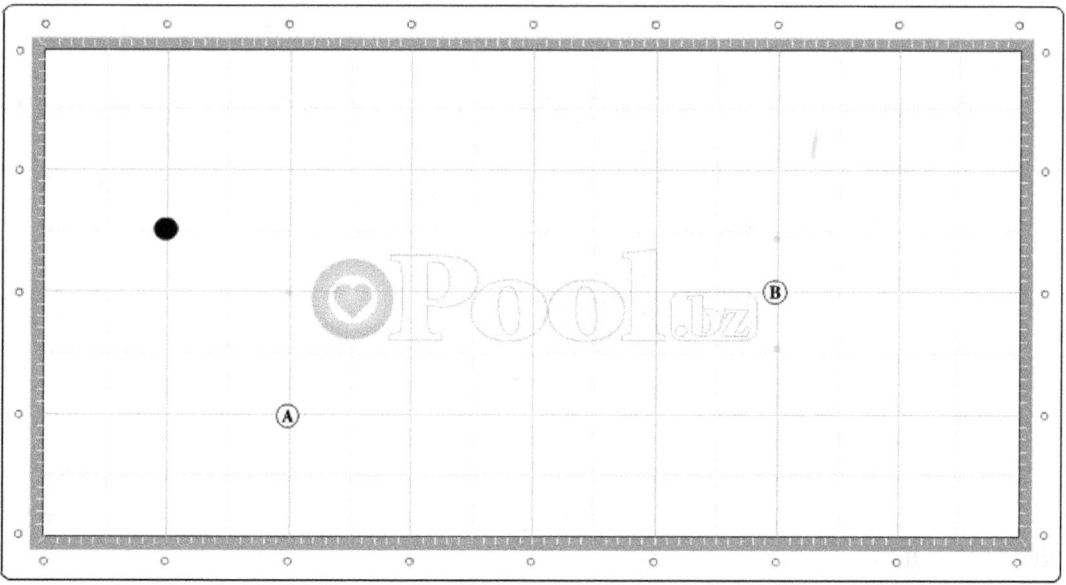

REMARQUES:

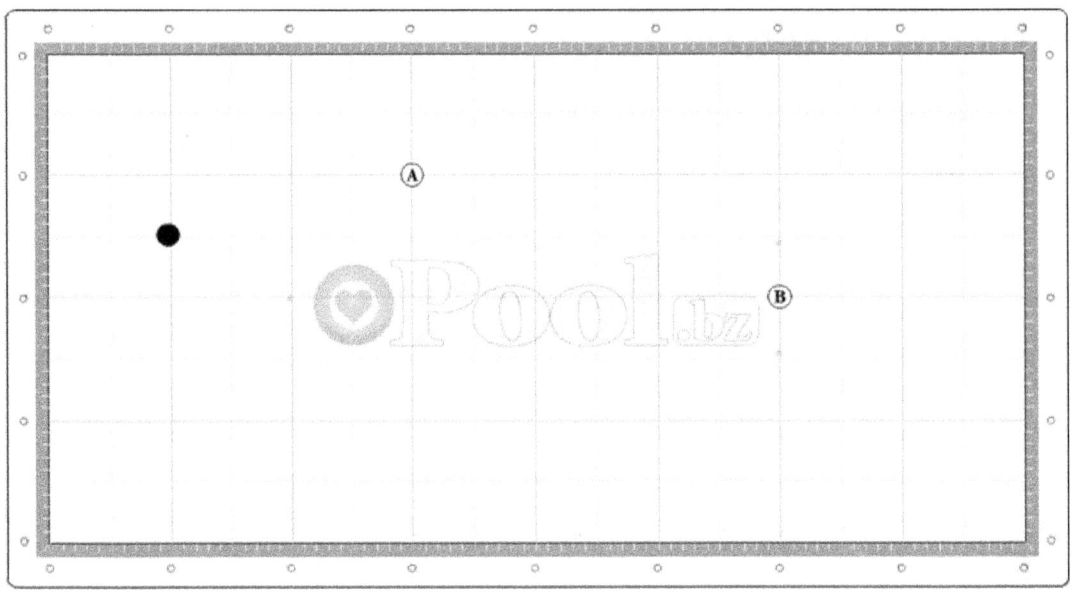

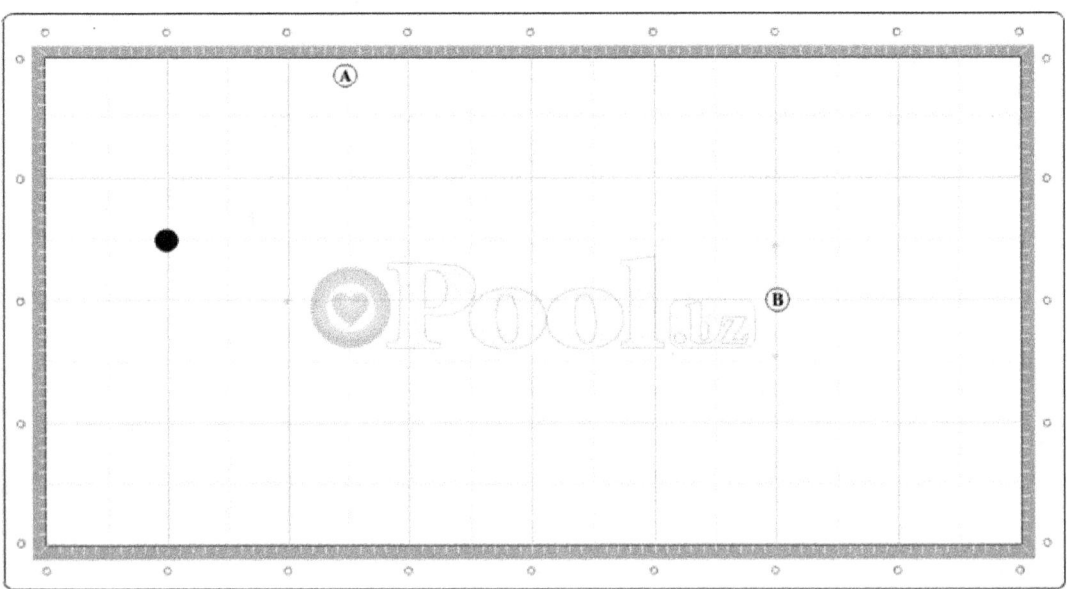

REMARQUES:

Groupe 2, set 8

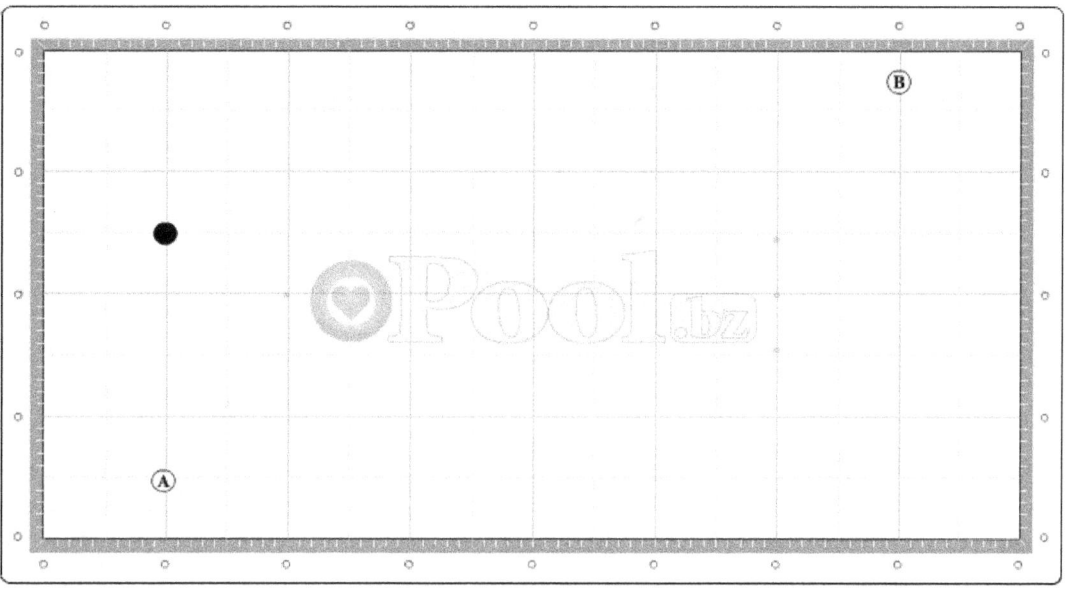

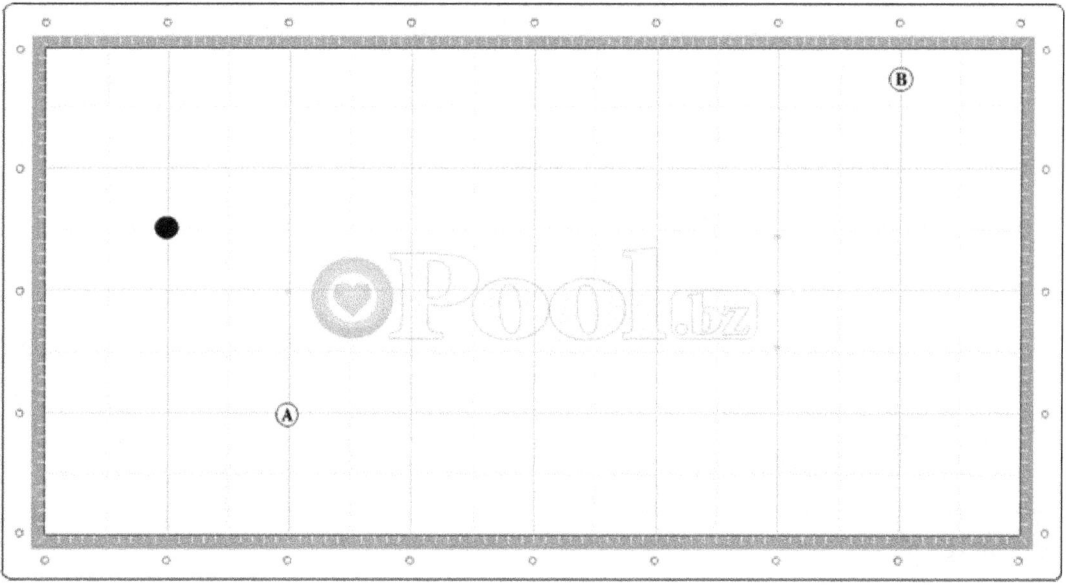

REMARQUES:

Billard Carambole: Plus énigmes et puzzles

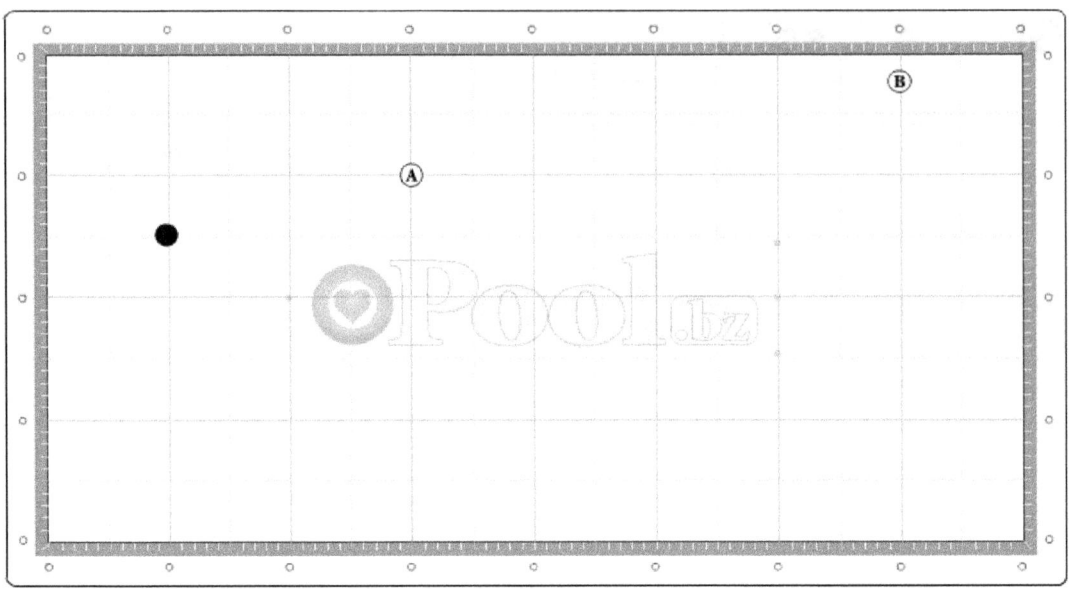

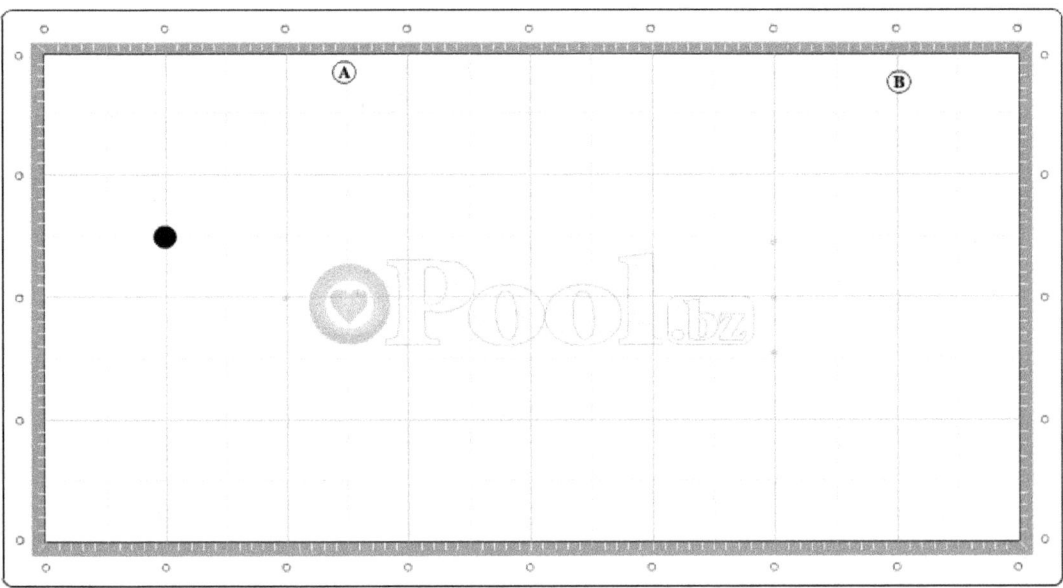

REMARQUES:

Groupe 2, set 9

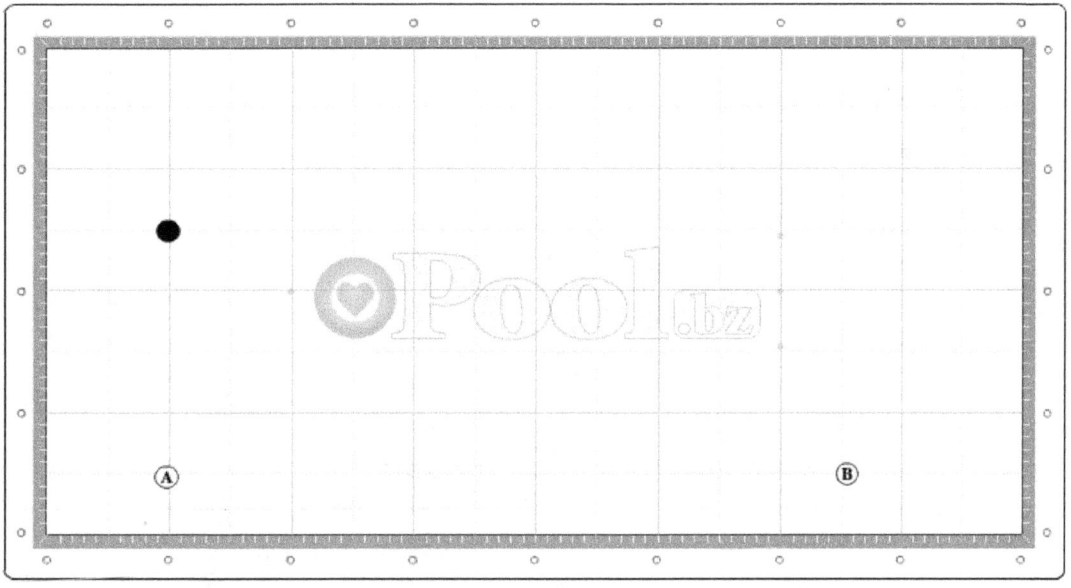

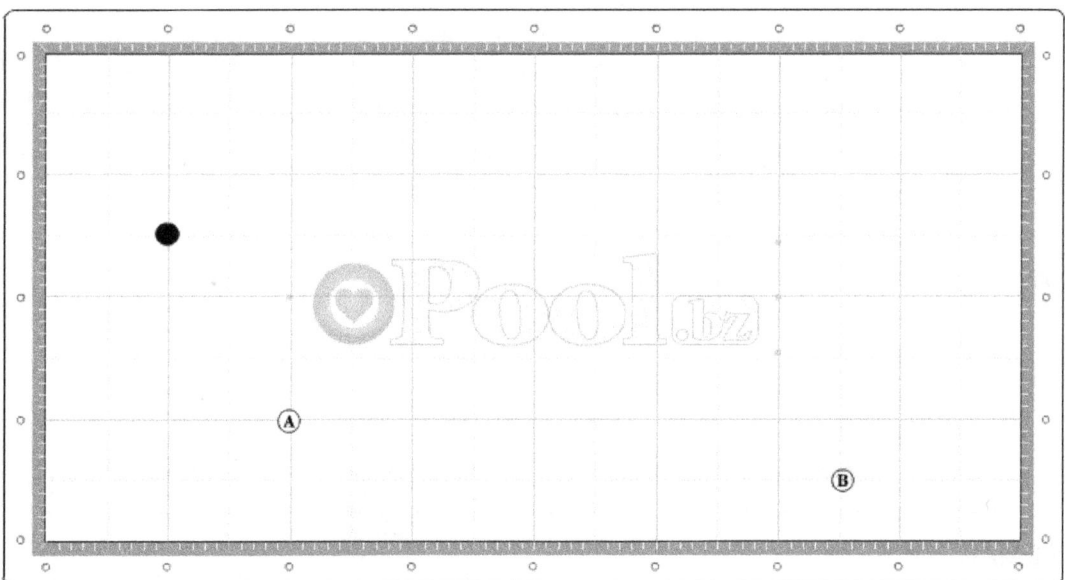

REMARQUES:

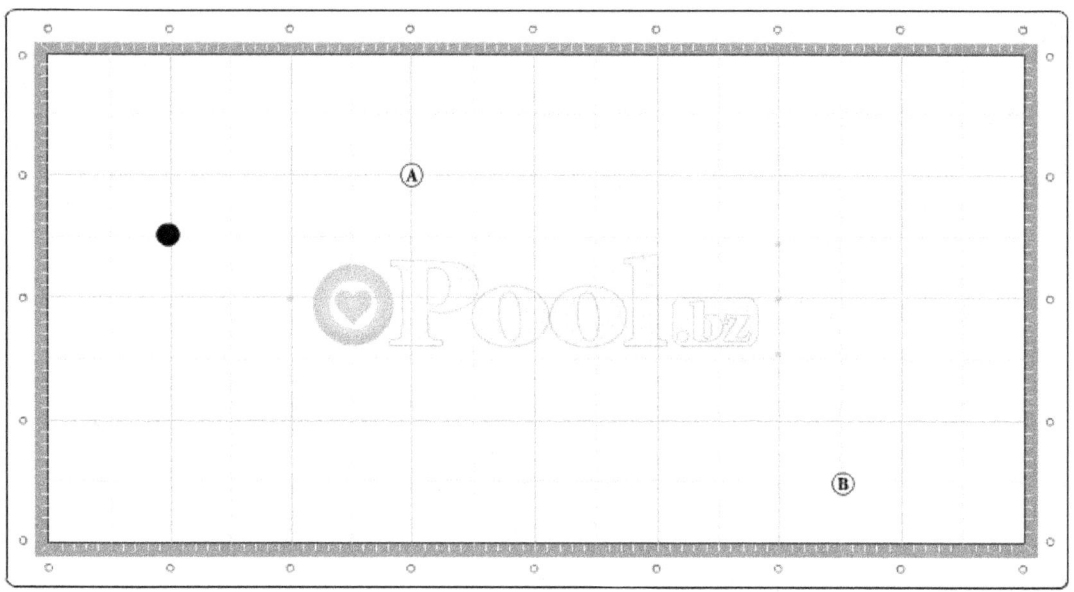

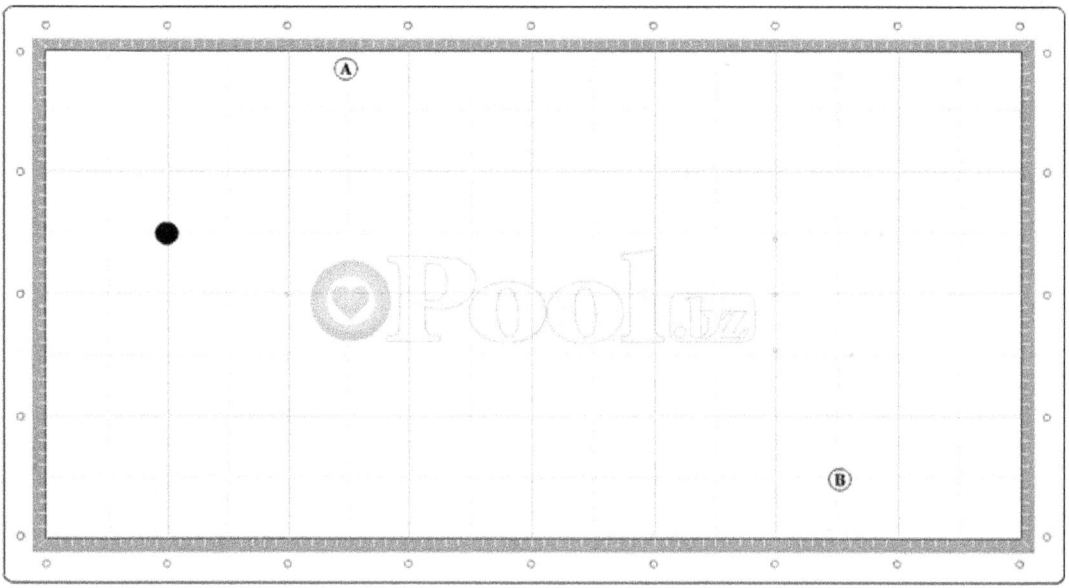

REMARQUES:

Groupe 2, set 10

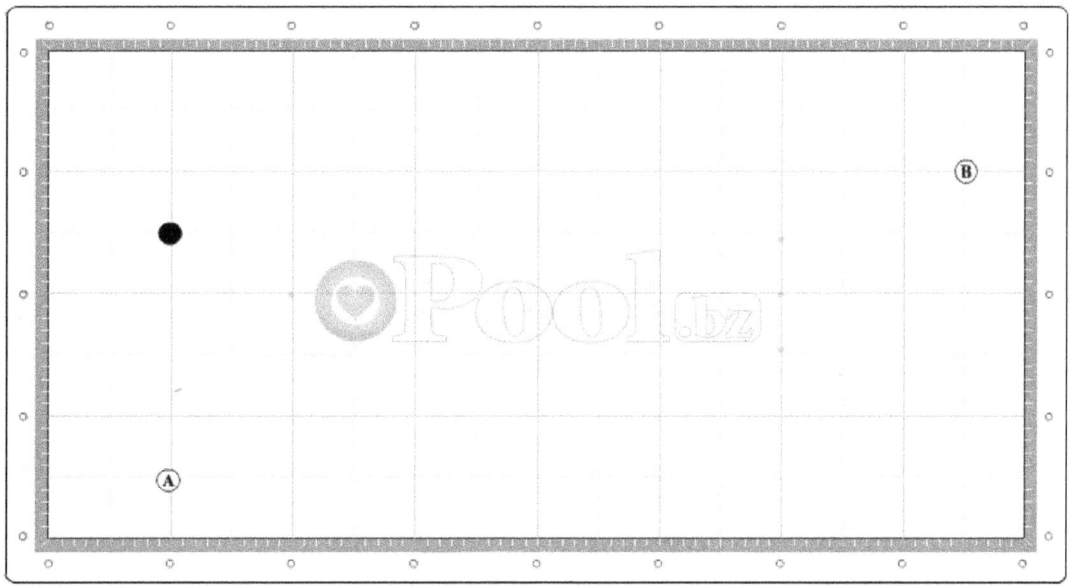

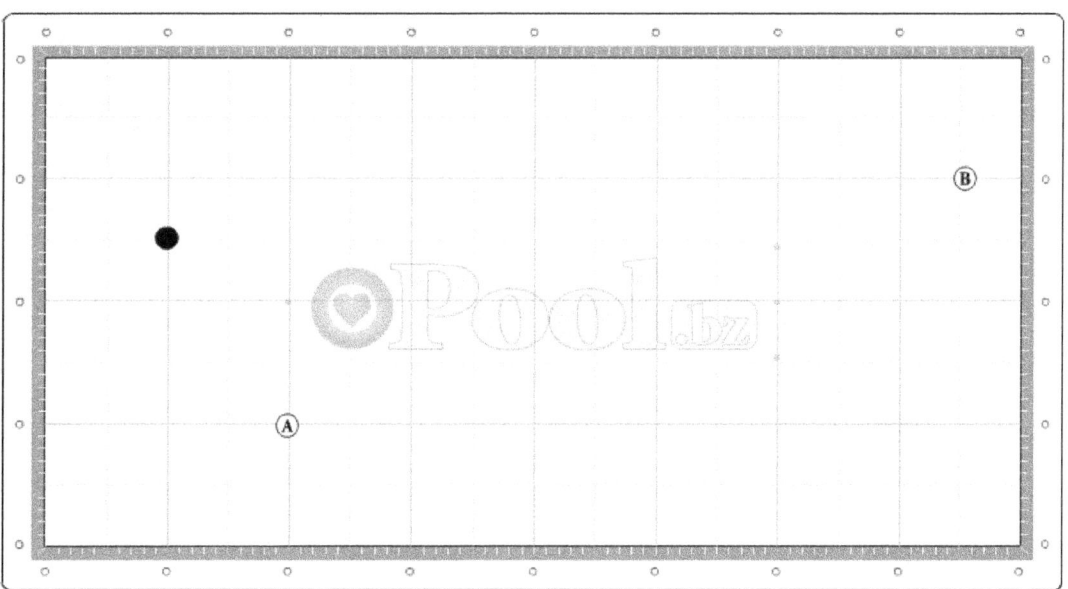

REMARQUES:

Billard Carambole: Plus énigmes et puzzles

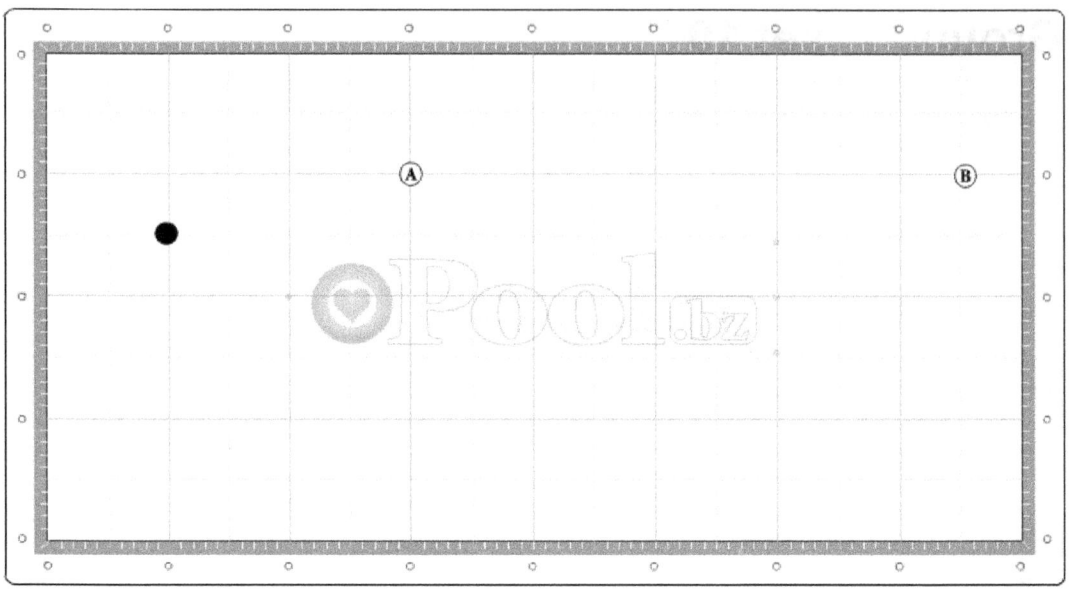

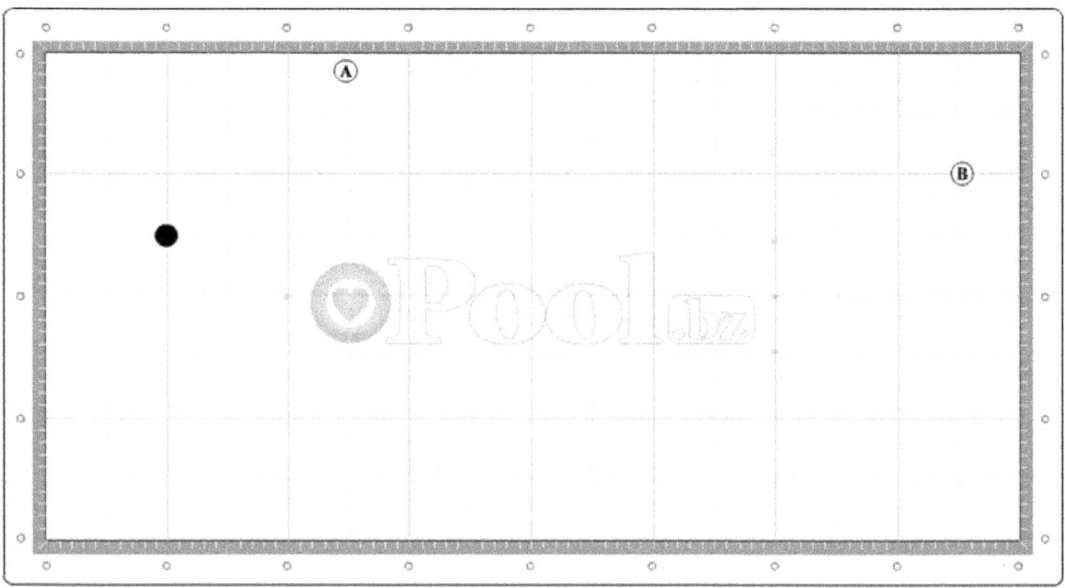

REMARQUES:

Groupe 2, set 11

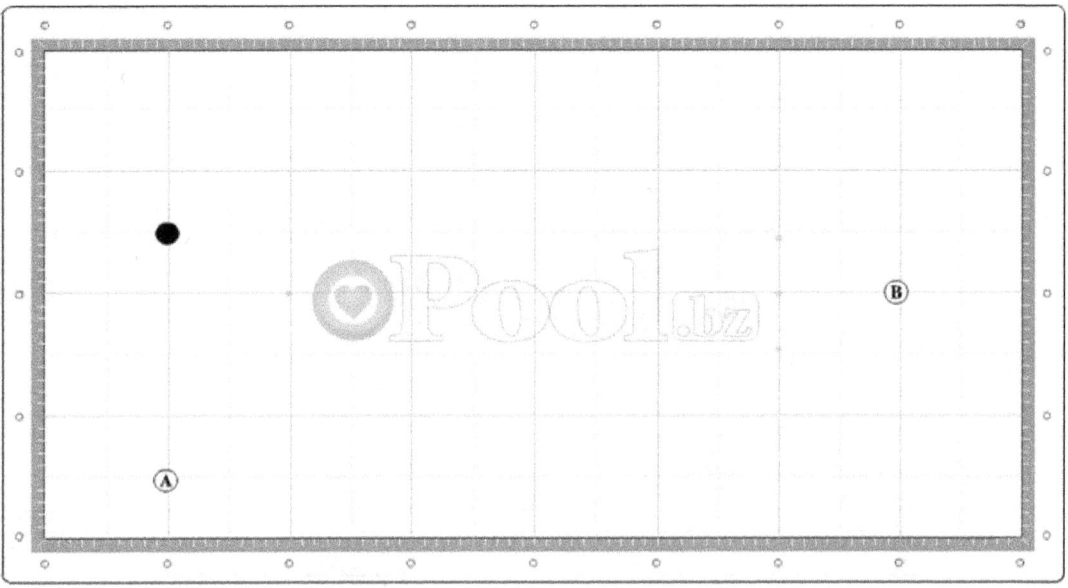

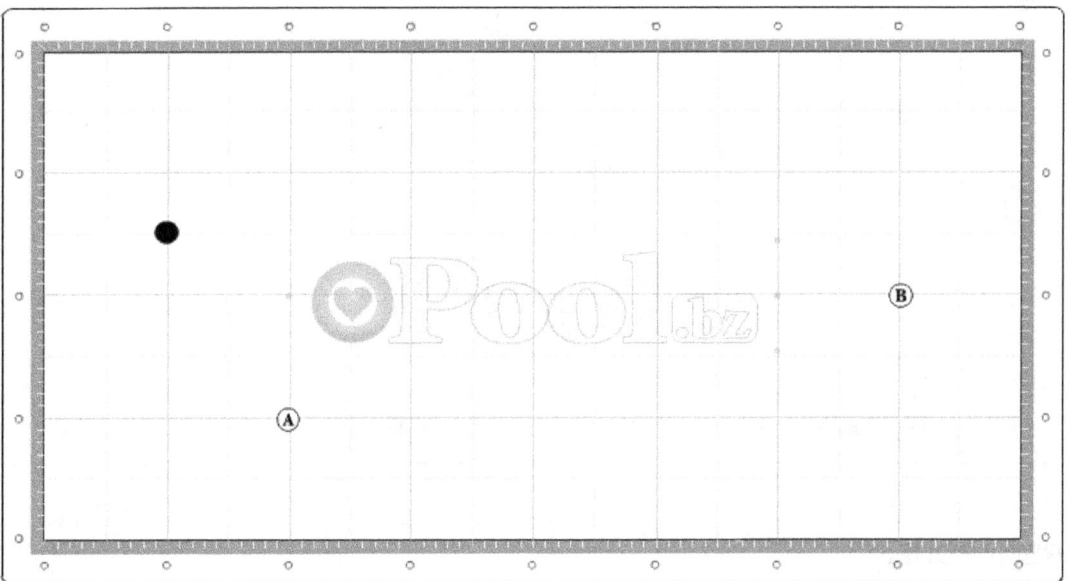

REMARQUES:

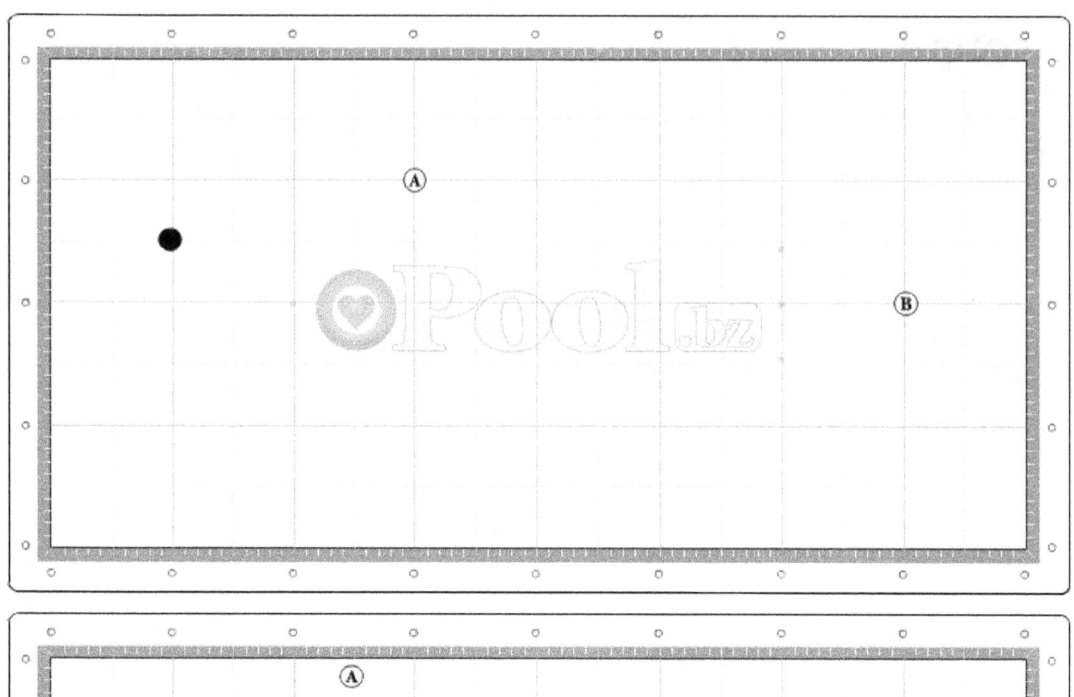

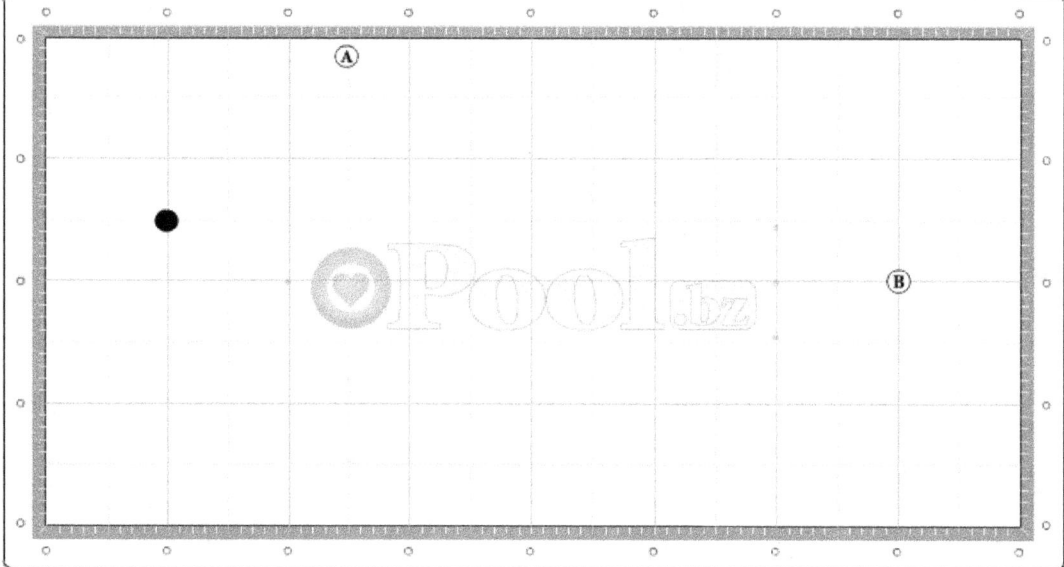

REMARQUES:

Groupe 2, set 12

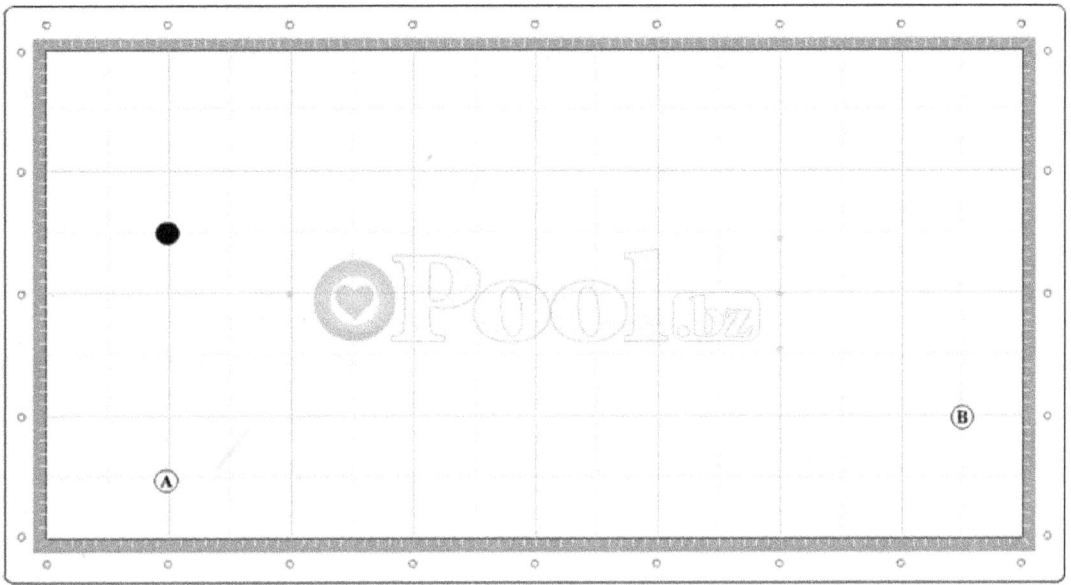

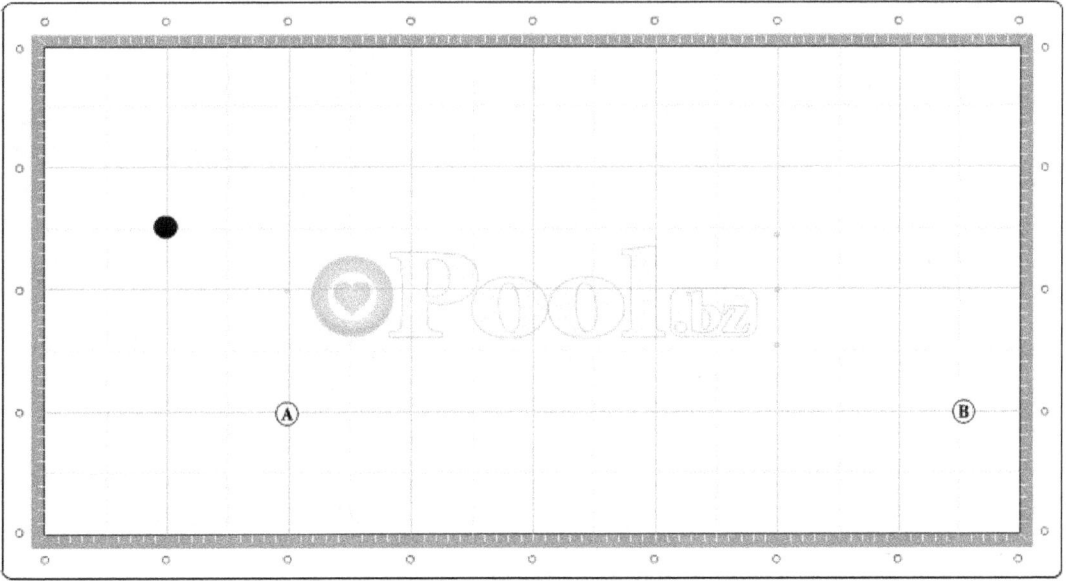

REMARQUES:

Billard Carambole: Plus énigmes et puzzles

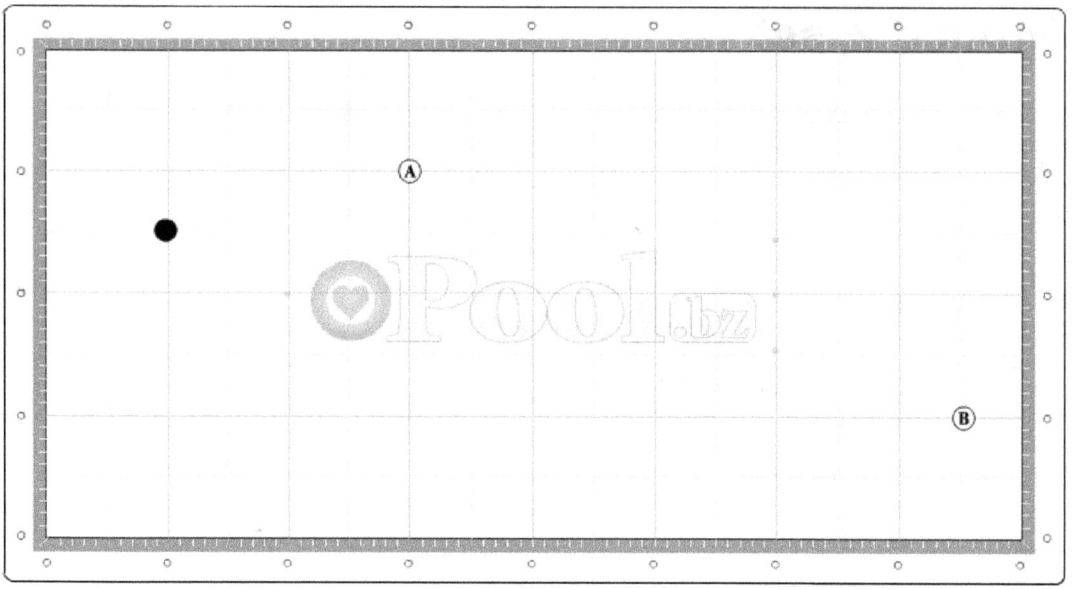

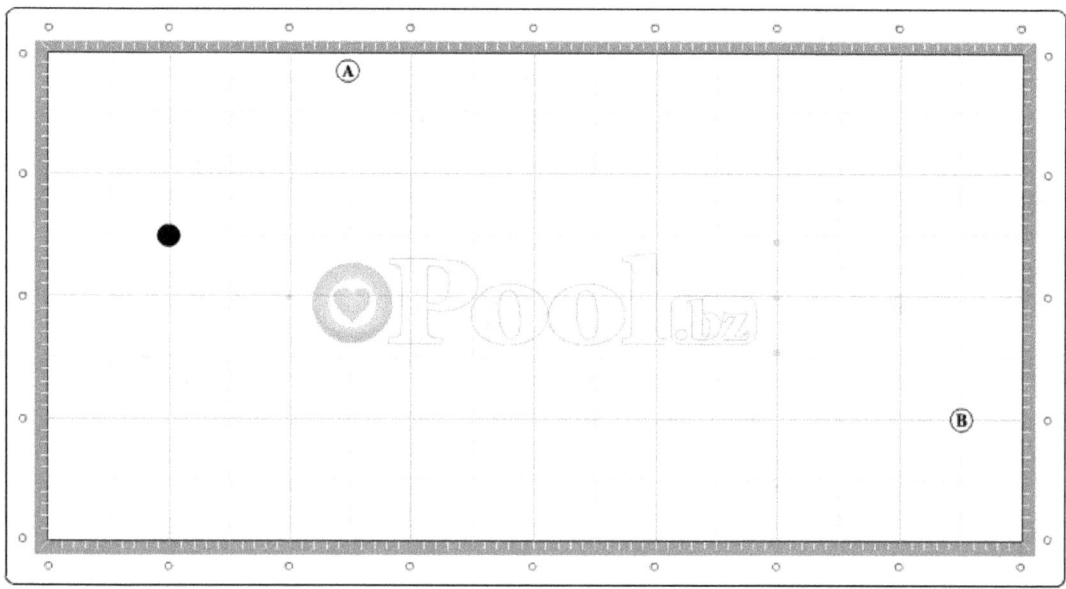

REMARQUES:

GROUPE 3

Groupe 3, set 1

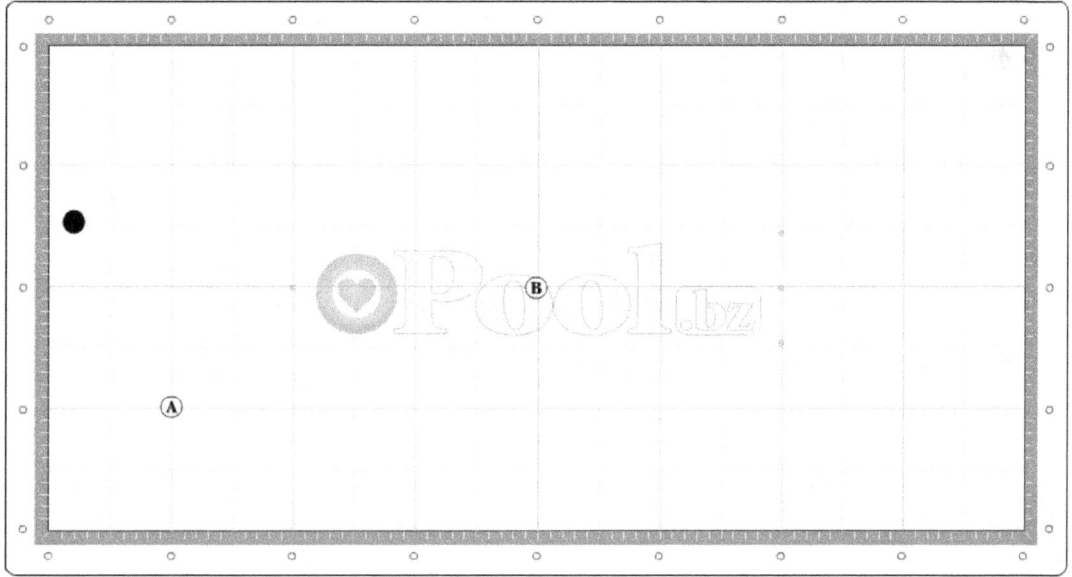

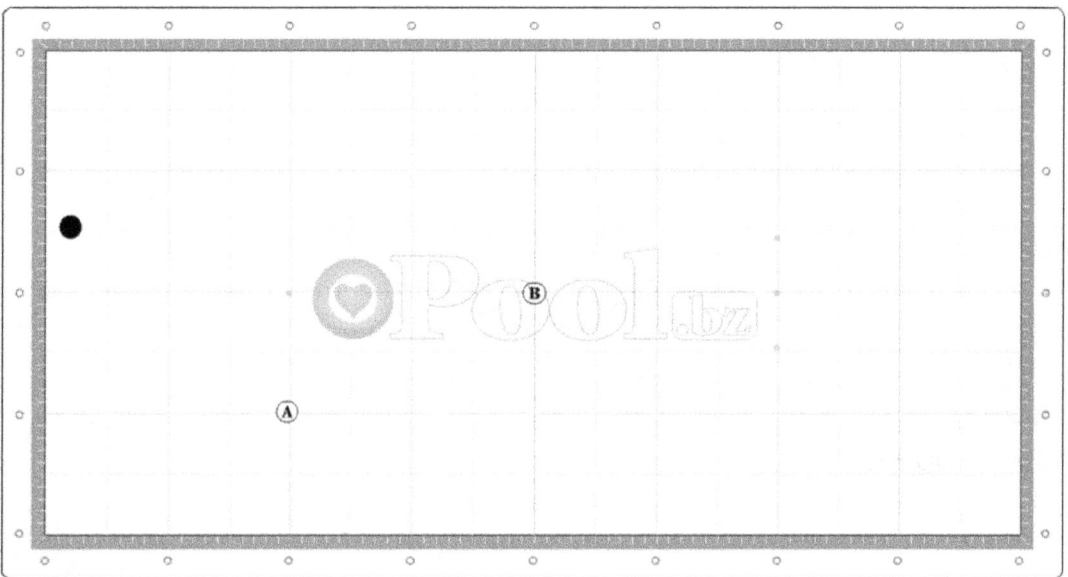

REMARQUES:

Billard Carambole: Plus énigmes et puzzles

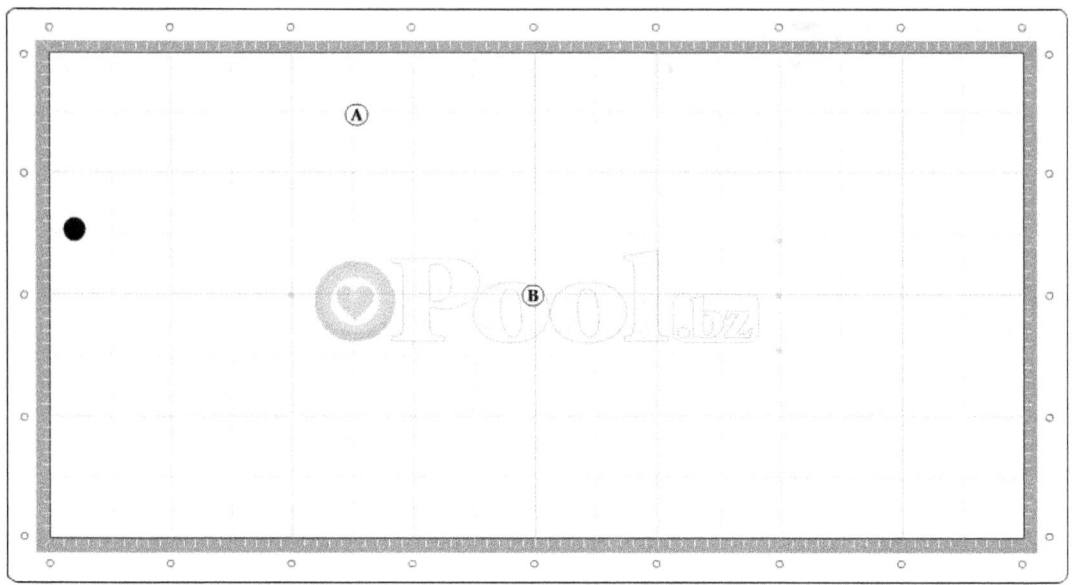

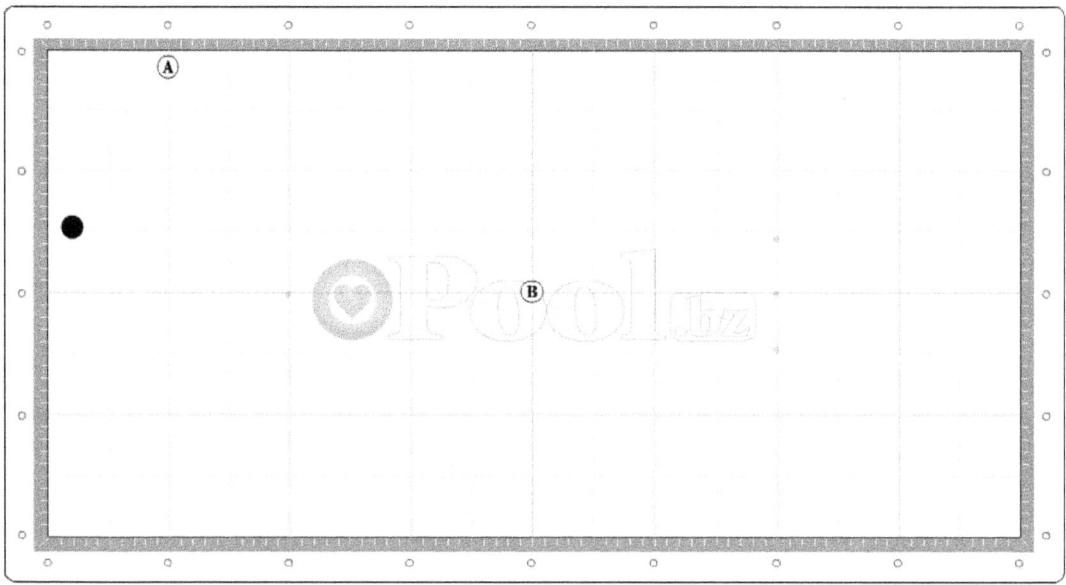

REMARQUES:

Groupe 3, set 2

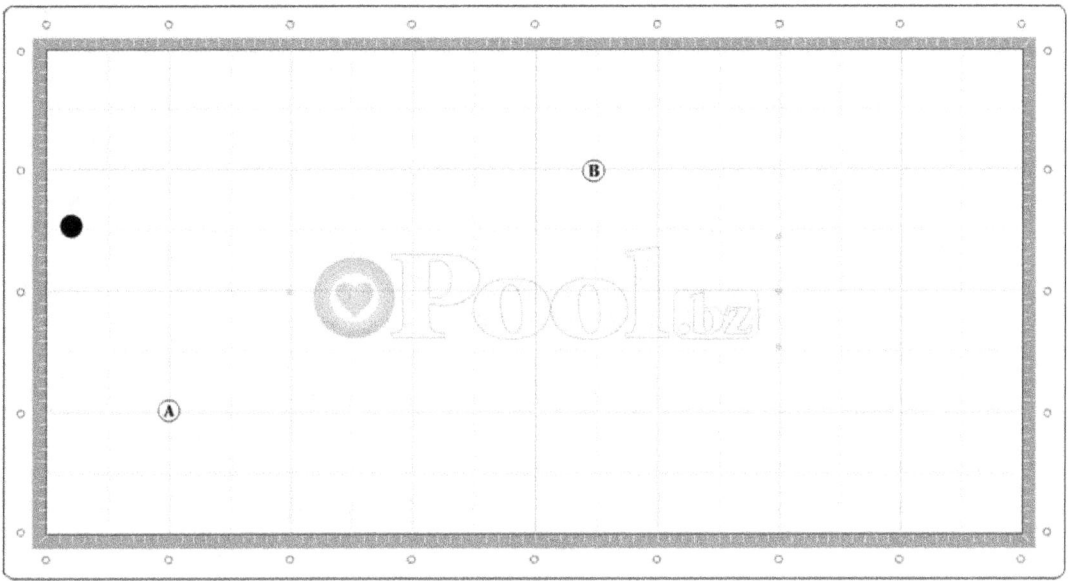

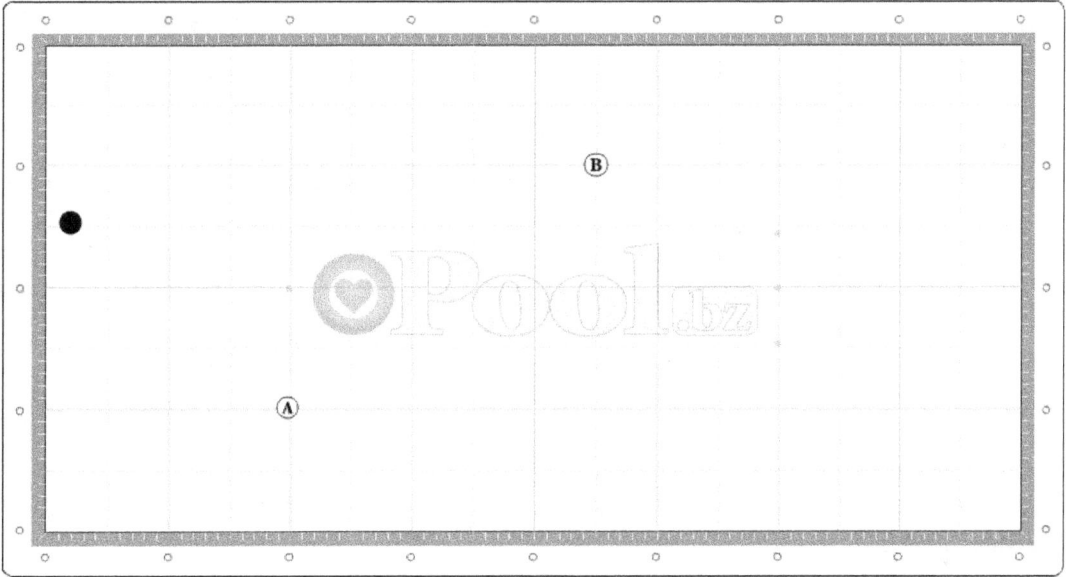

REMARQUES:

Billard Carambole: Plus énigmes et puzzles

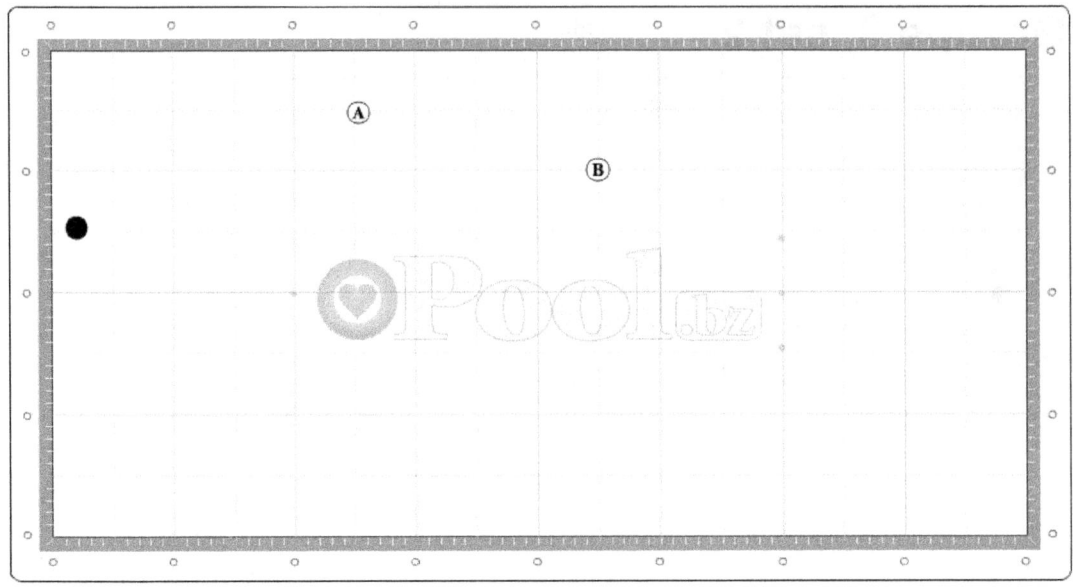

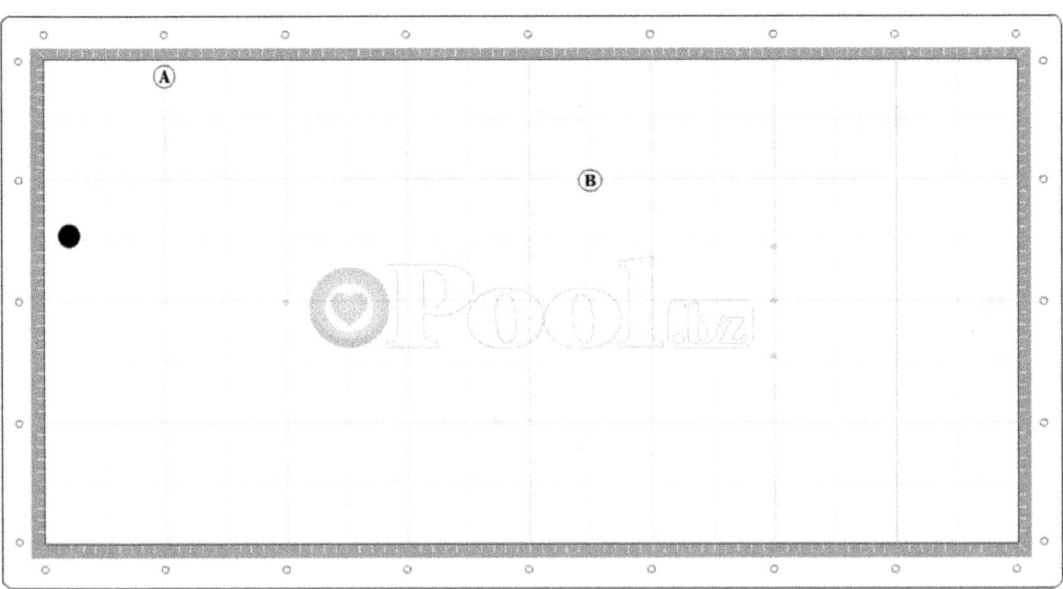

REMARQUES:

Groupe 3, set 3

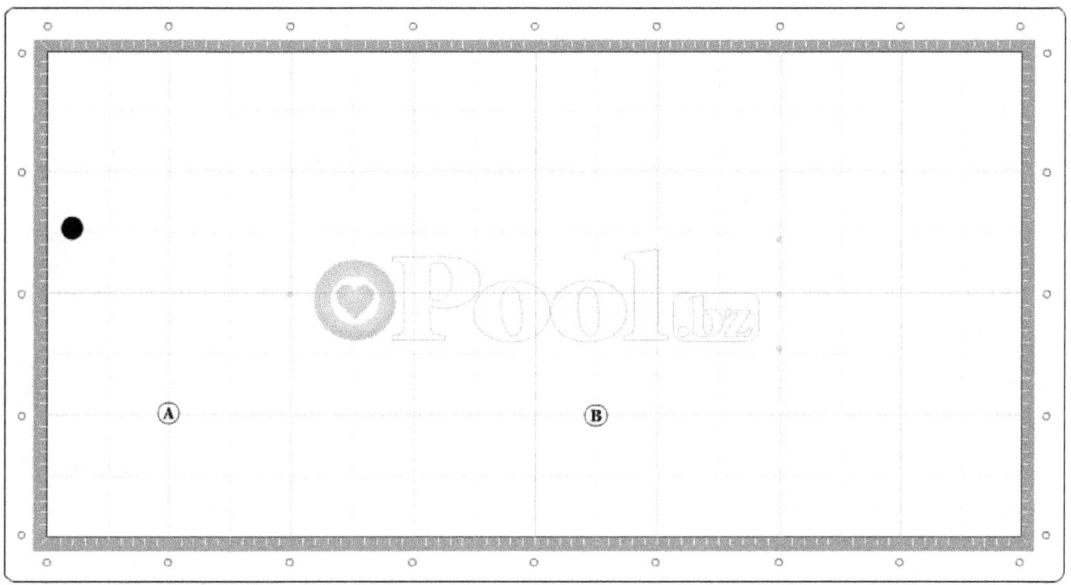

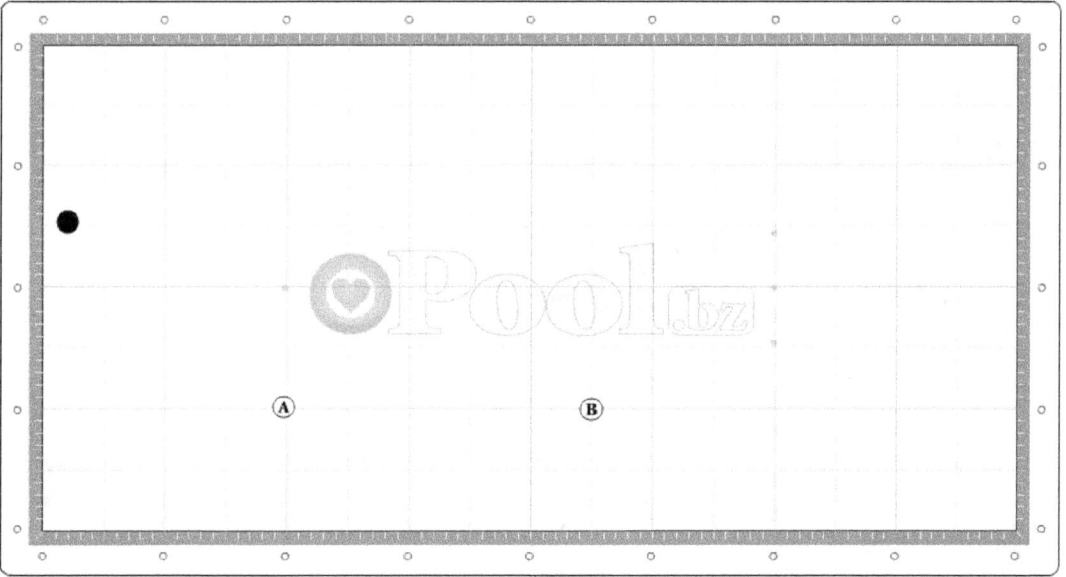

REMARQUES:

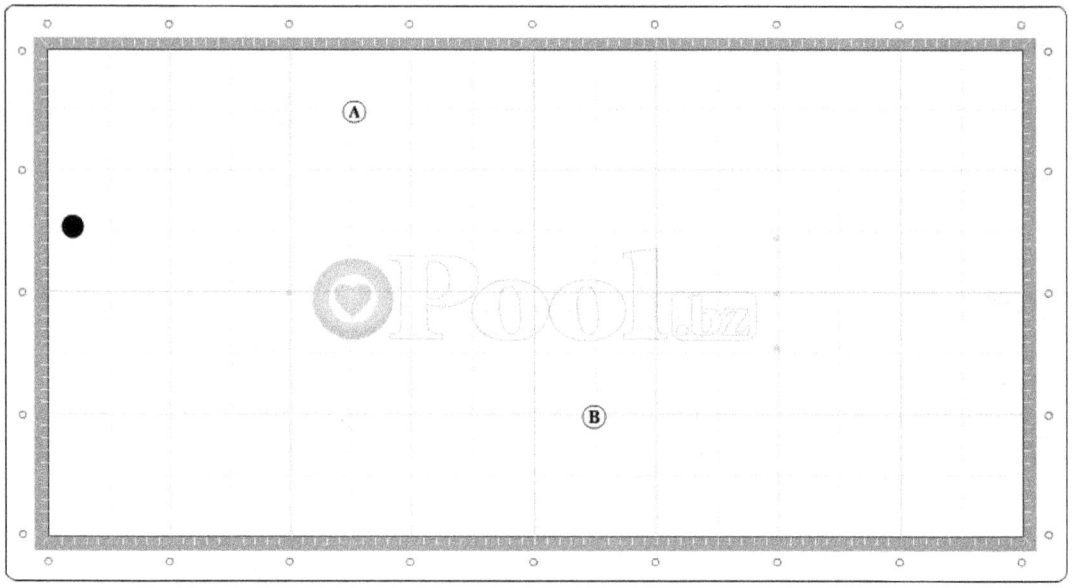

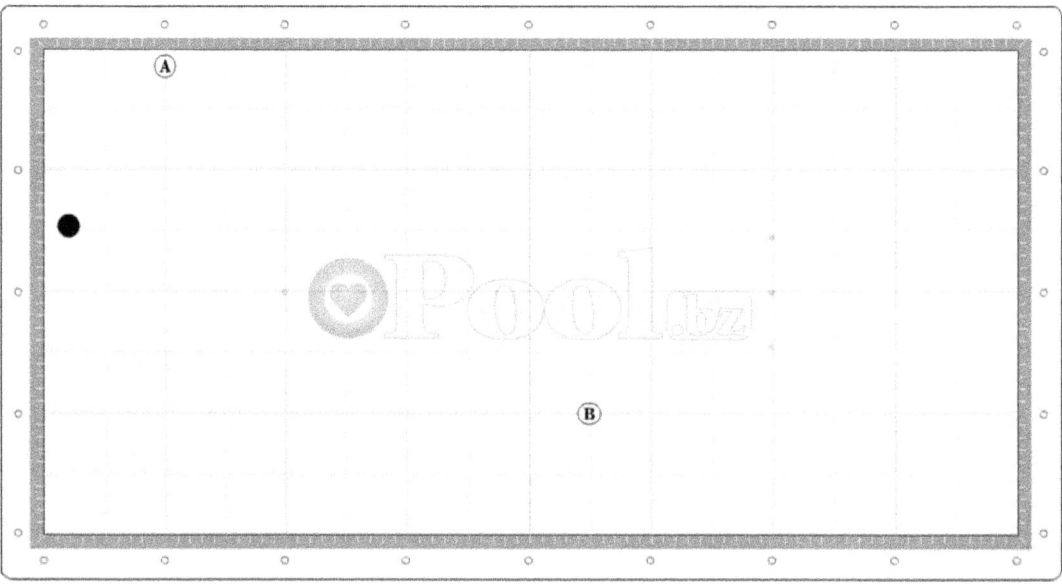

REMARQUES:

Groupe 3, set 4

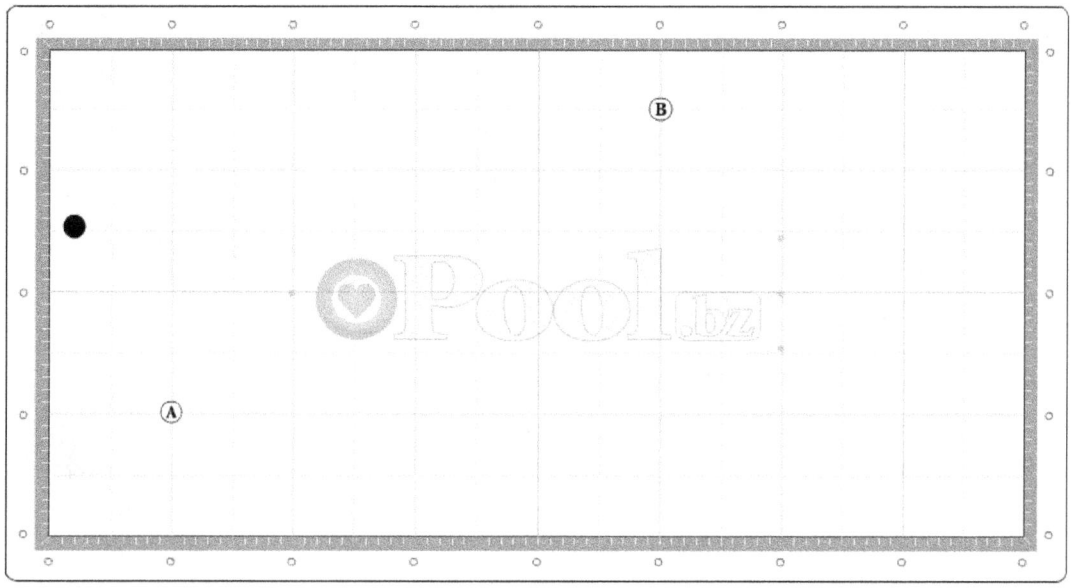

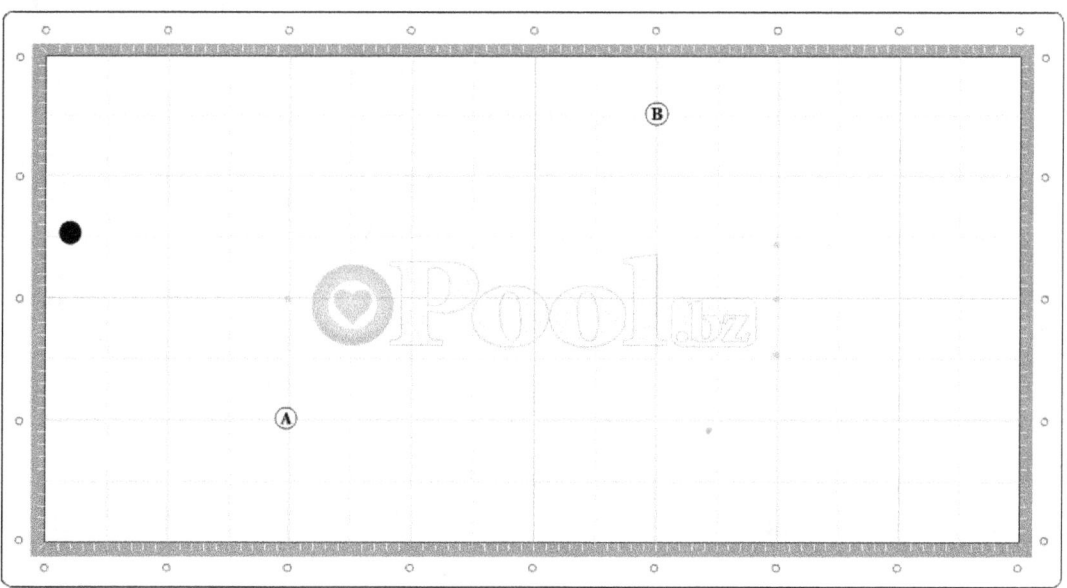

REMARQUES:

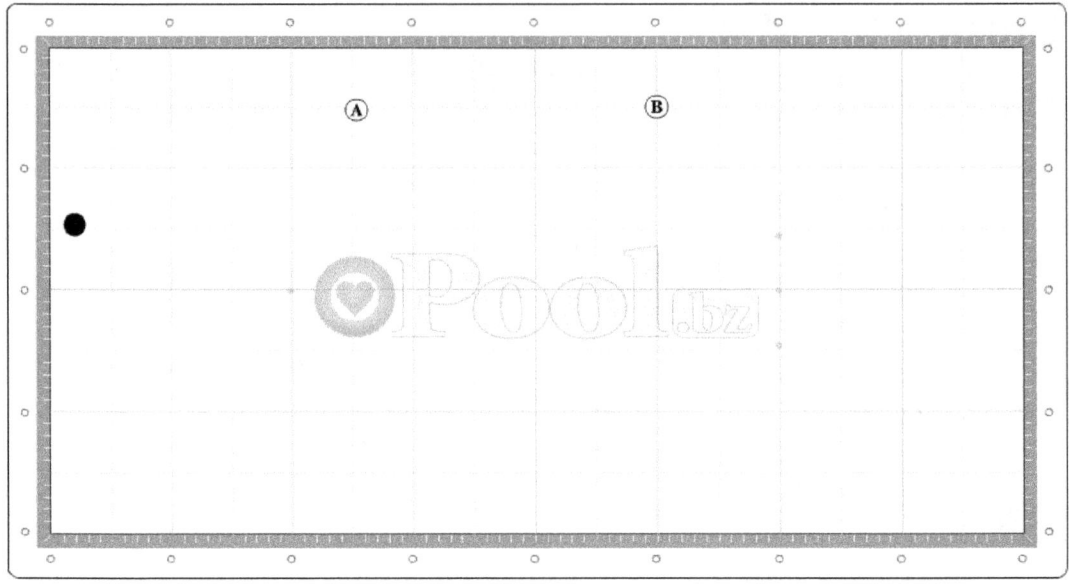

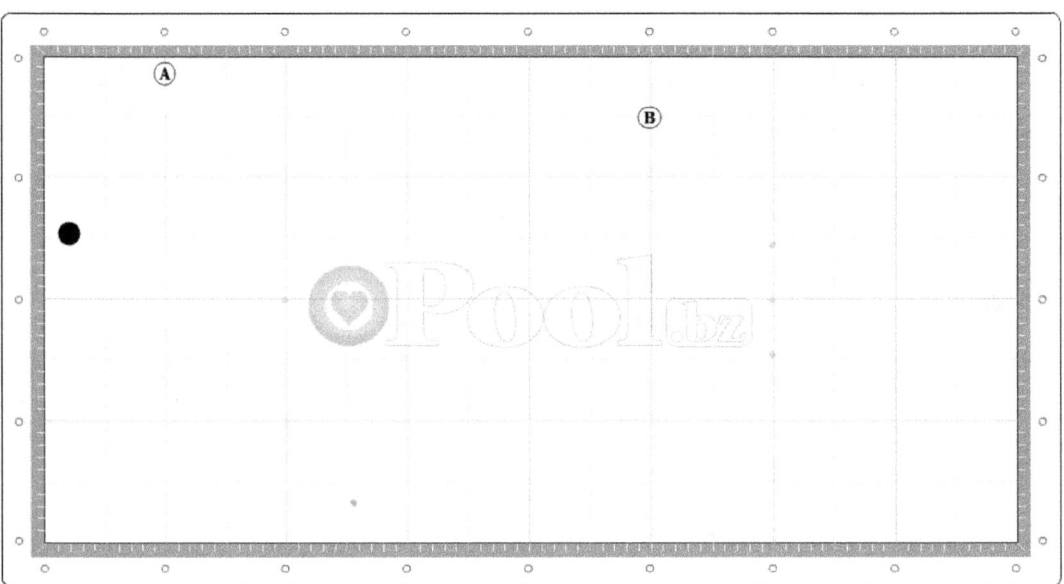

REMARQUES:

Groupe 3, set 5

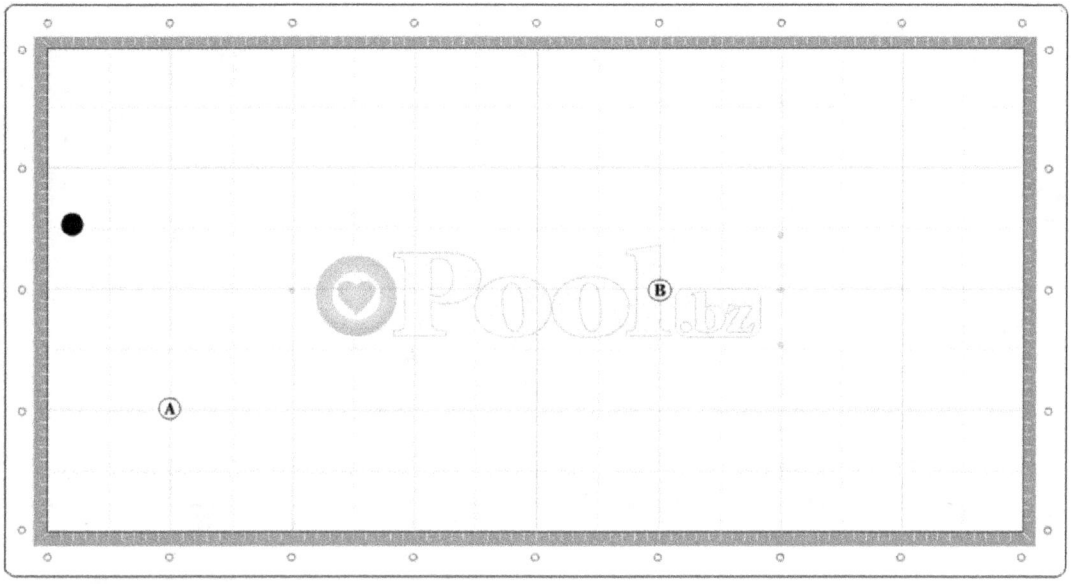

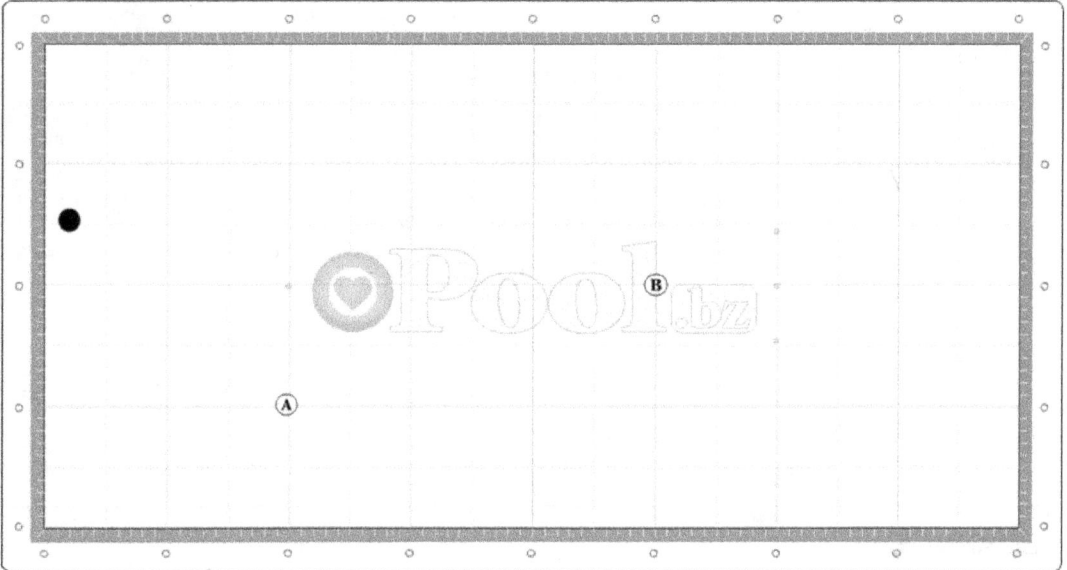

REMARQUES:

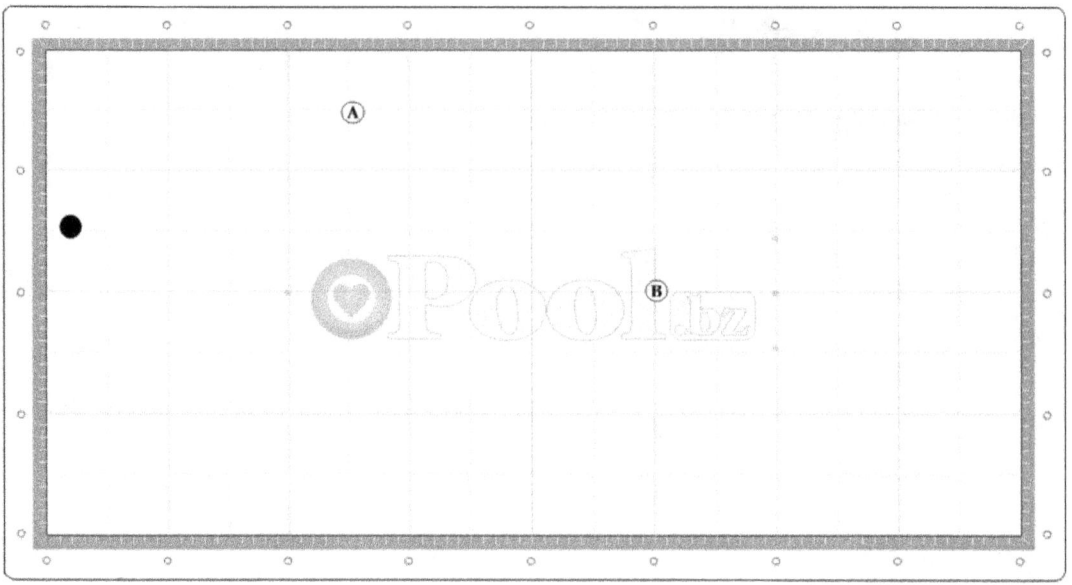

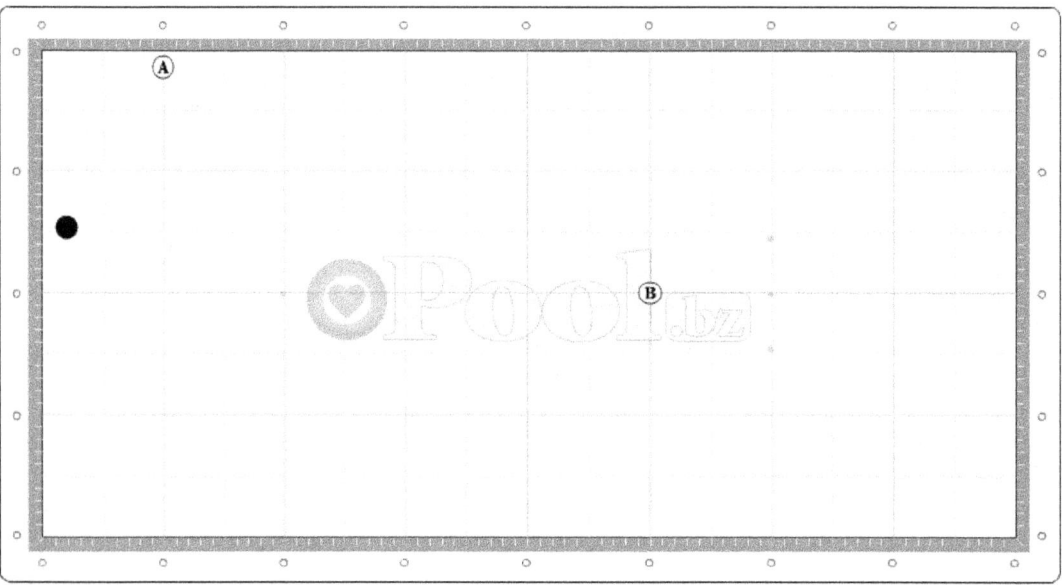

REMARQUES:

Groupe 3, set 6

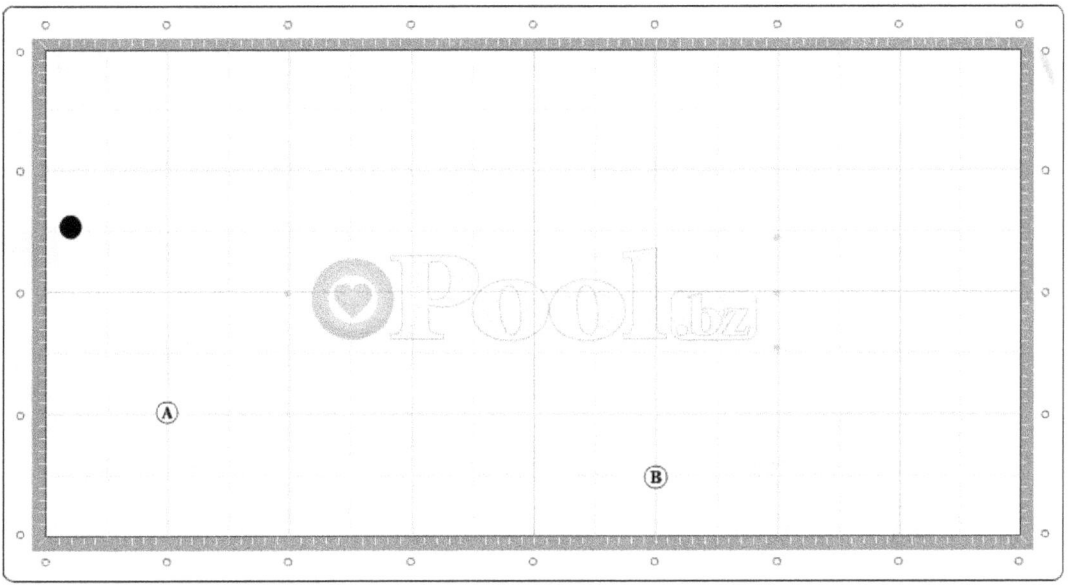

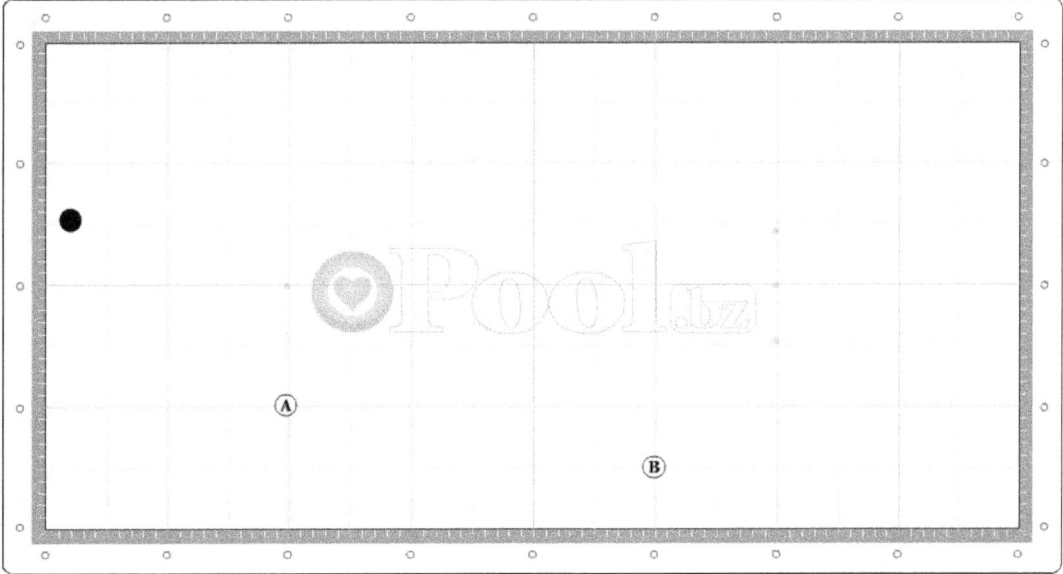

REMARQUES:

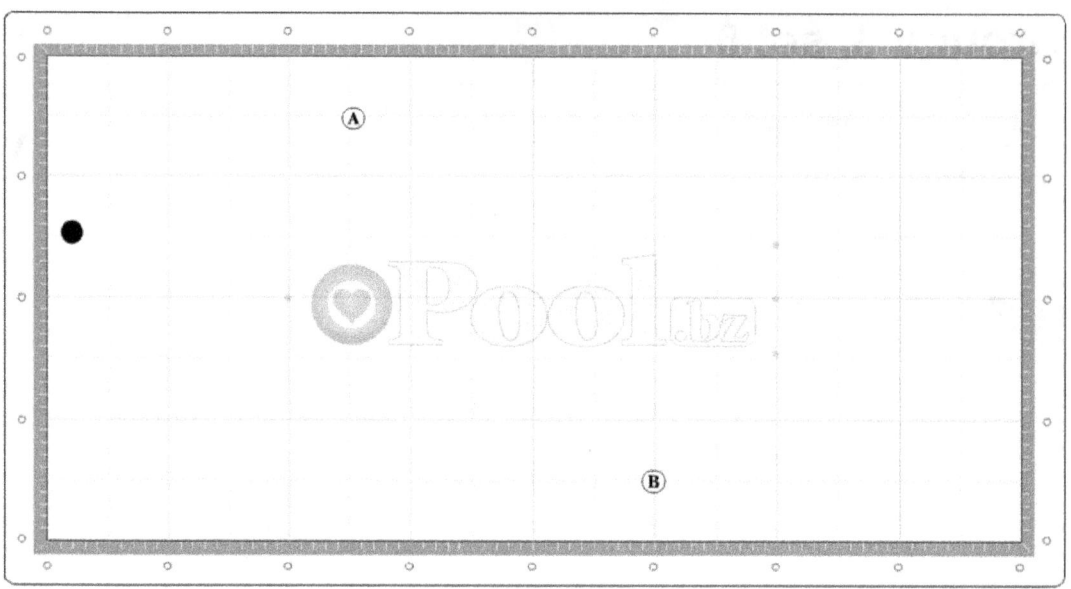

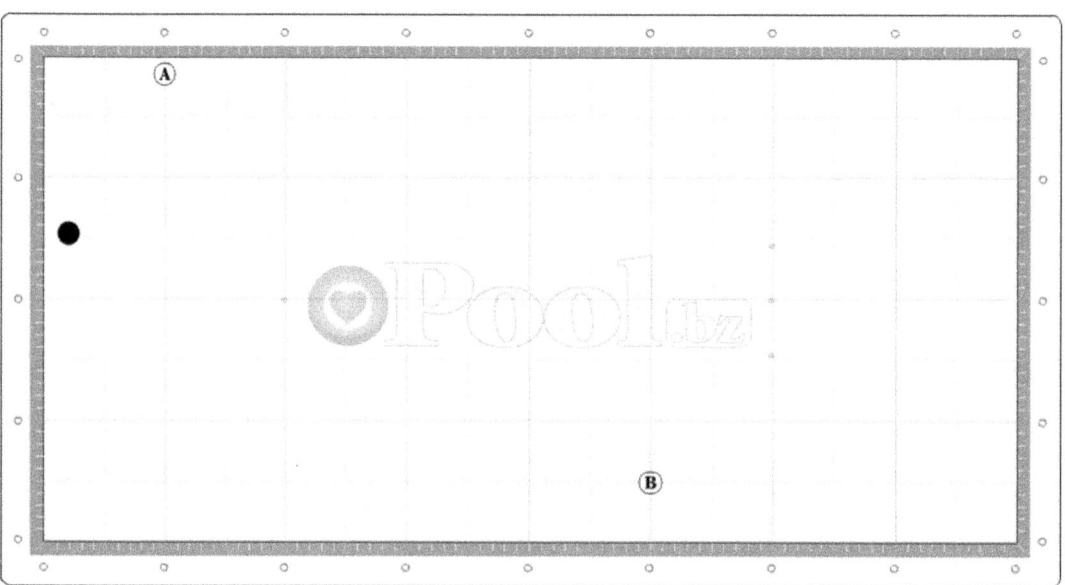

REMARQUES:

Groupe 3, set 7

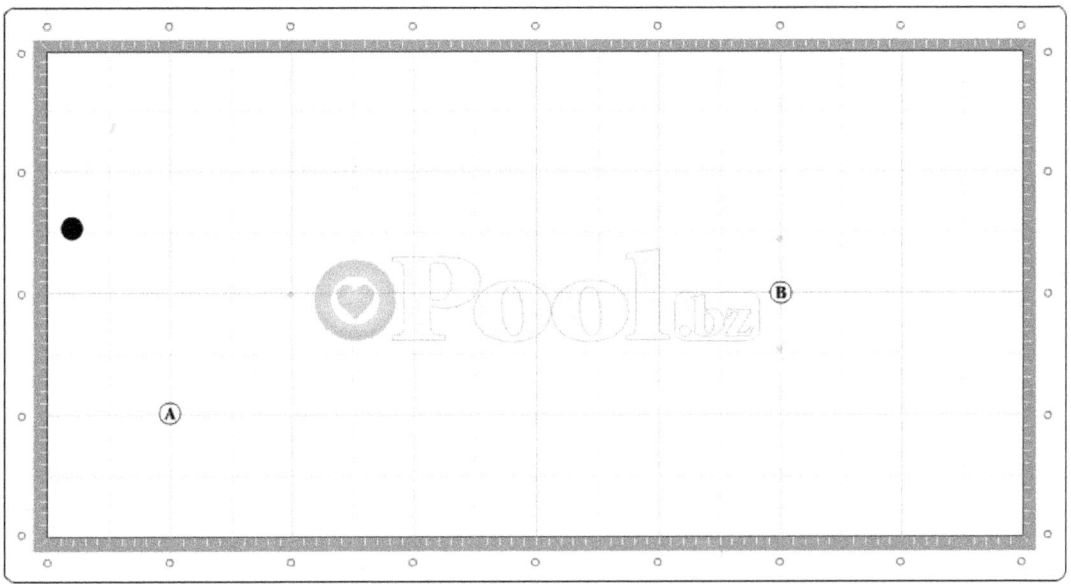

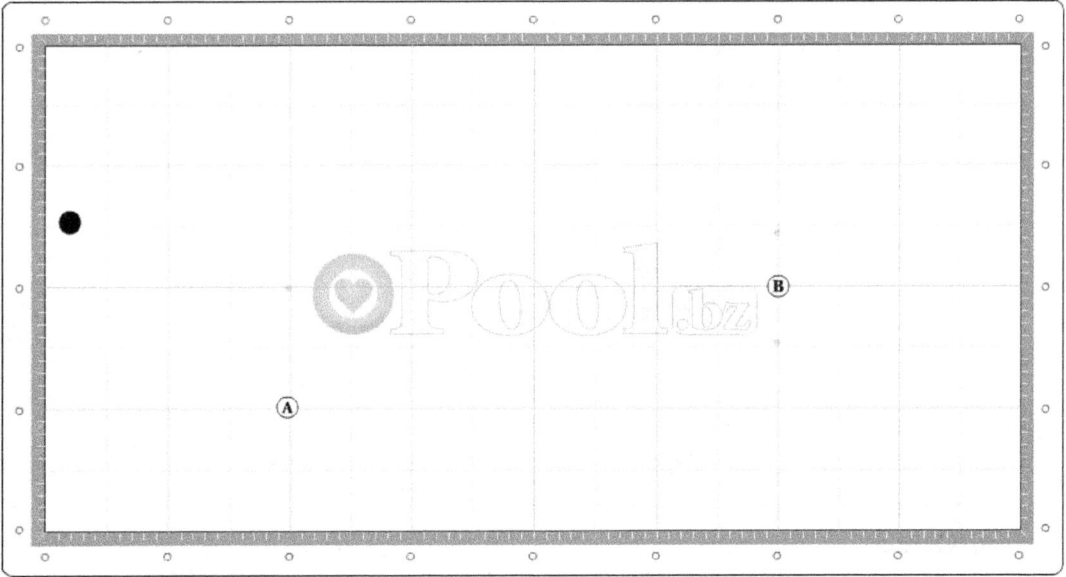

REMARQUES:

Billard Carambole: Plus énigmes et puzzles

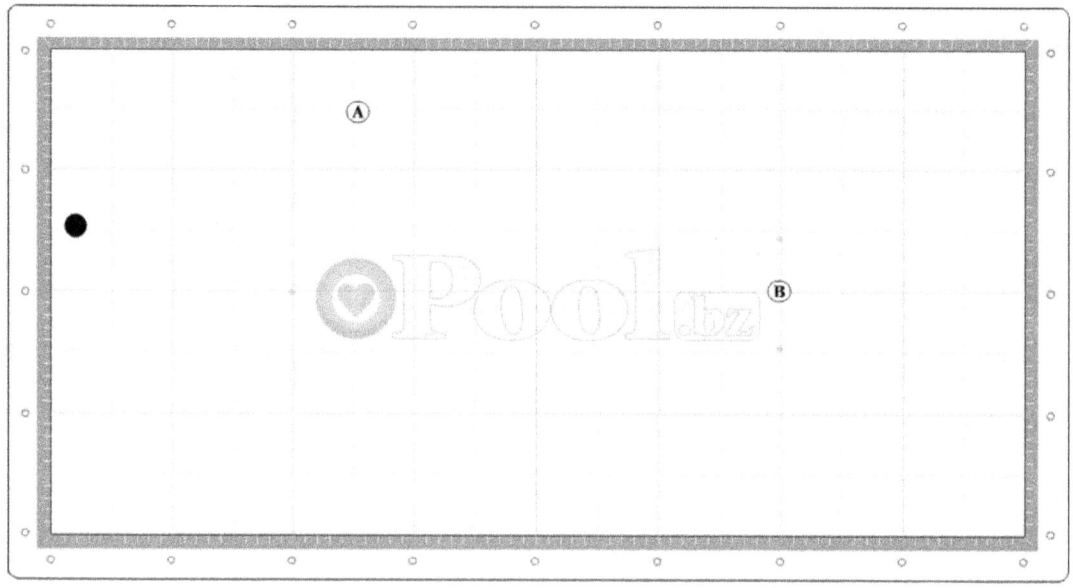

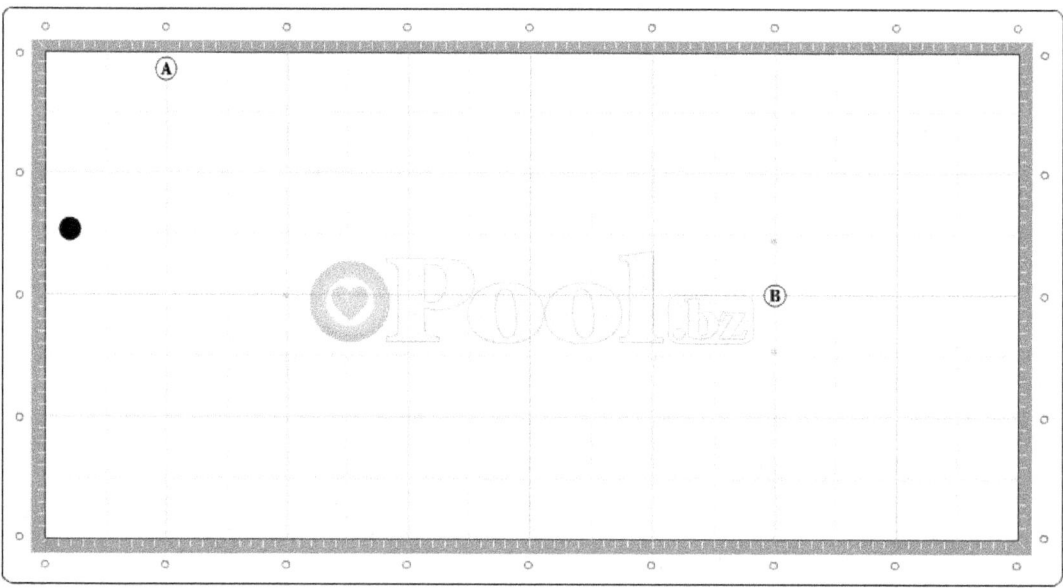

REMARQUES:

Groupe 3, set 8

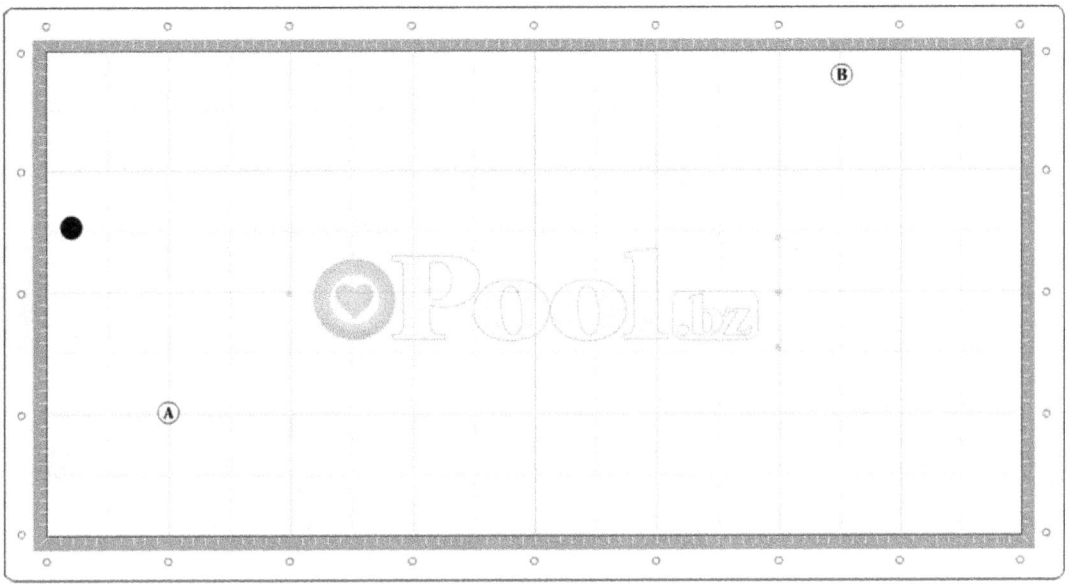

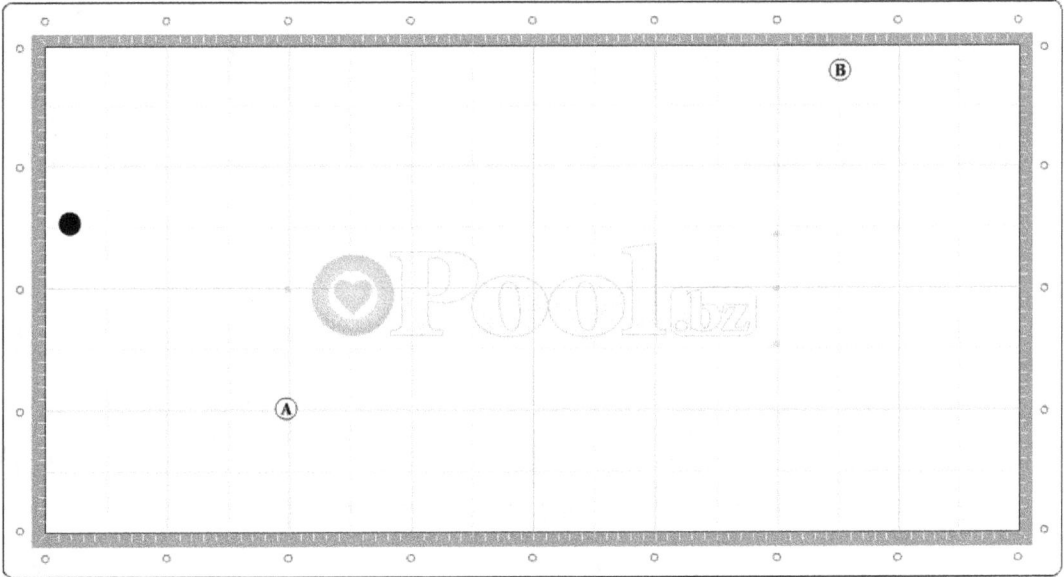

REMARQUES:

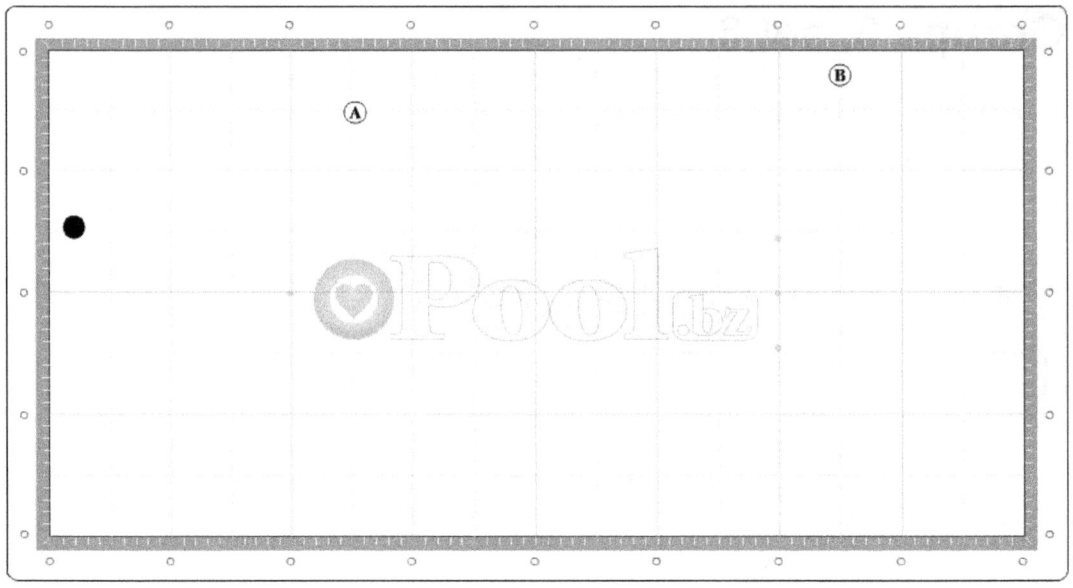

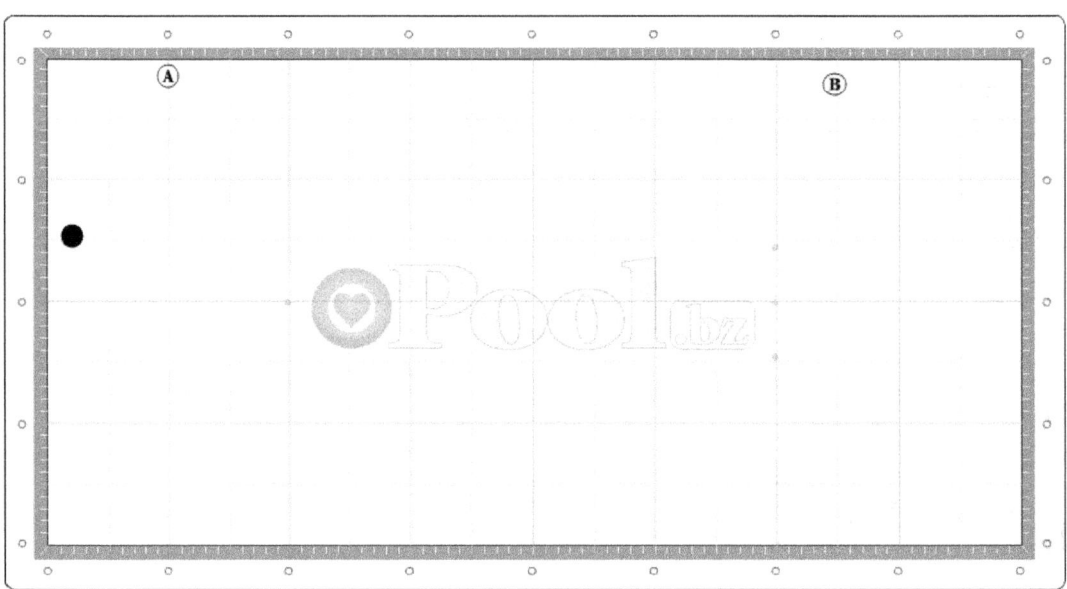

REMARQUES:

Groupe 3, set 9

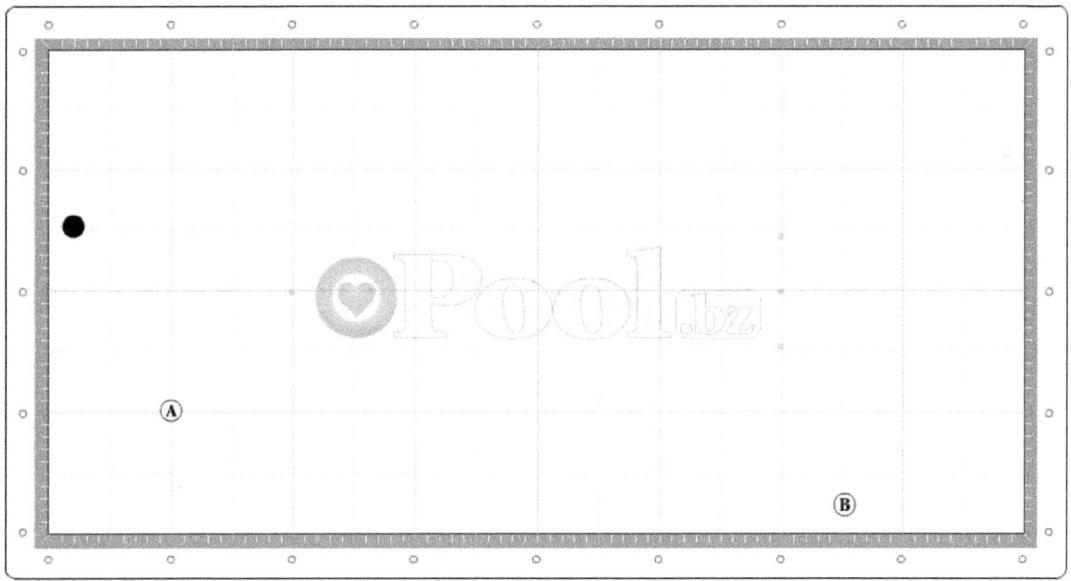

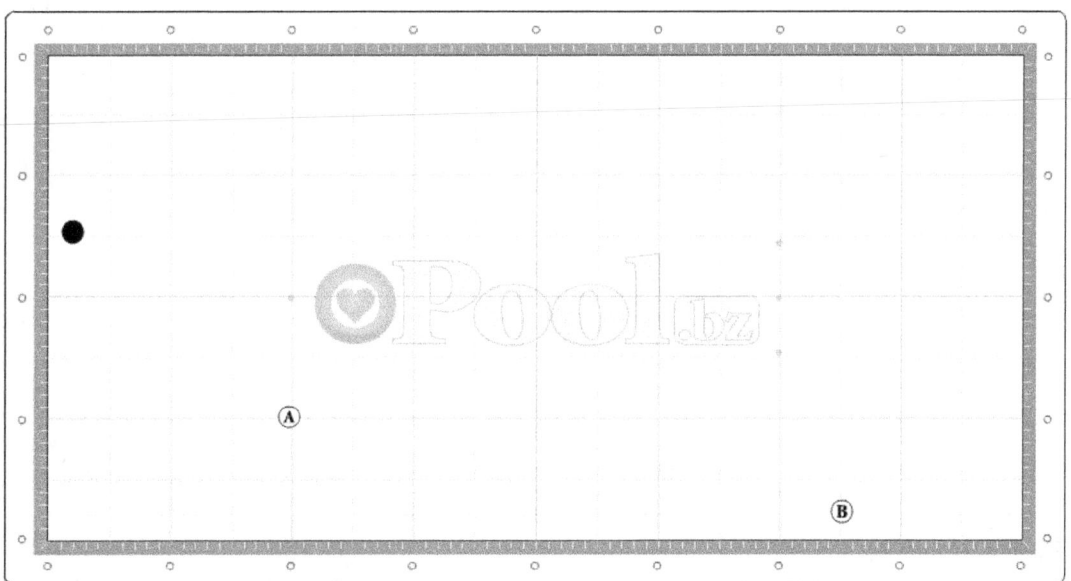

REMARQUES:

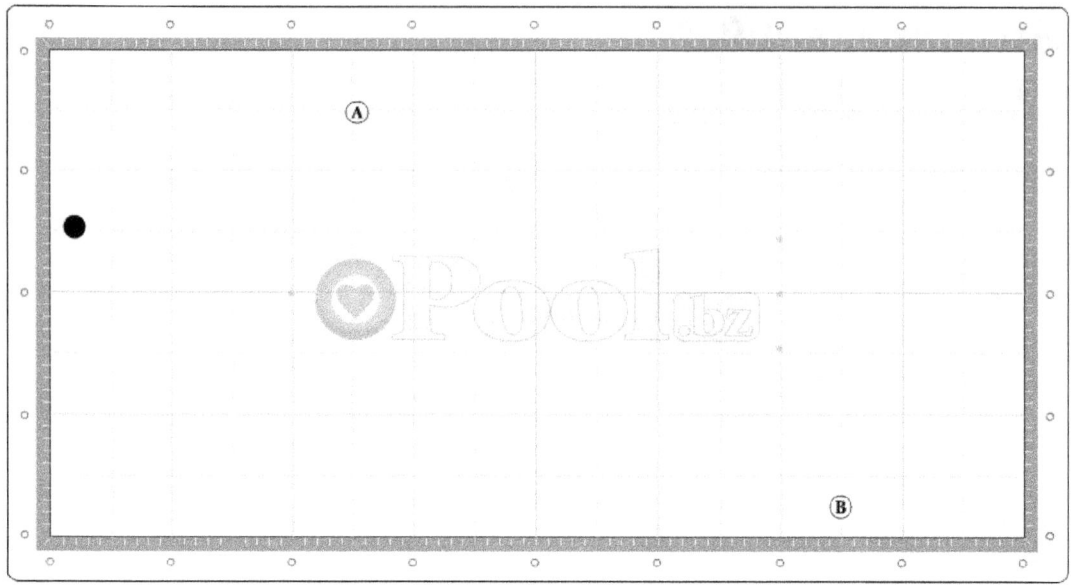

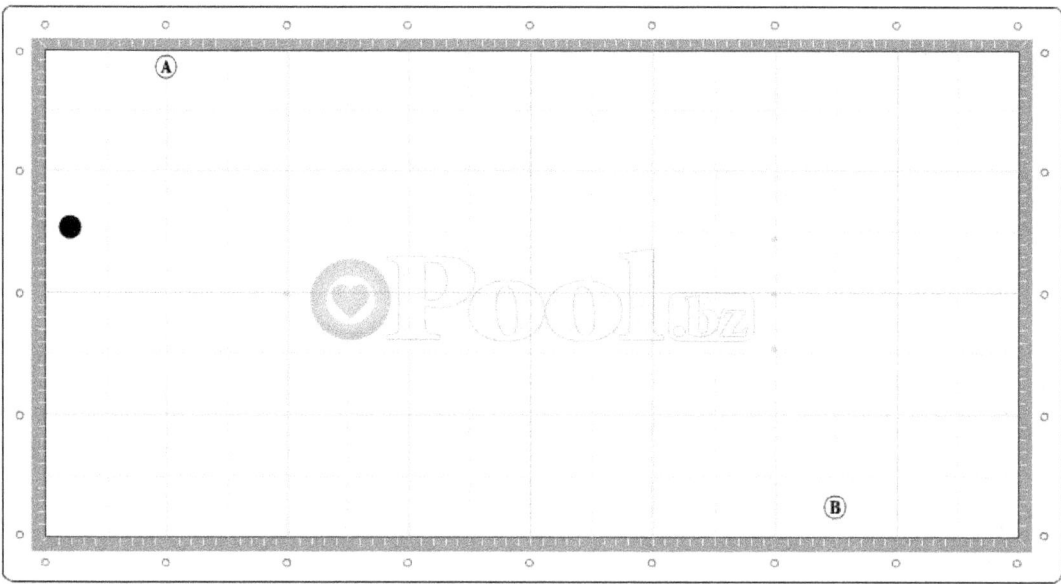

REMARQUES:

Groupe 3, set 10

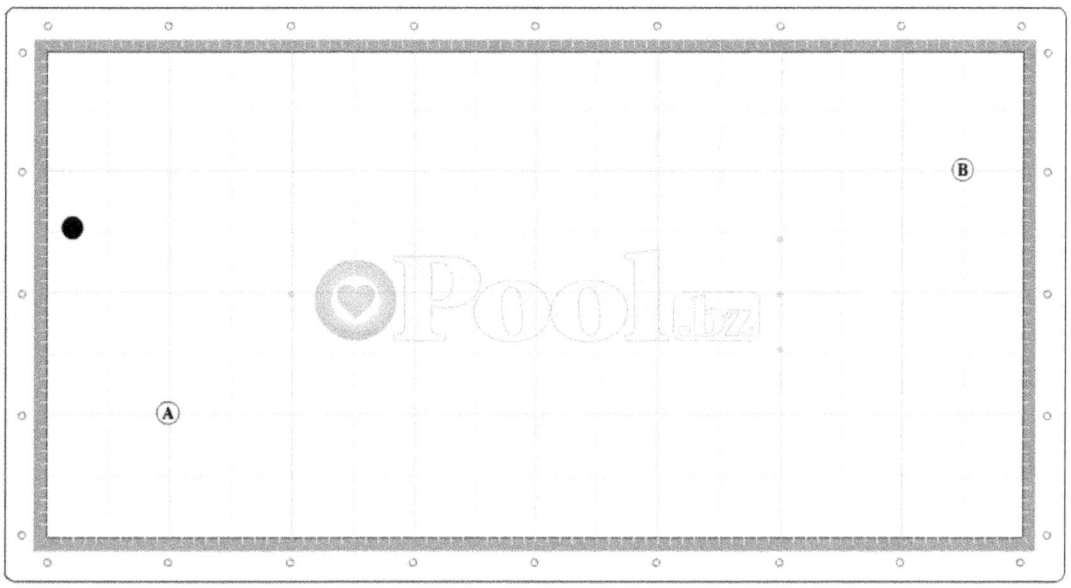

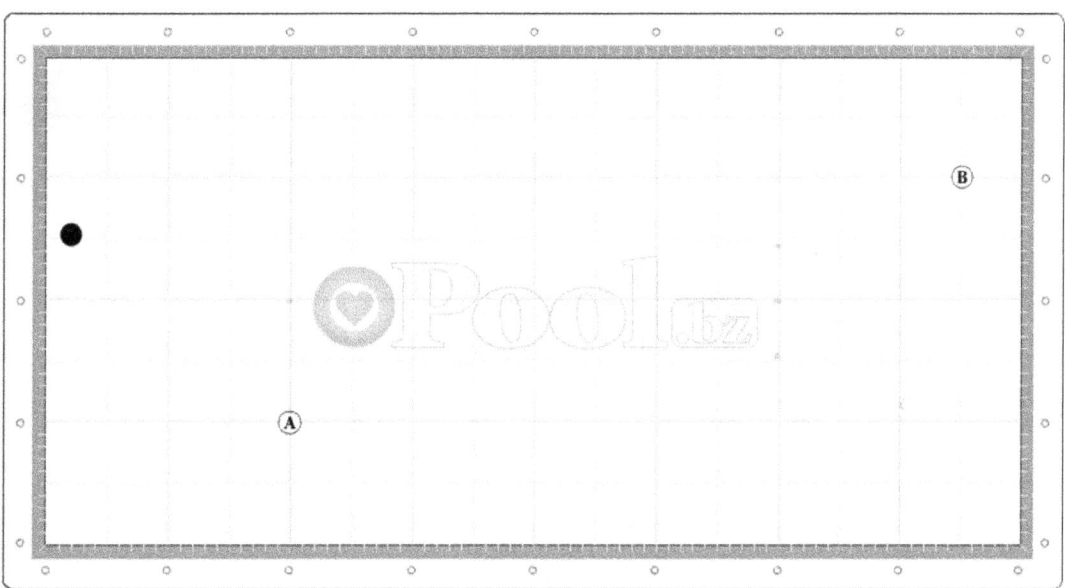

REMARQUES:

Billard Carambole: Plus énigmes et puzzles

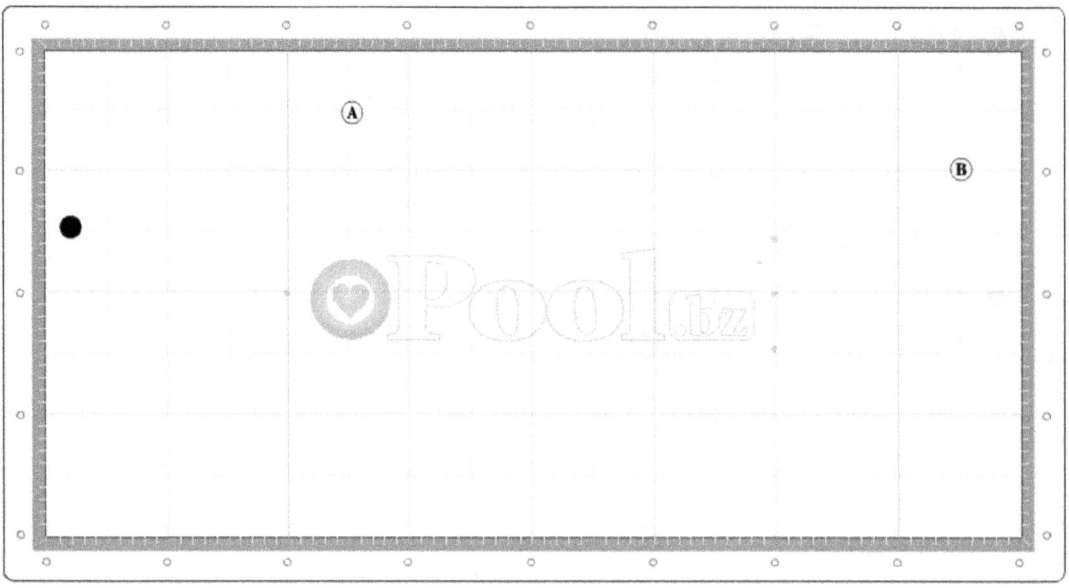

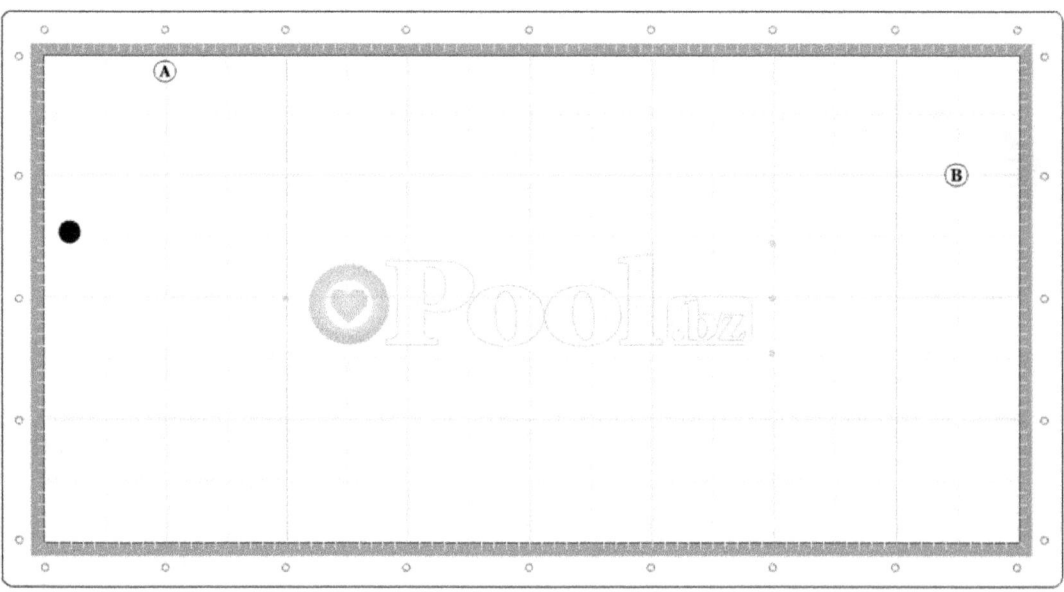

REMARQUES:

Groupe 3, set 11

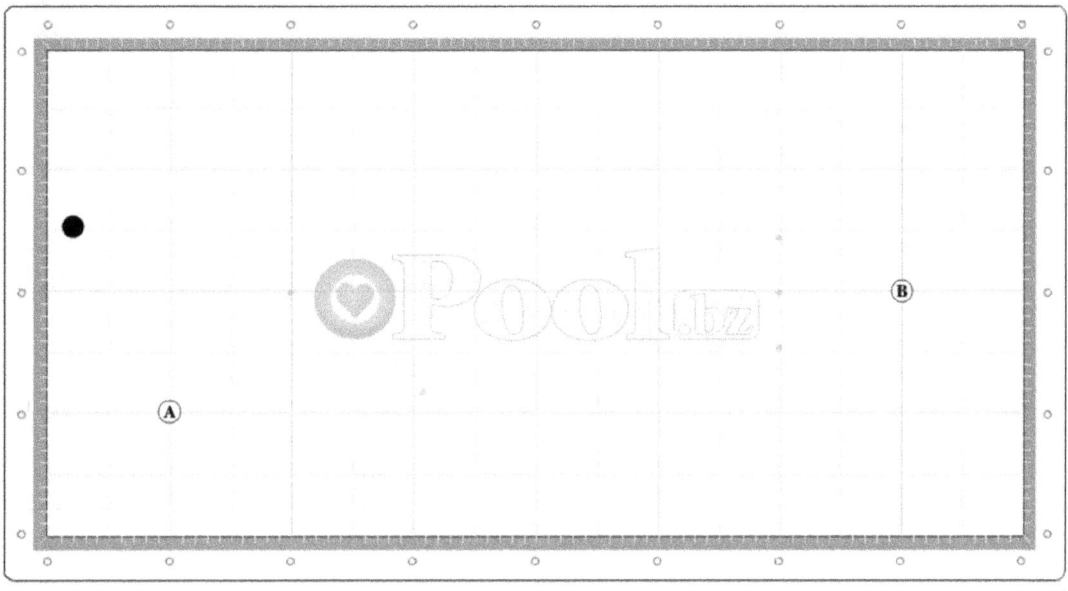

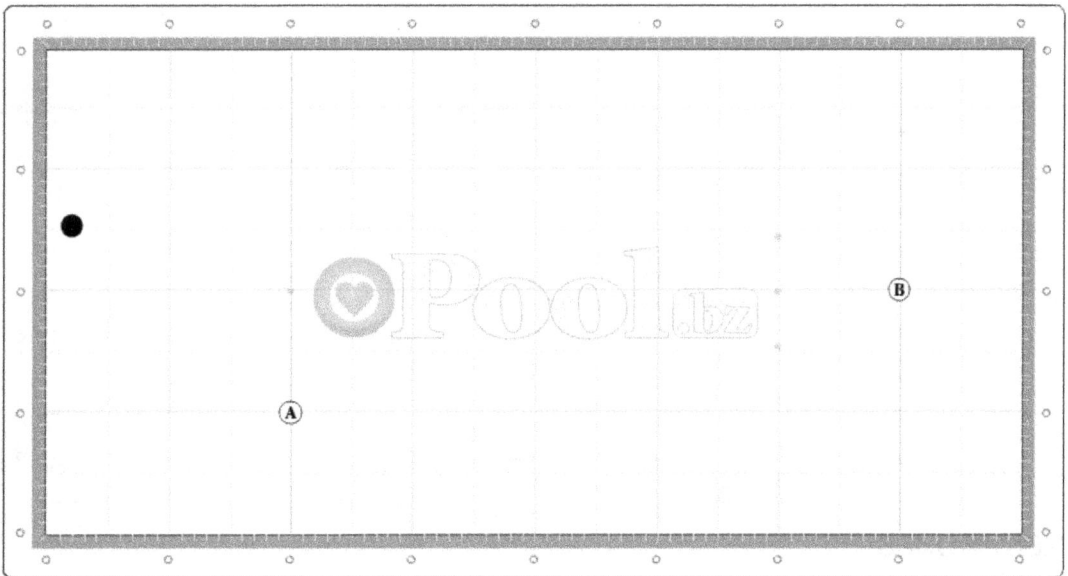

REMARQUES:

Billard Carambole: Plus énigmes et puzzles

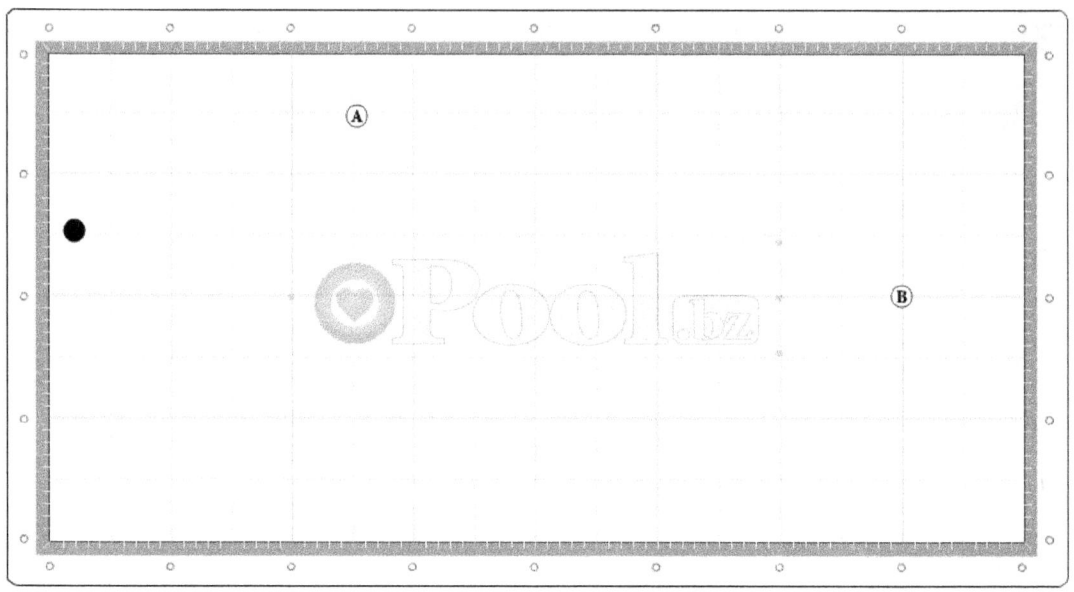

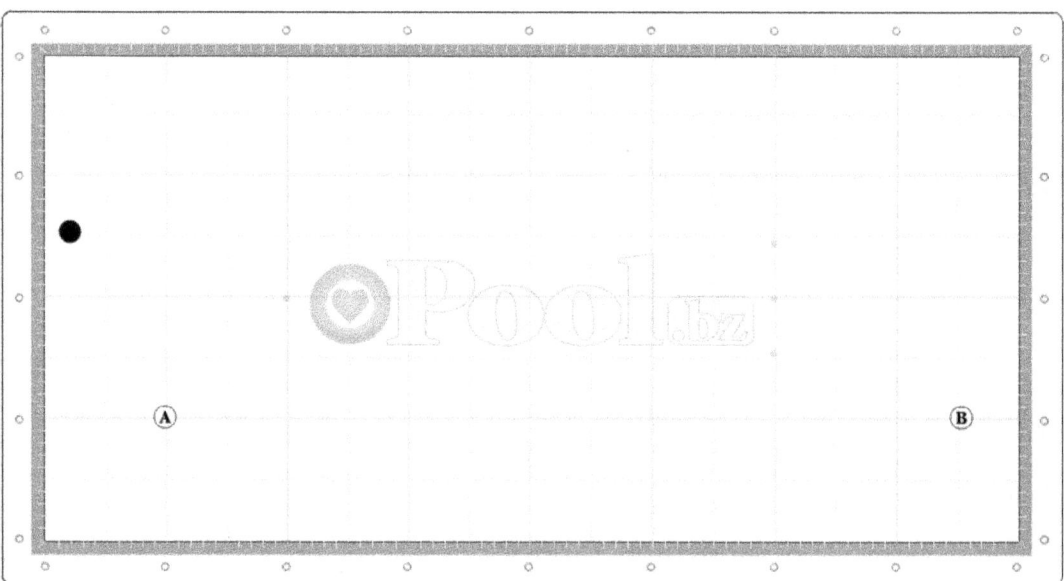

REMARQUES:

Groupe 3, set 12

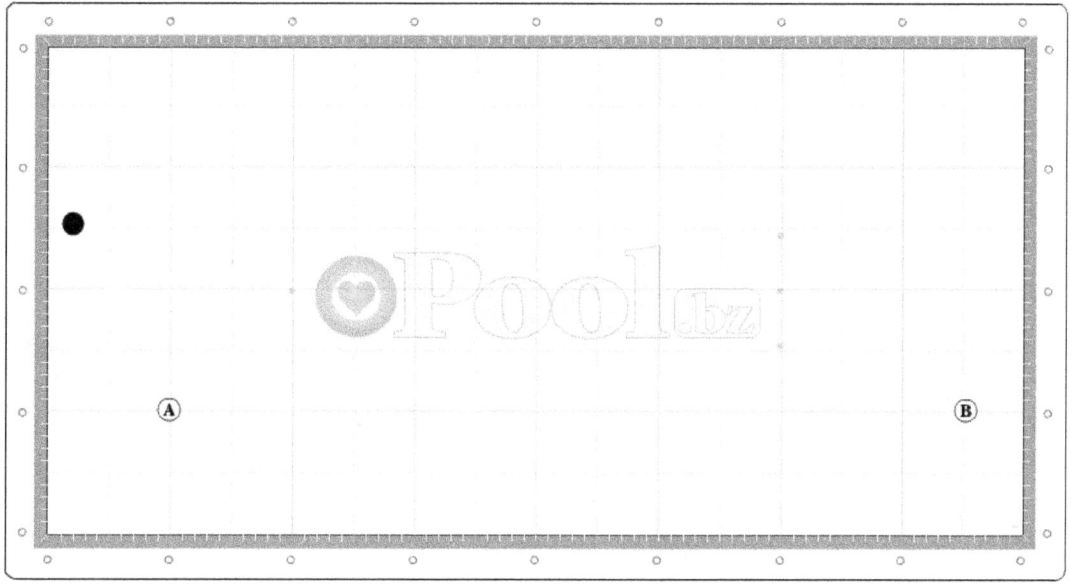

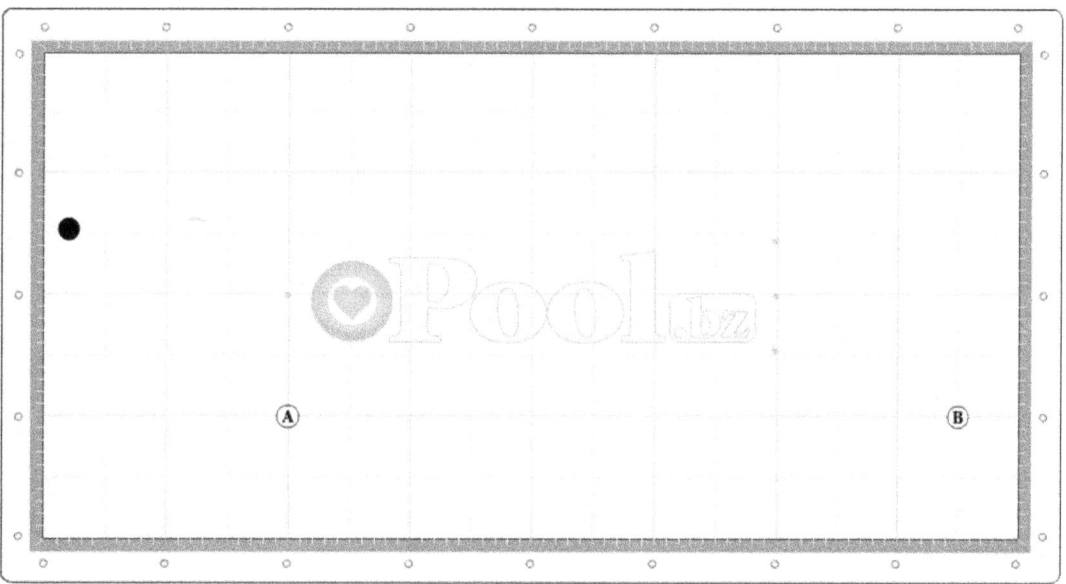

REMARQUES:

Billard Carambole: Plus énigmes et puzzles

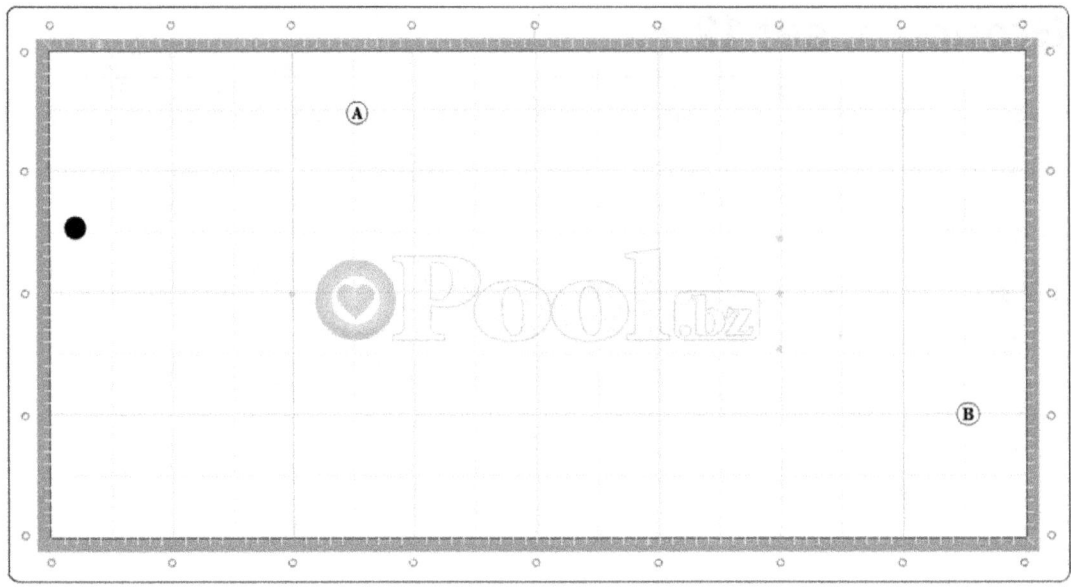

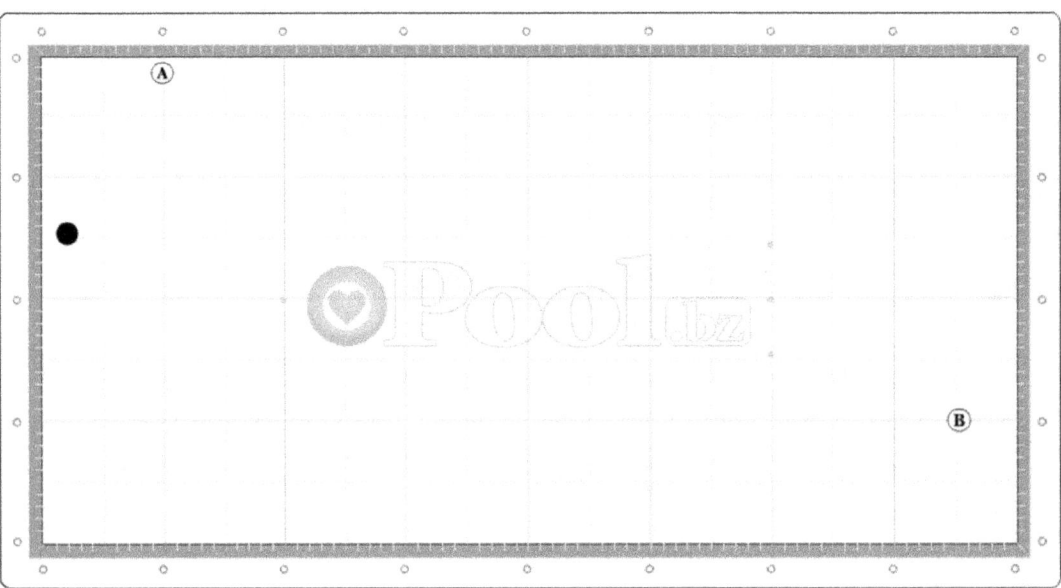

REMARQUES:

GROUPE 4

Groupe 4, set 1

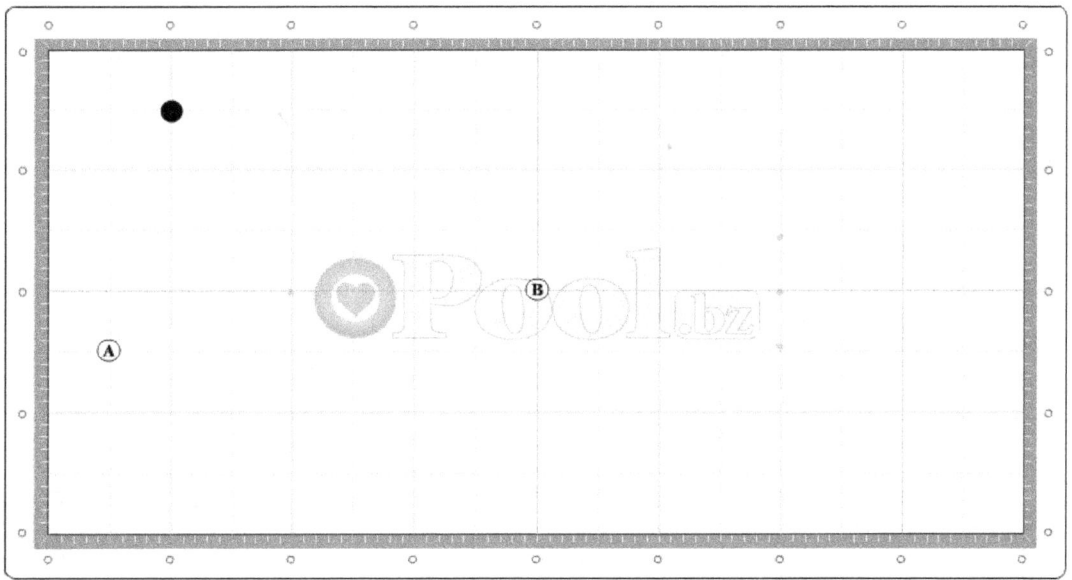

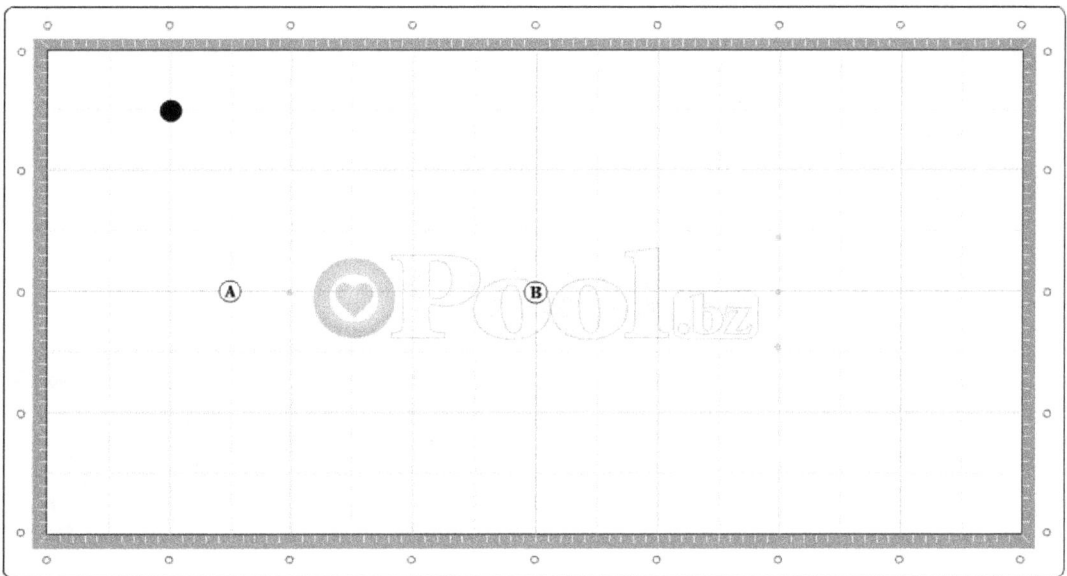

REMARQUES:

Billard Carambole: Plus énigmes et puzzles

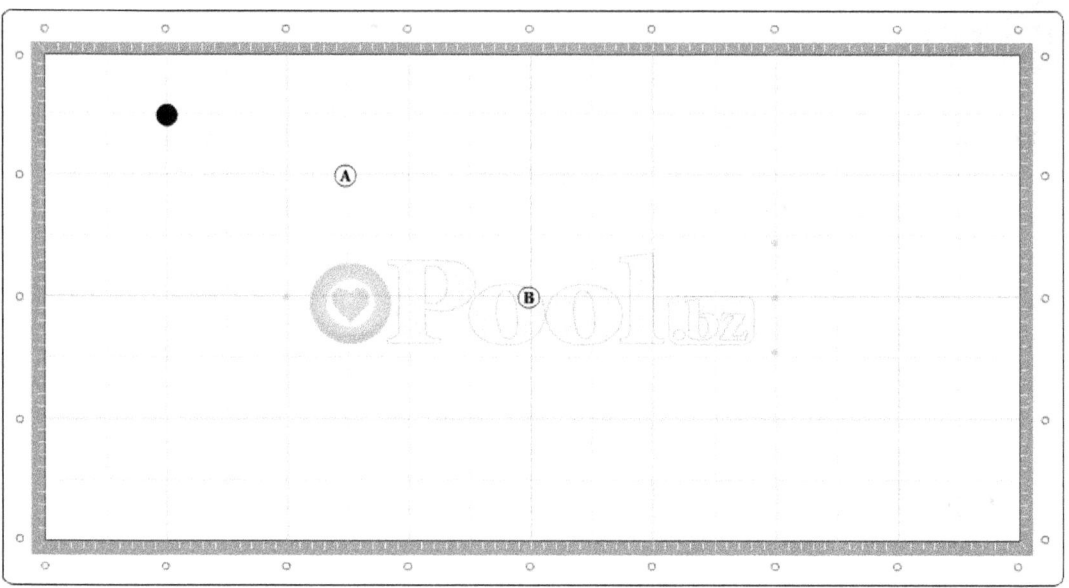

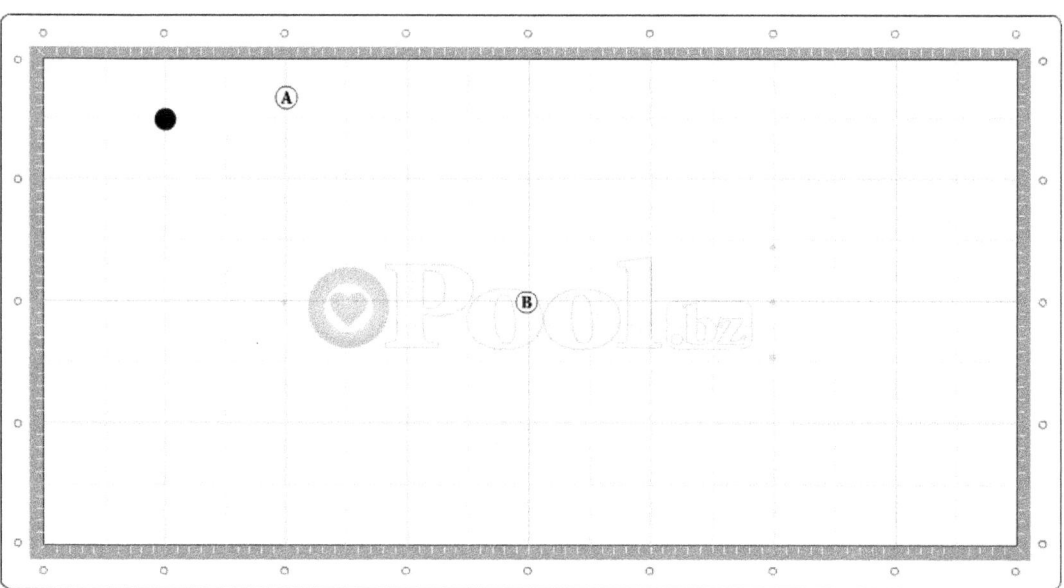

REMARQUES:

Groupe 4, set 2

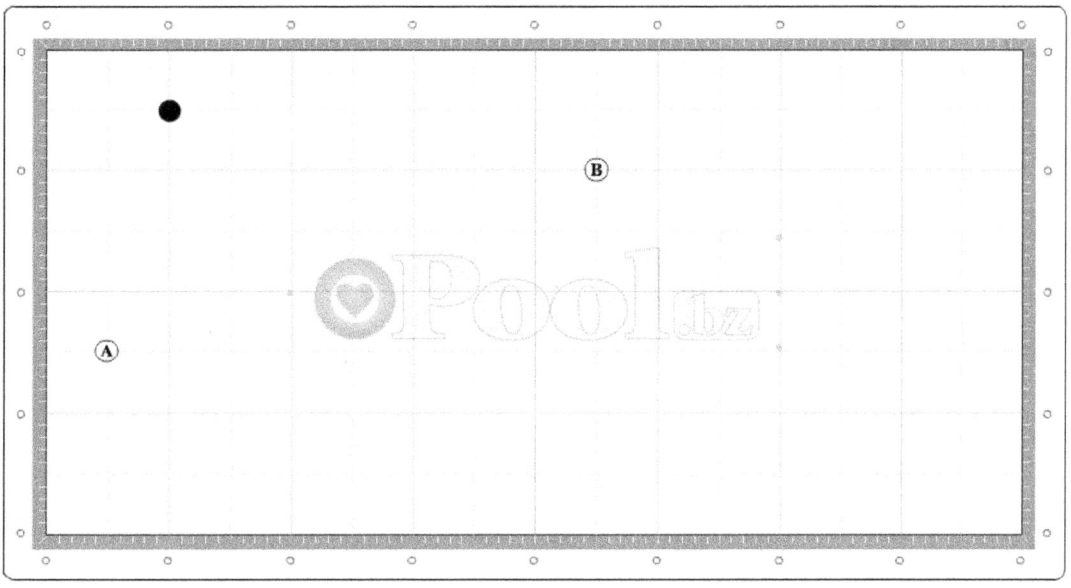

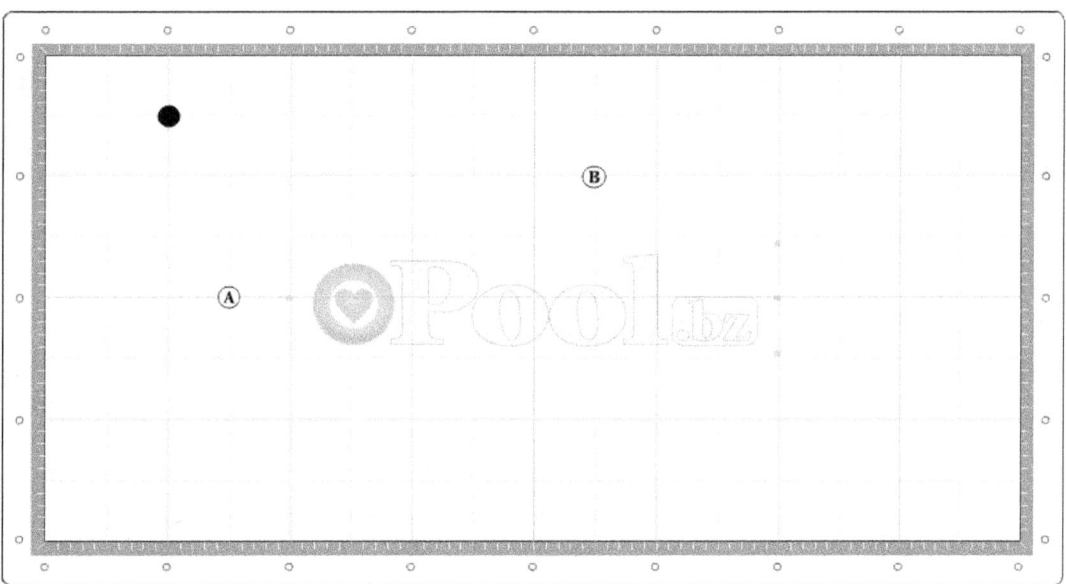

REMARQUES:

Billard Carambole: Plus énigmes et puzzles

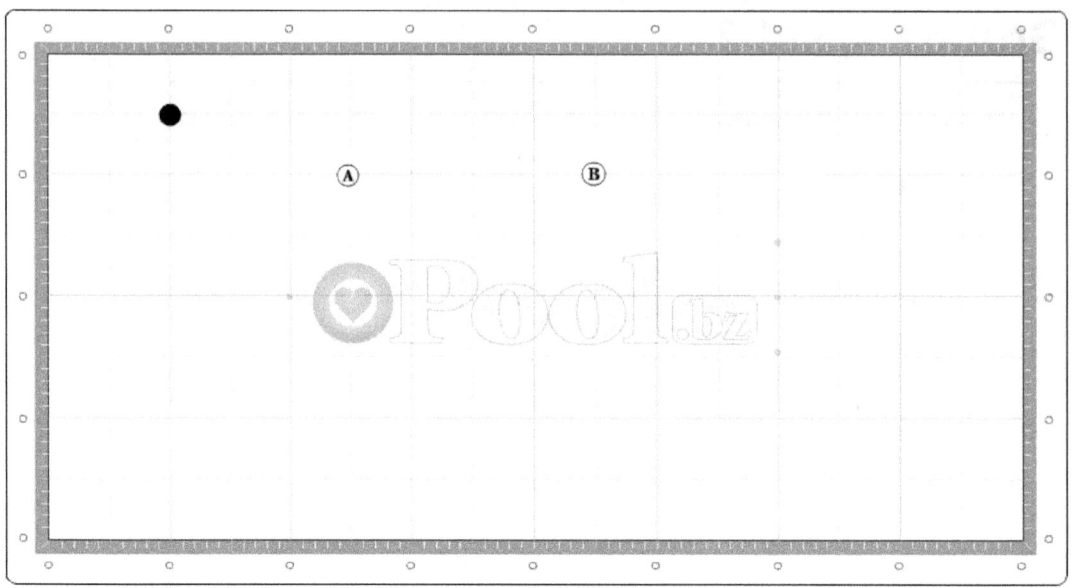

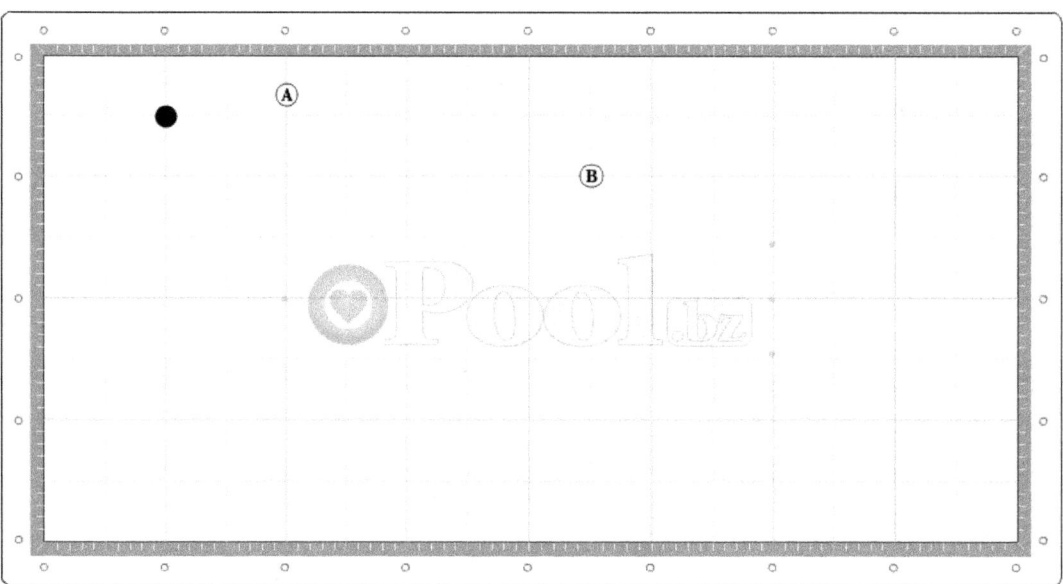

REMARQUES:

Groupe 4, set 3

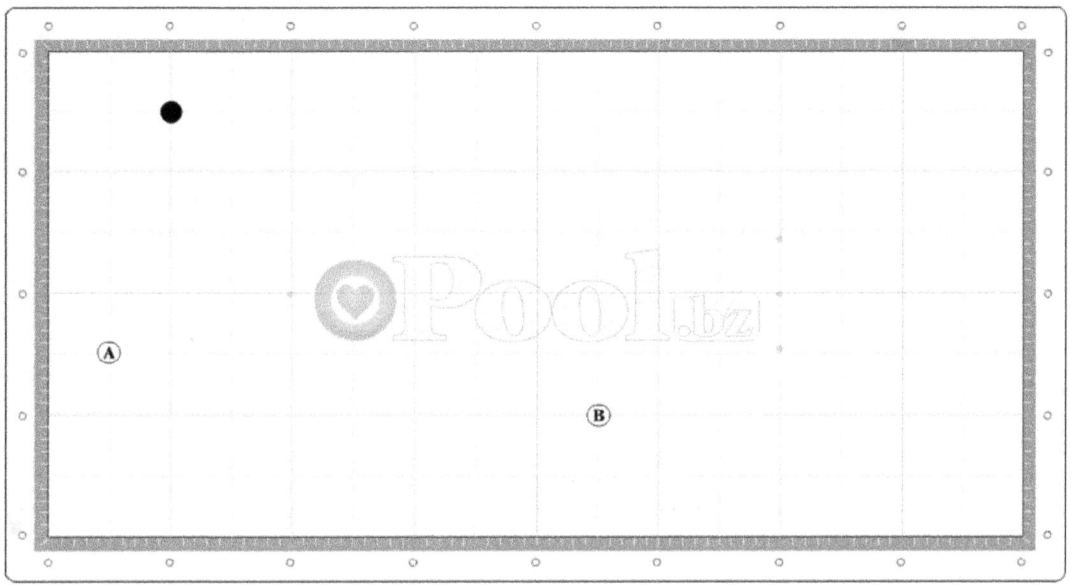

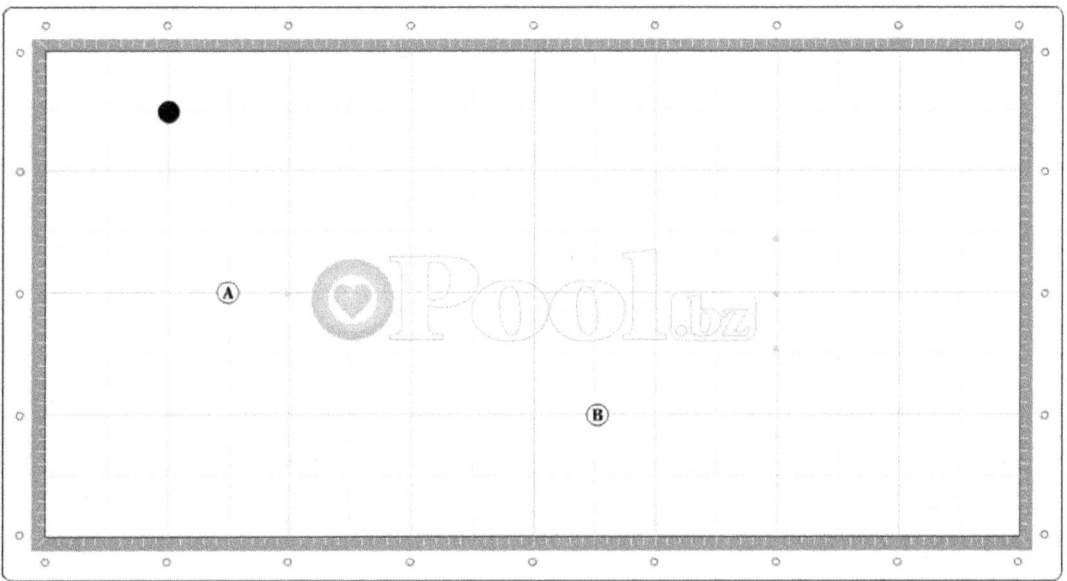

REMARQUES:

Billard Carambole: Plus énigmes et puzzles

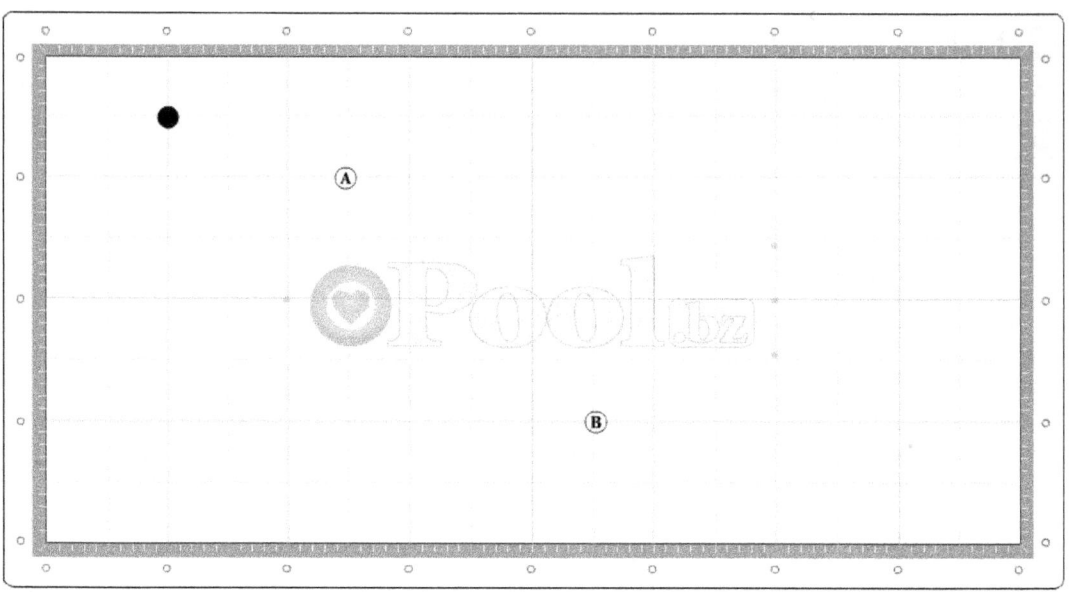

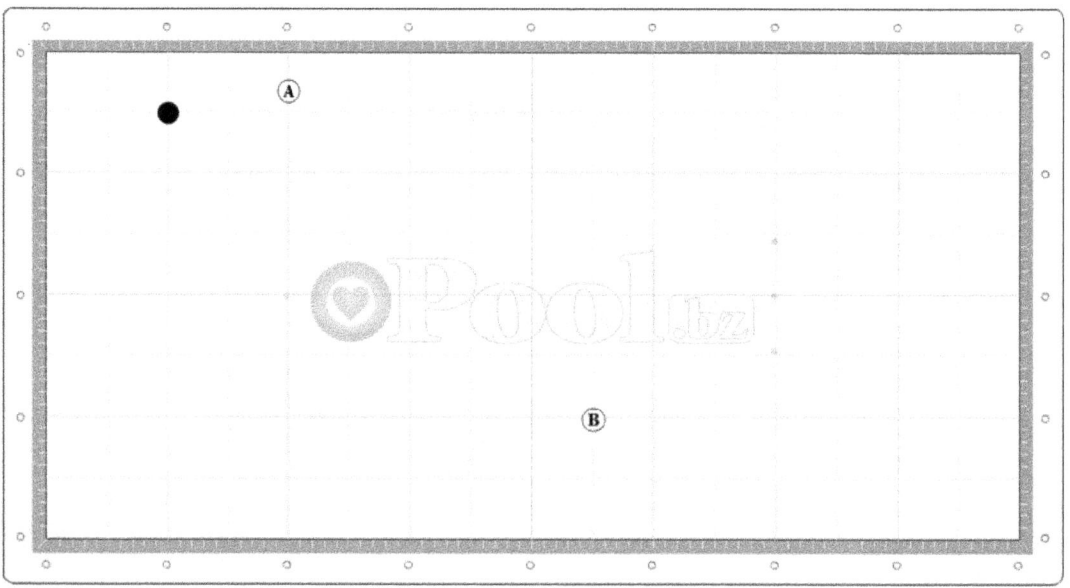

REMARQUES:

Groupe 4, set 4

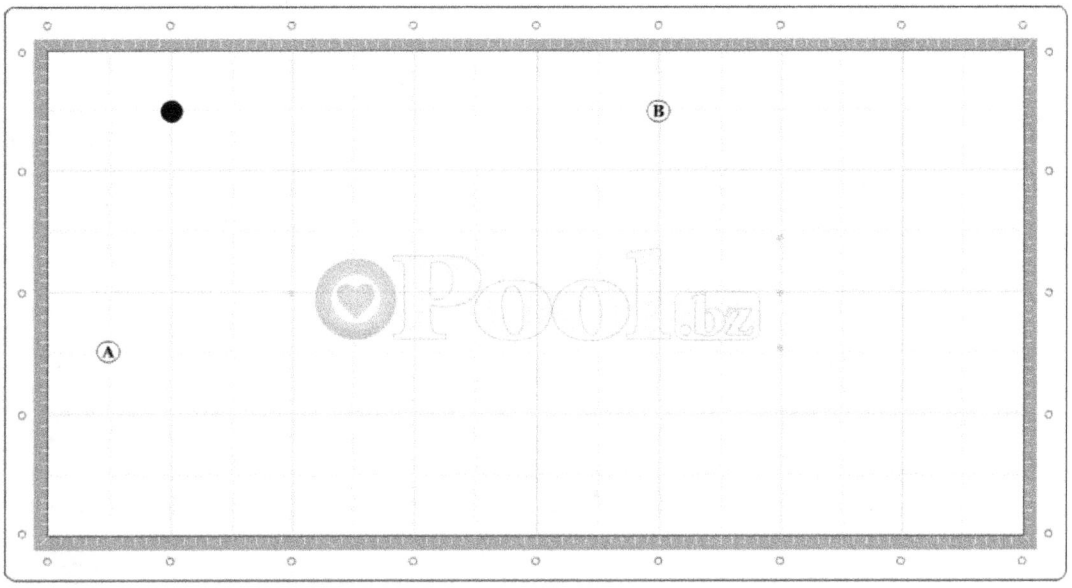

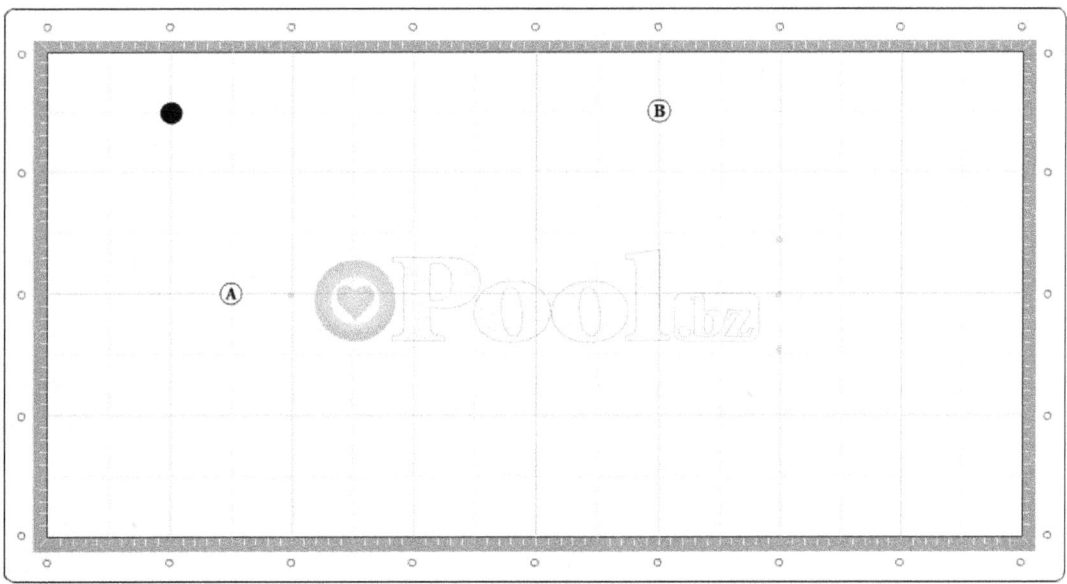

REMARQUES:

Billard Carambole: Plus énigmes et puzzles

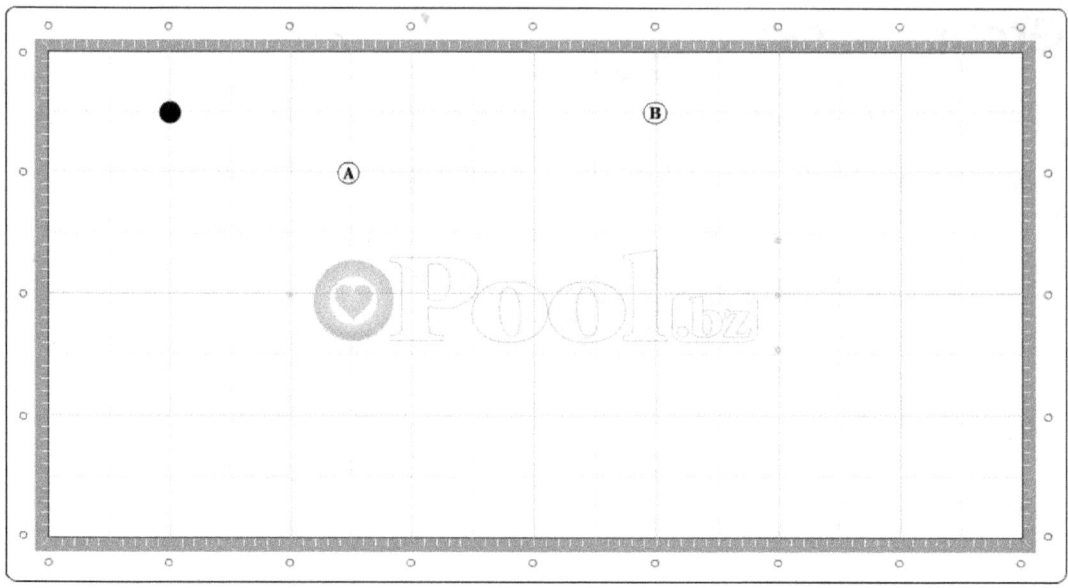

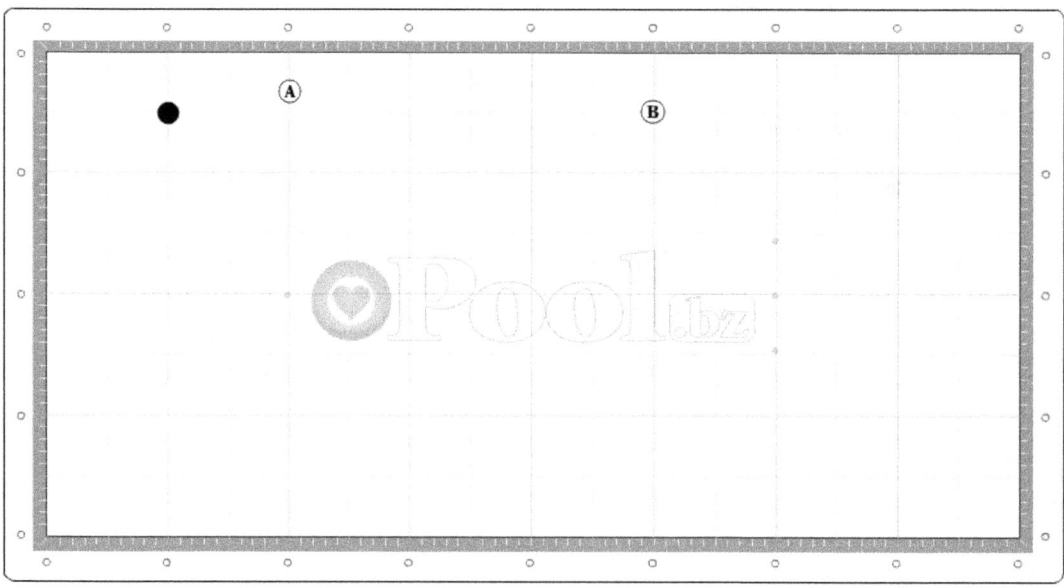

REMARQUES:

Groupe 4, set 5

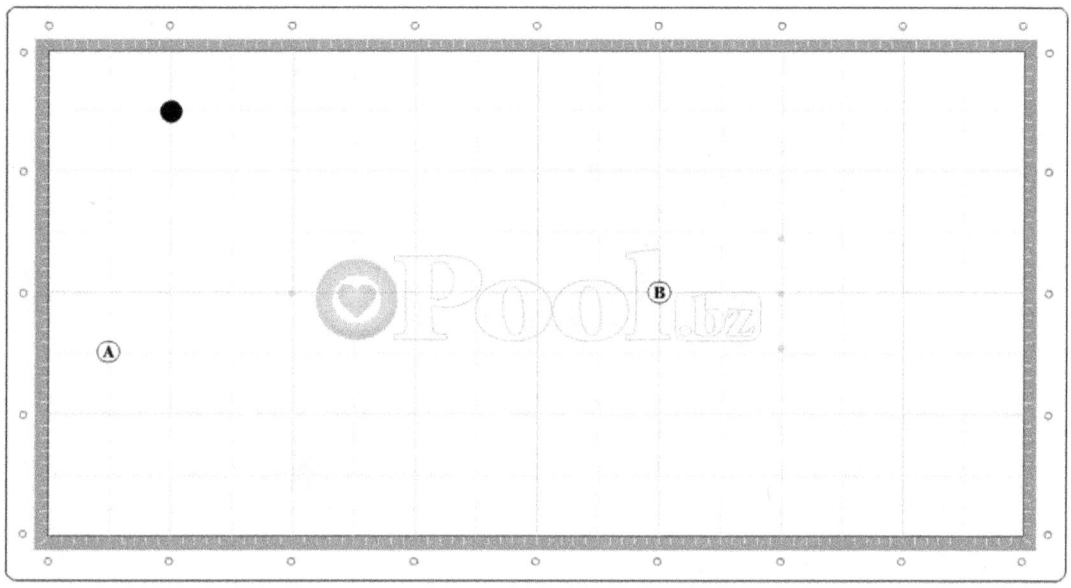

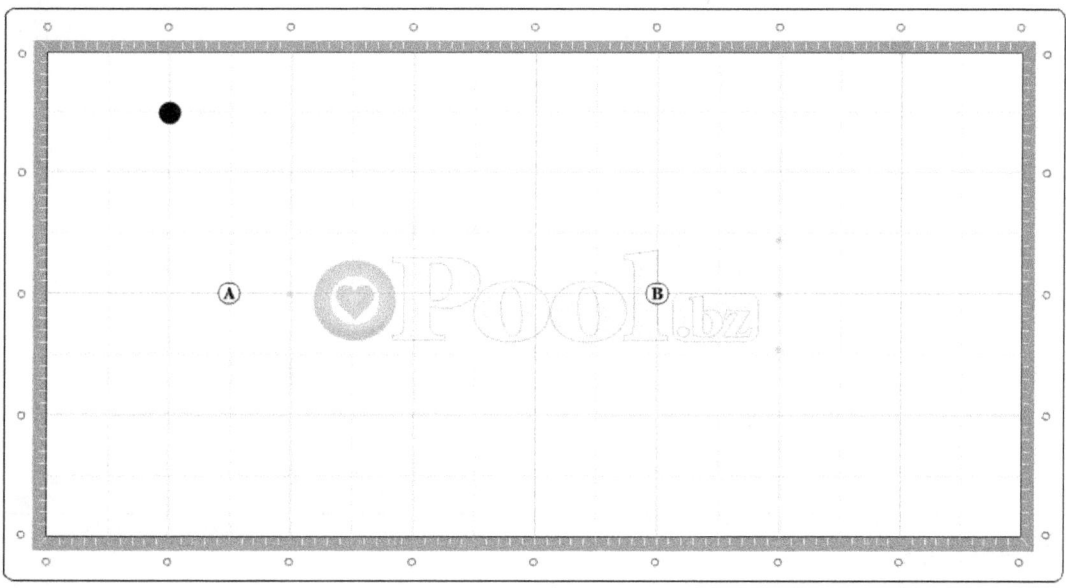

REMARQUES:

Billard Carambole: Plus énigmes et puzzles

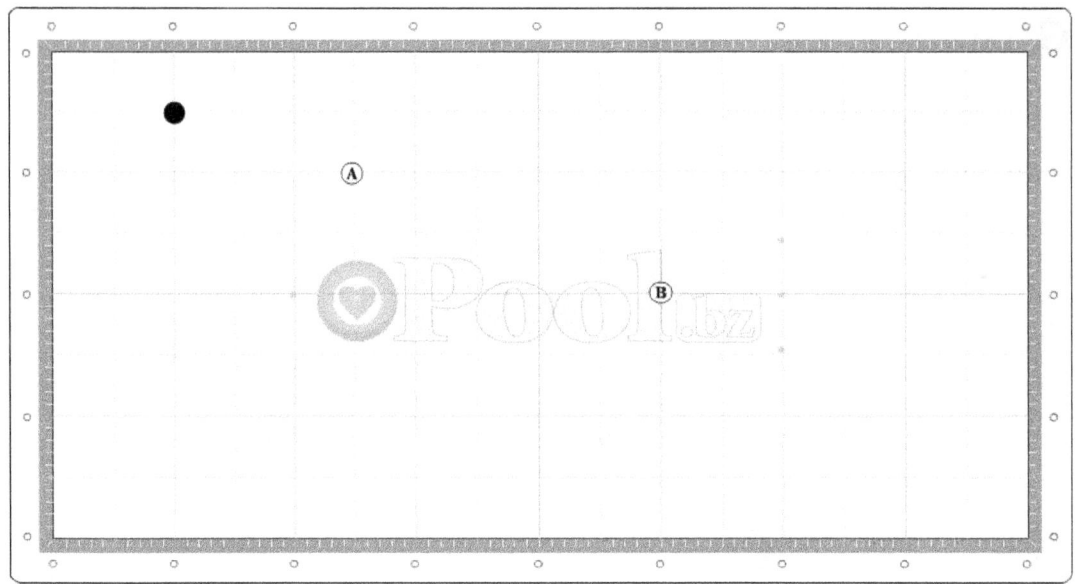

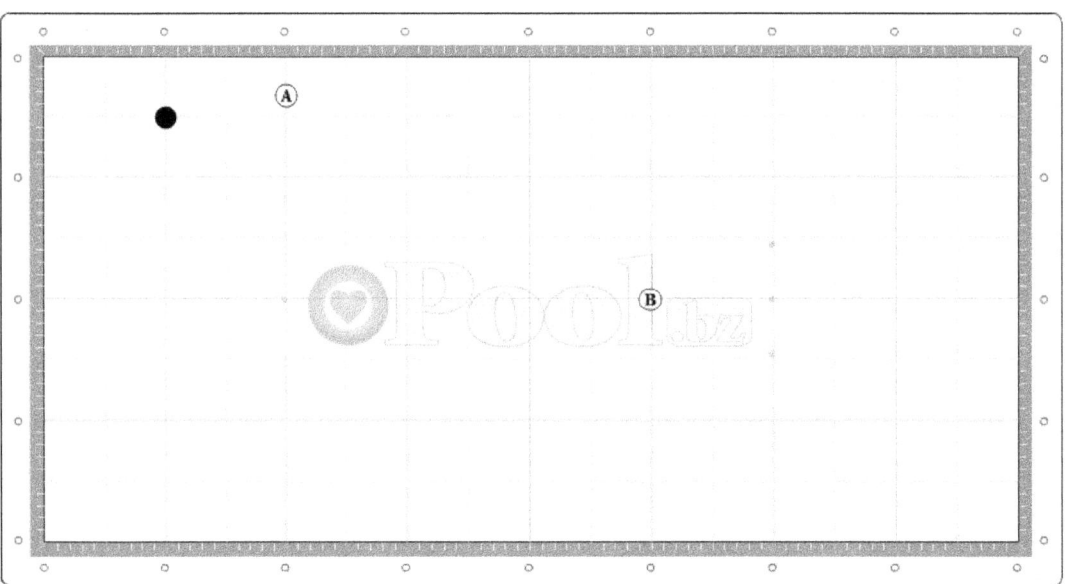

REMARQUES:

Groupe 4, set 6

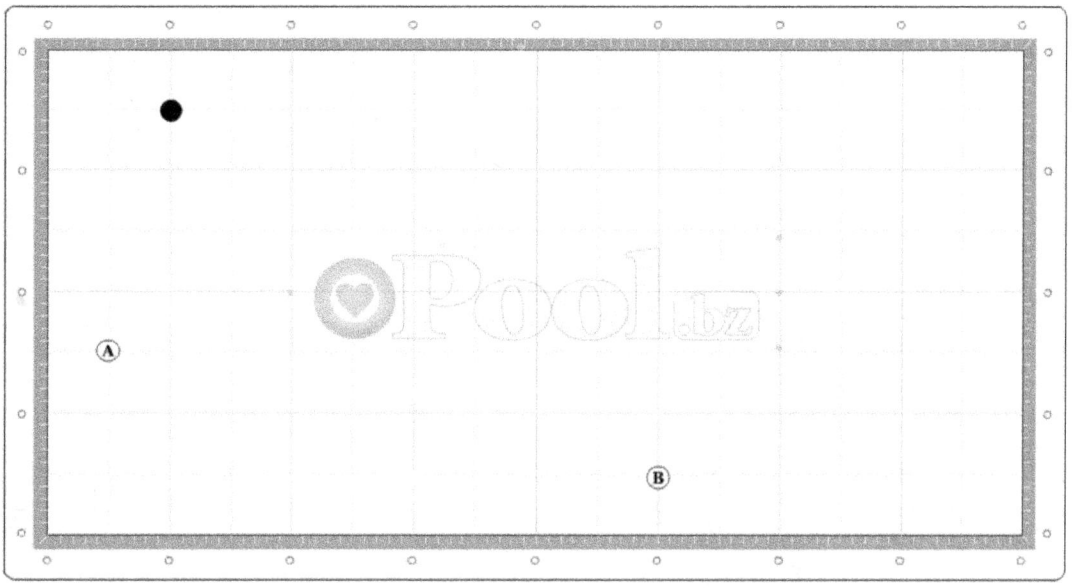

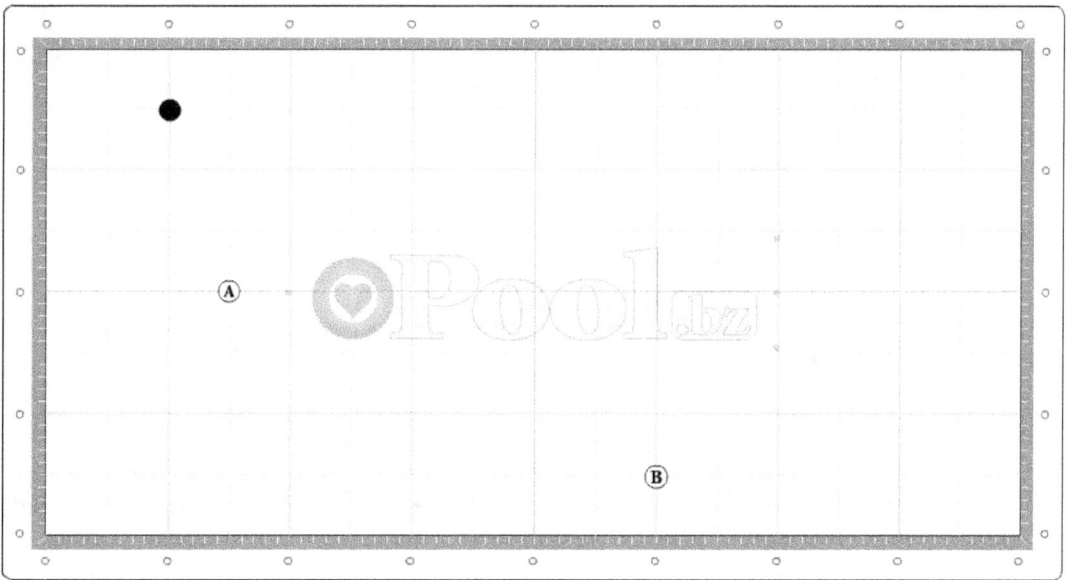

REMARQUES:

Billard Carambole: Plus énigmes et puzzles

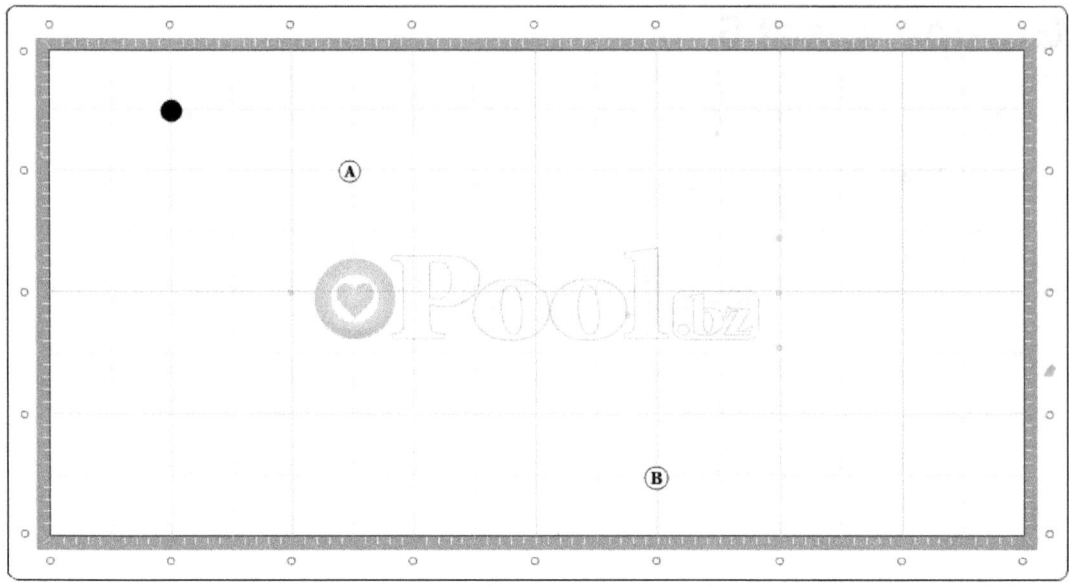

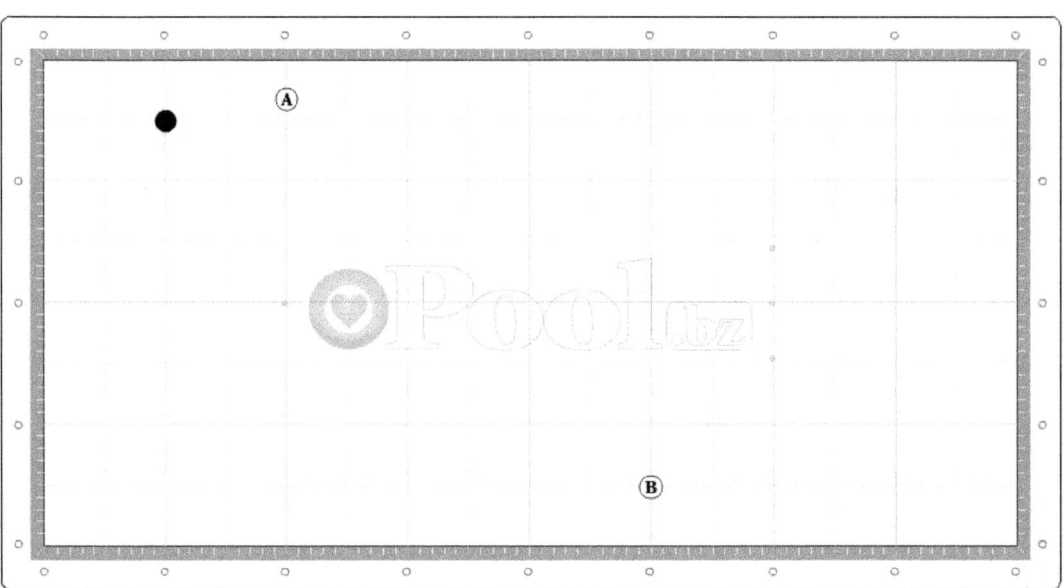

REMARQUES:

Groupe 4, set 7

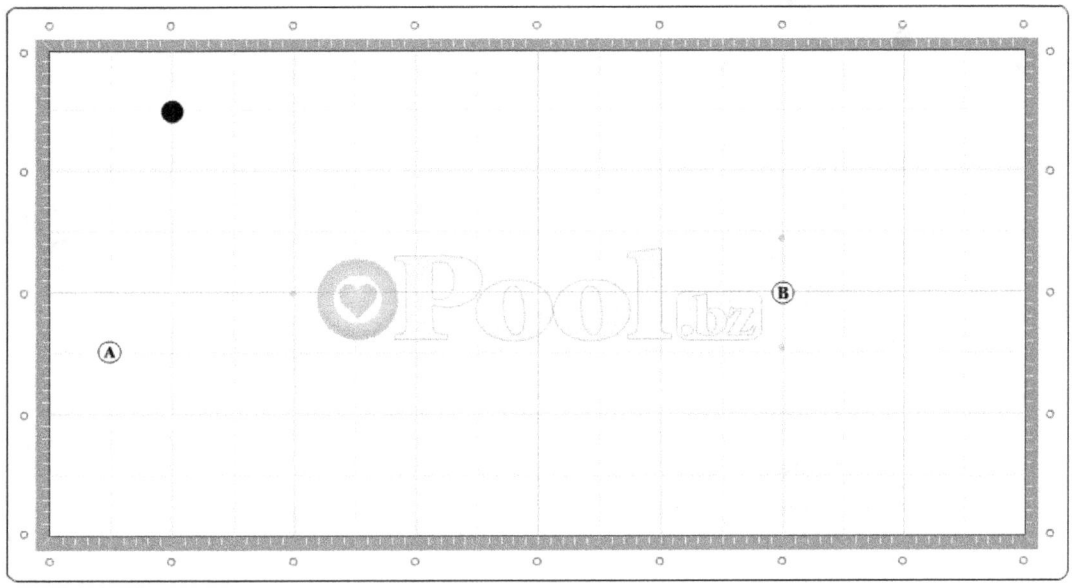

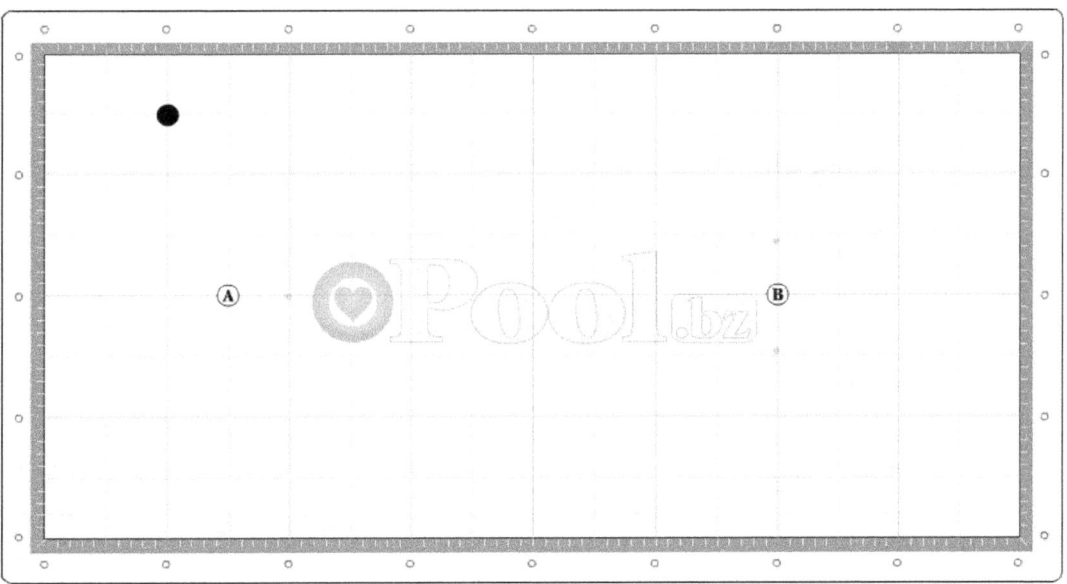

REMARQUES:

Billard Carambole: Plus énigmes et puzzles

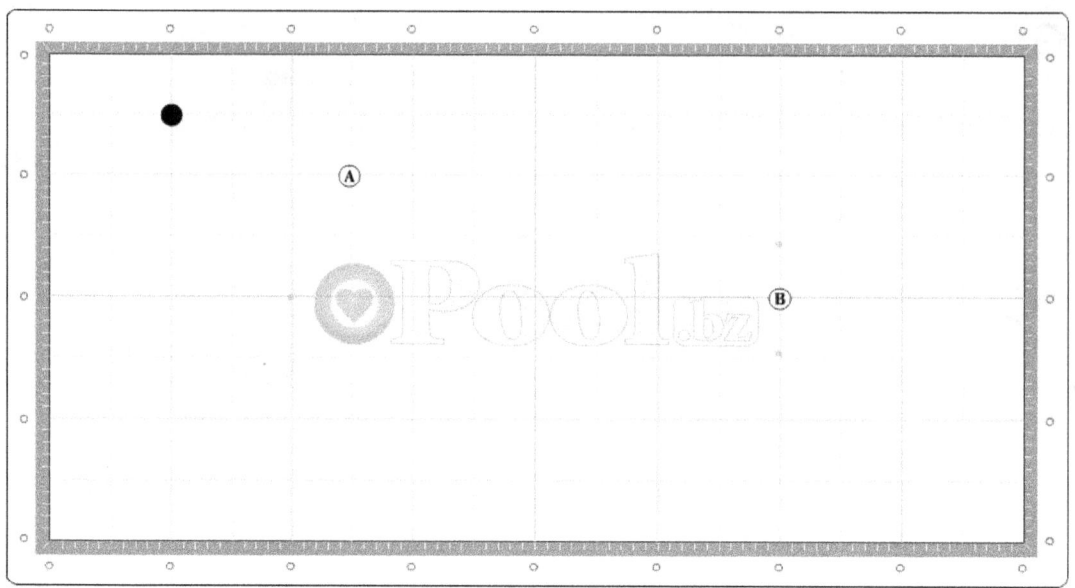

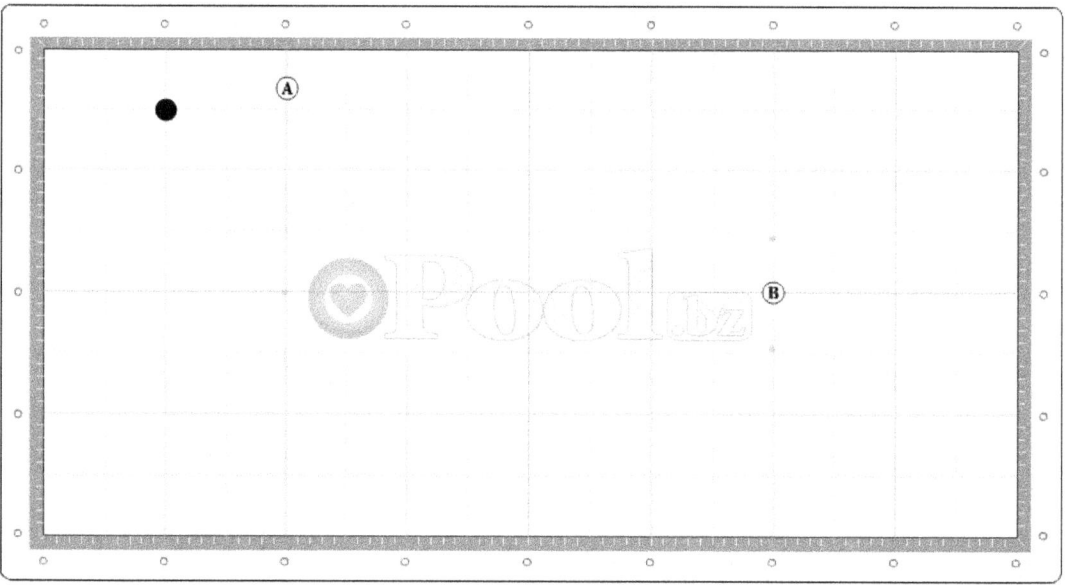

REMARQUES:

Groupe 4, set 8

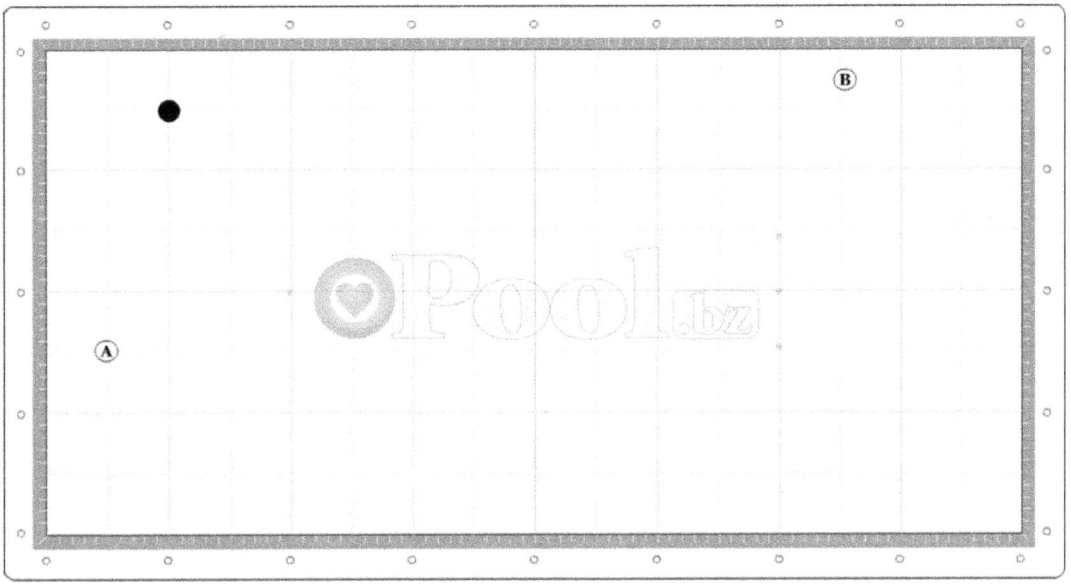

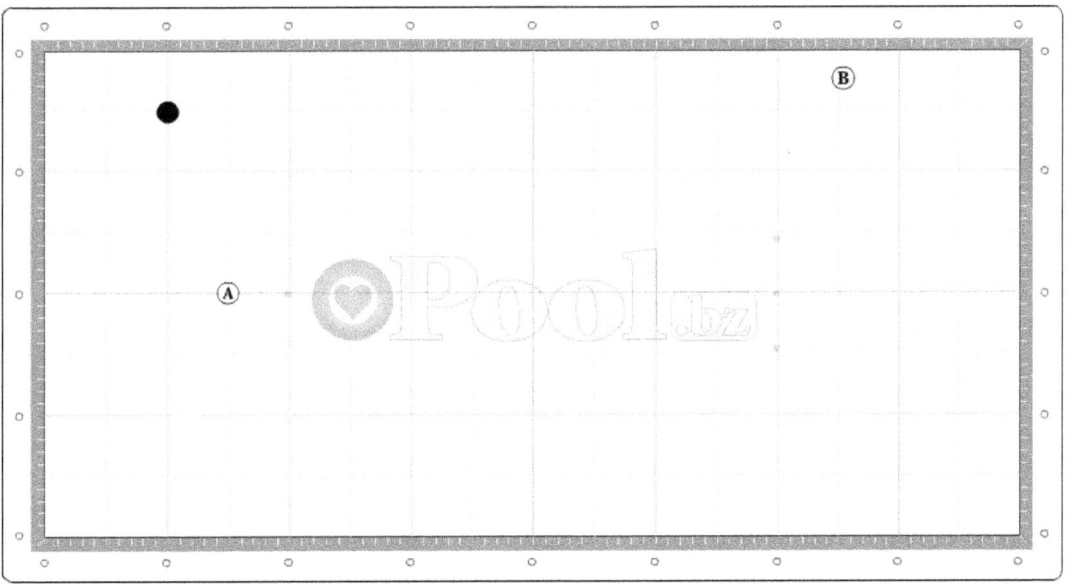

REMARQUES:

Billard Carambole: Plus énigmes et puzzles

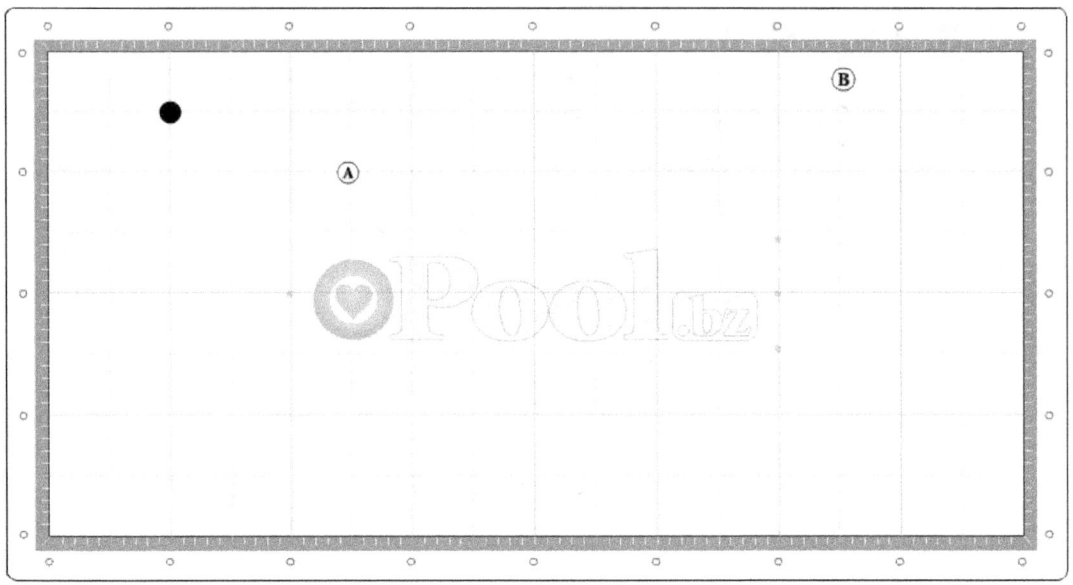

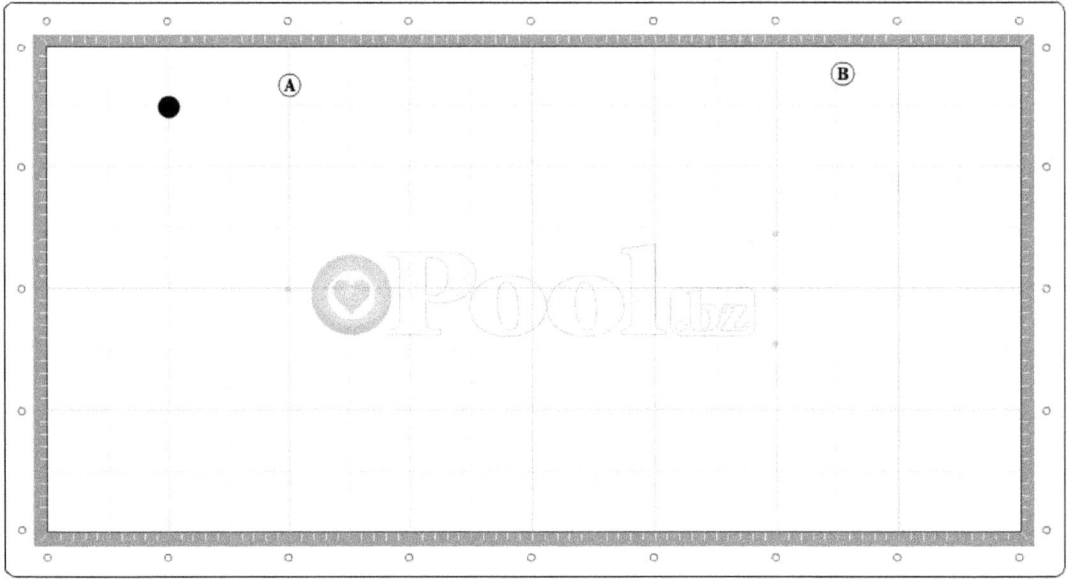

REMARQUES:

Groupe 4, set 9

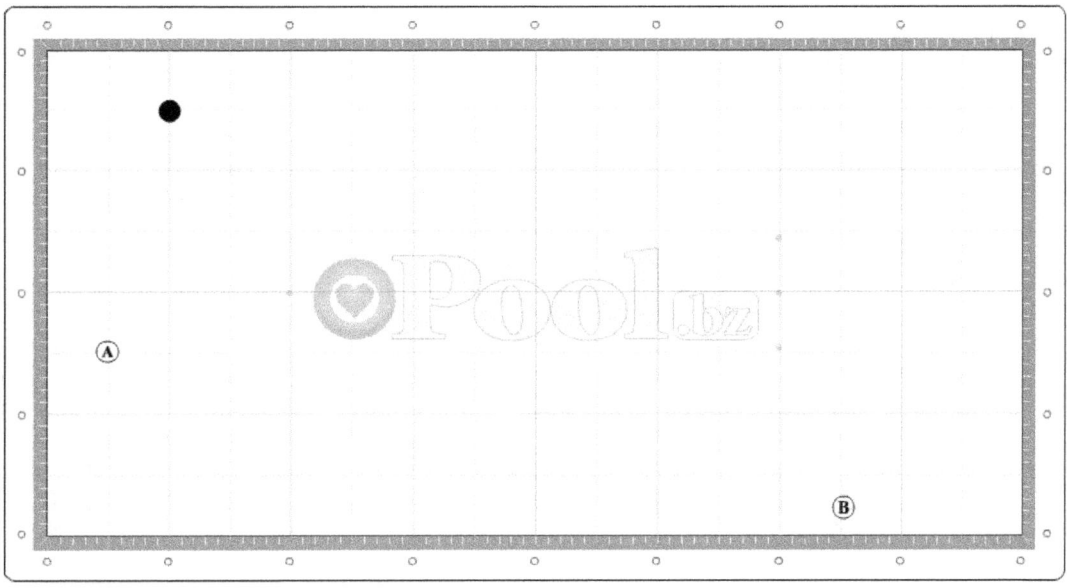

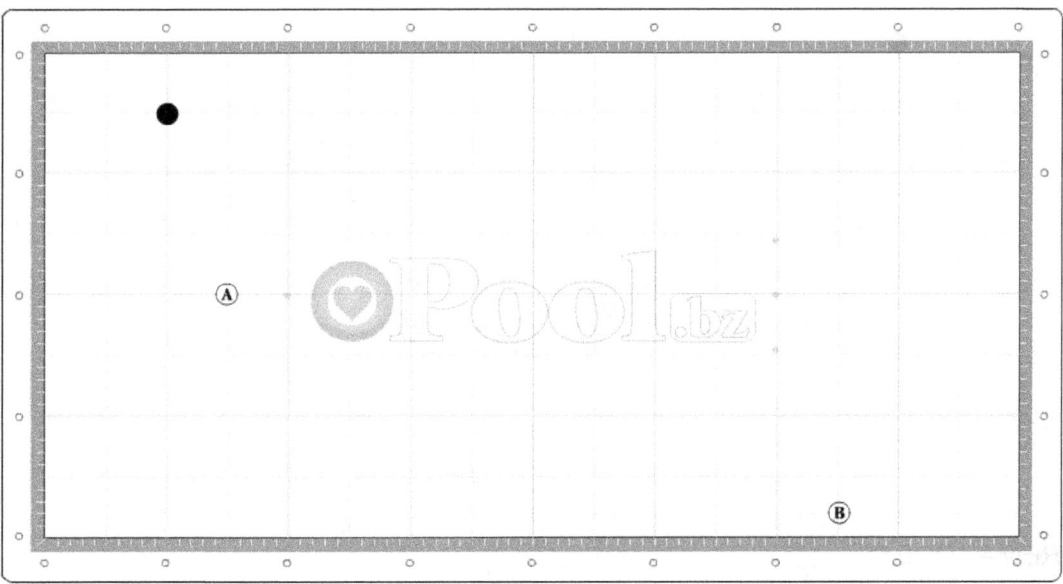

REMARQUES:

Billard Carambole: Plus énigmes et puzzles

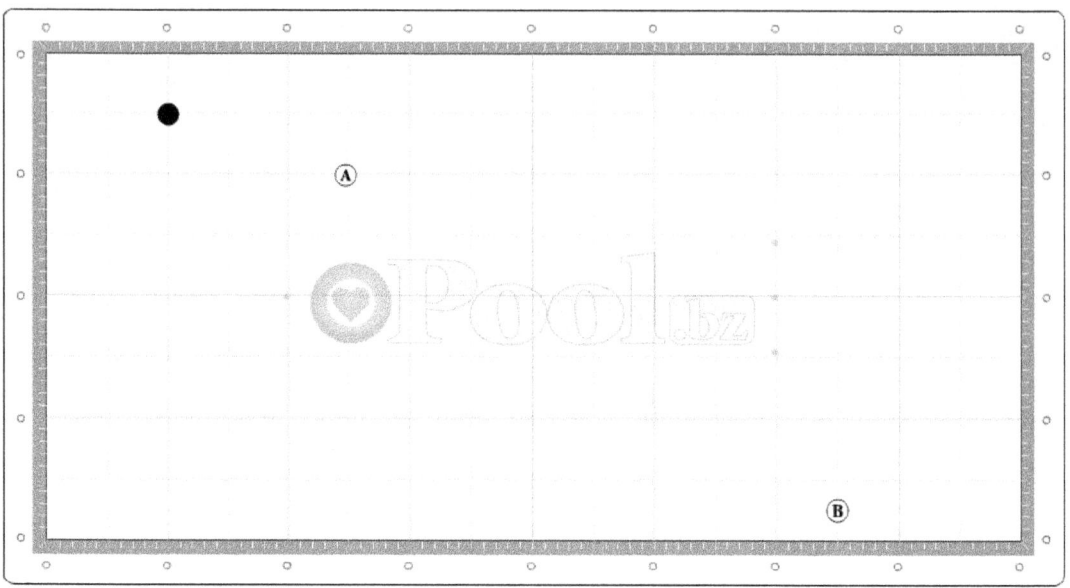

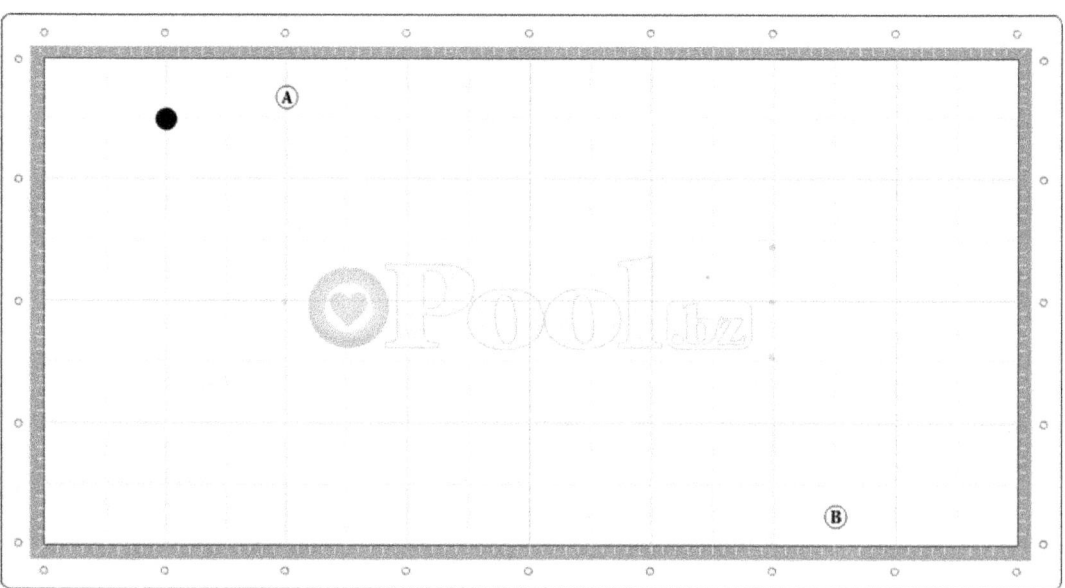

REMARQUES:

Groupe 4, set 10

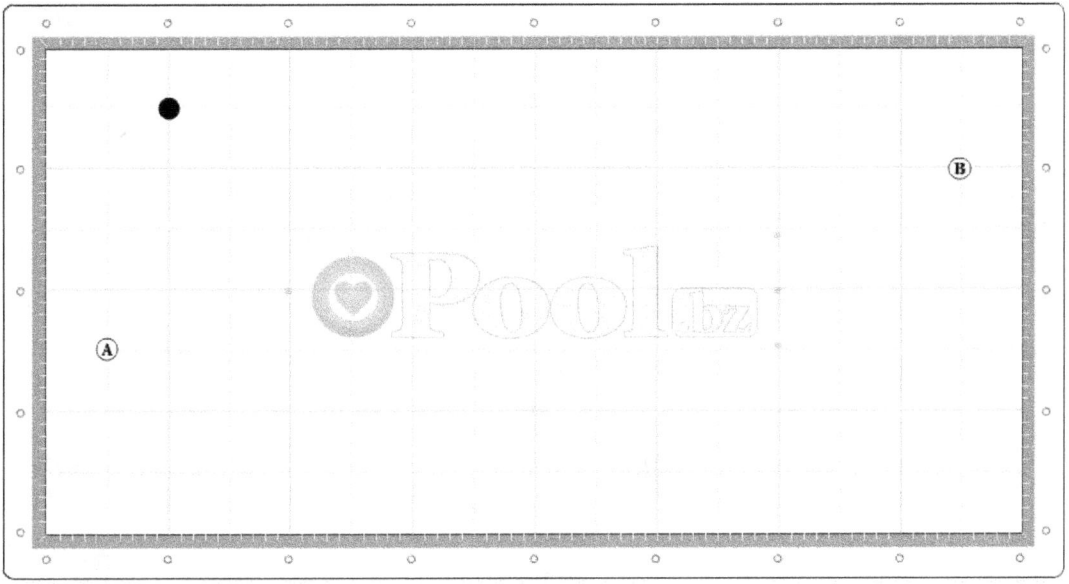

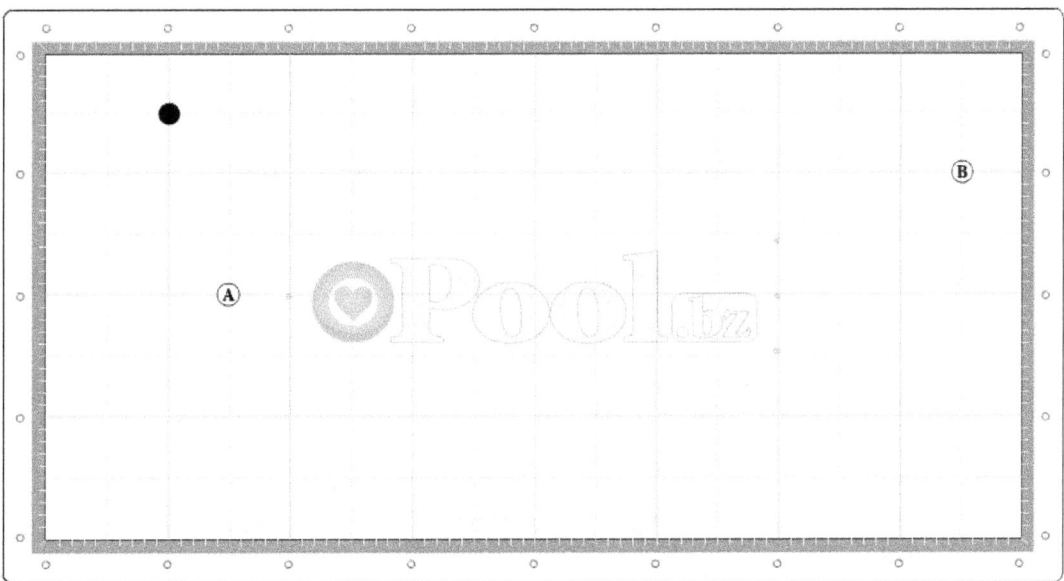

REMARQUES:

Billard Carambole: Plus énigmes et puzzles

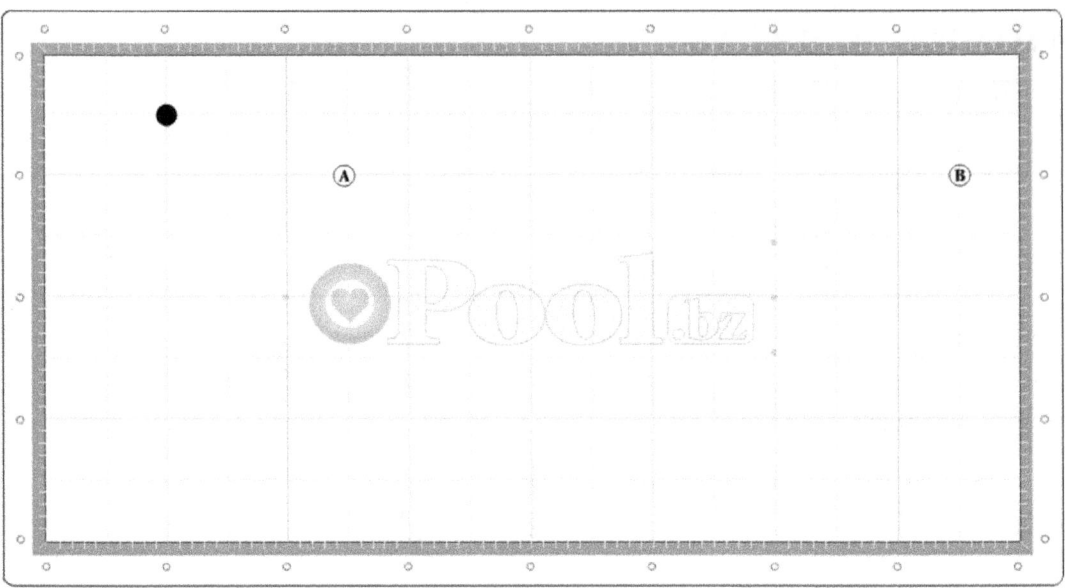

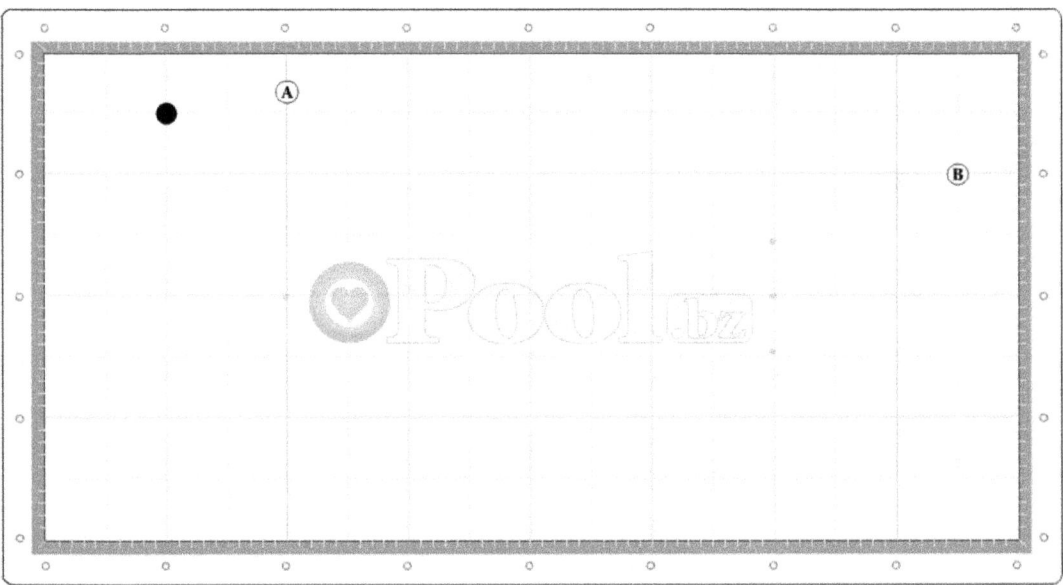

REMARQUES:

Groupe 4, set 11

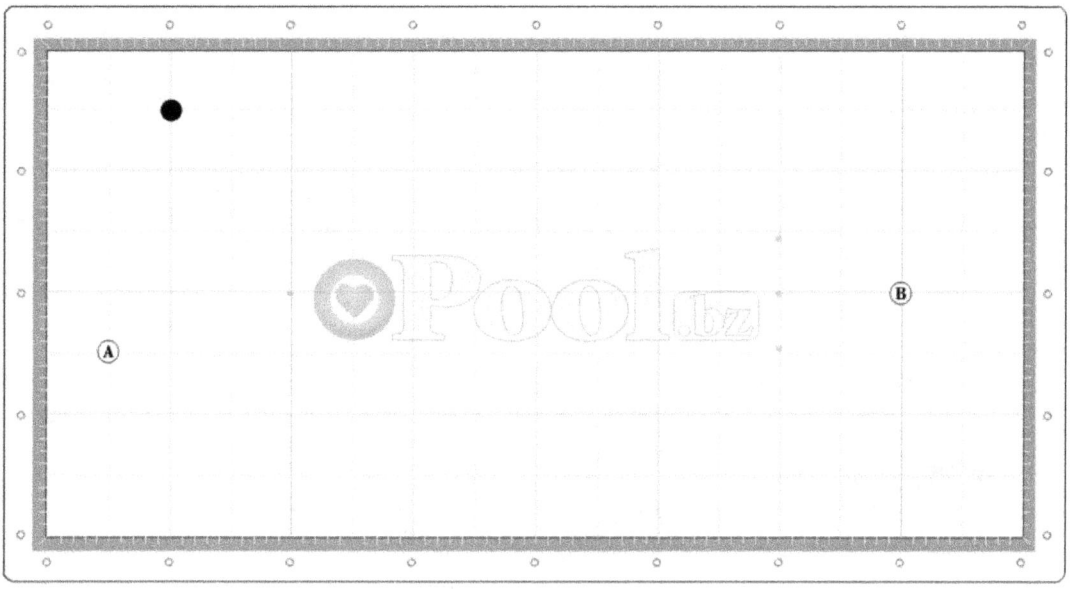

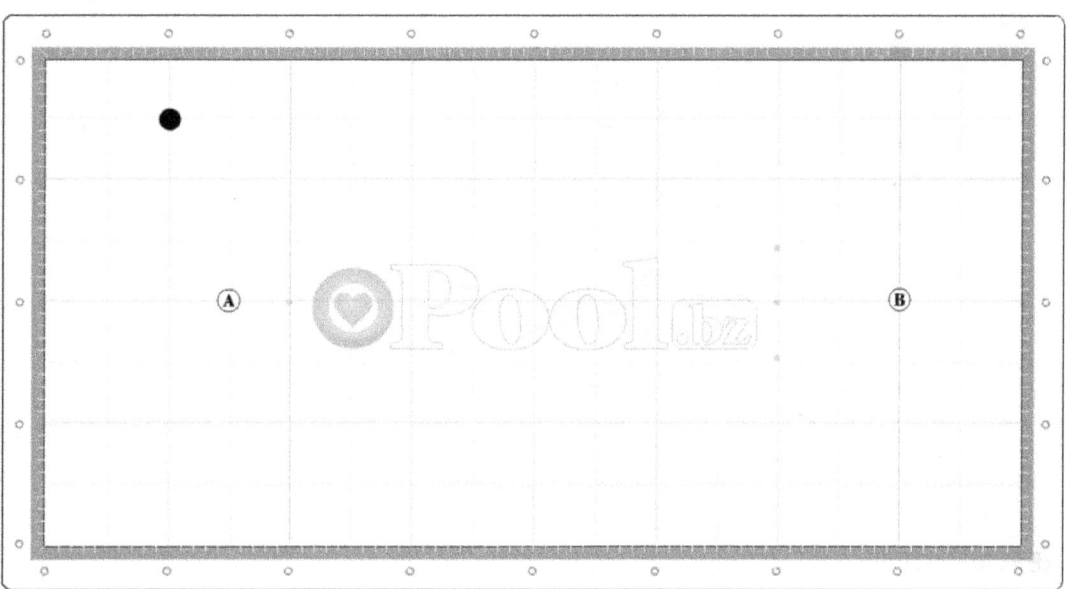

REMARQUES:

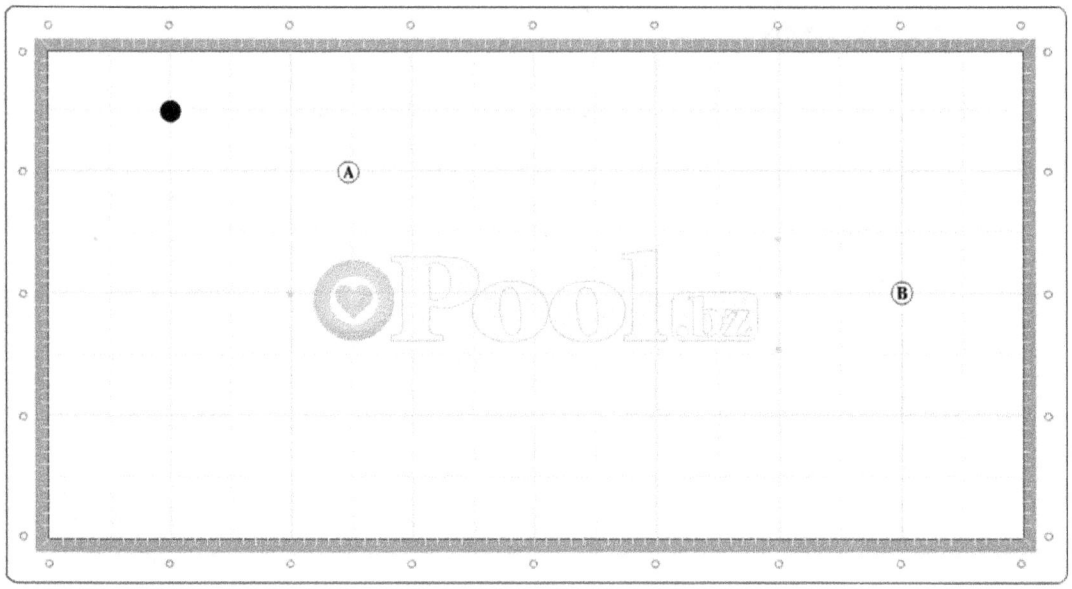

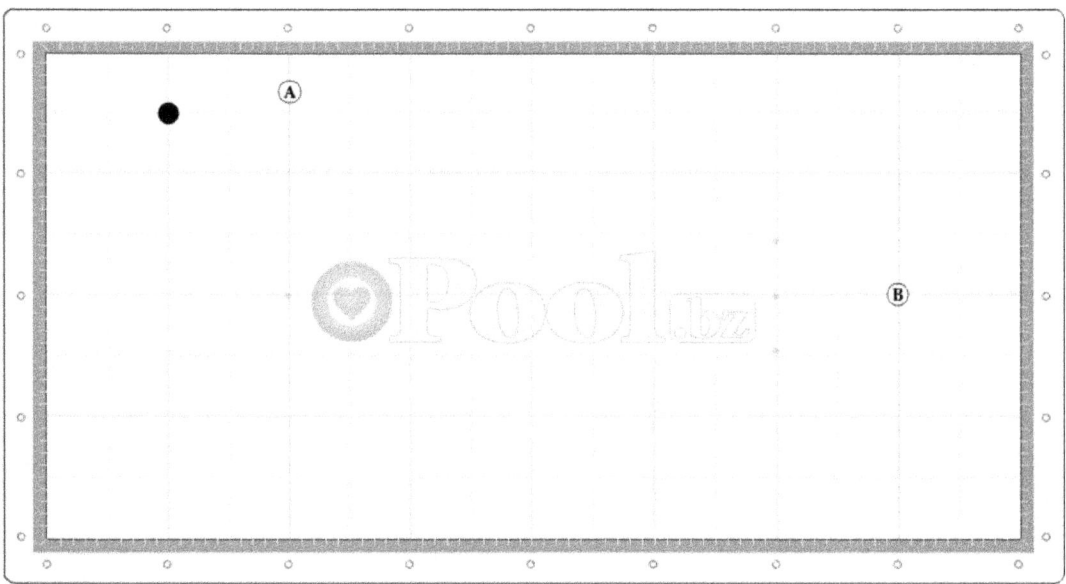

REMARQUES:

Groupe 4, set 12

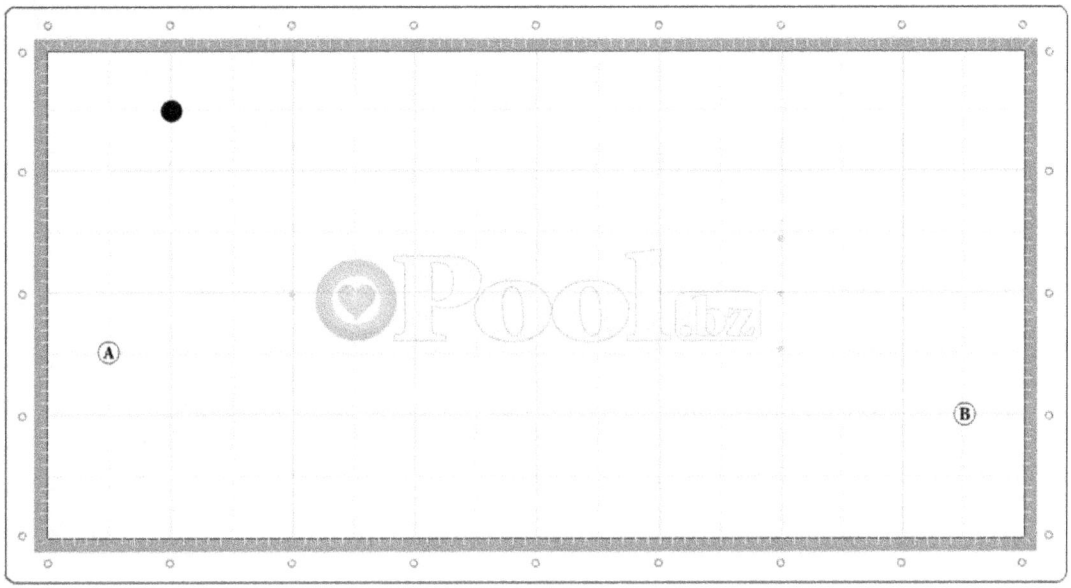

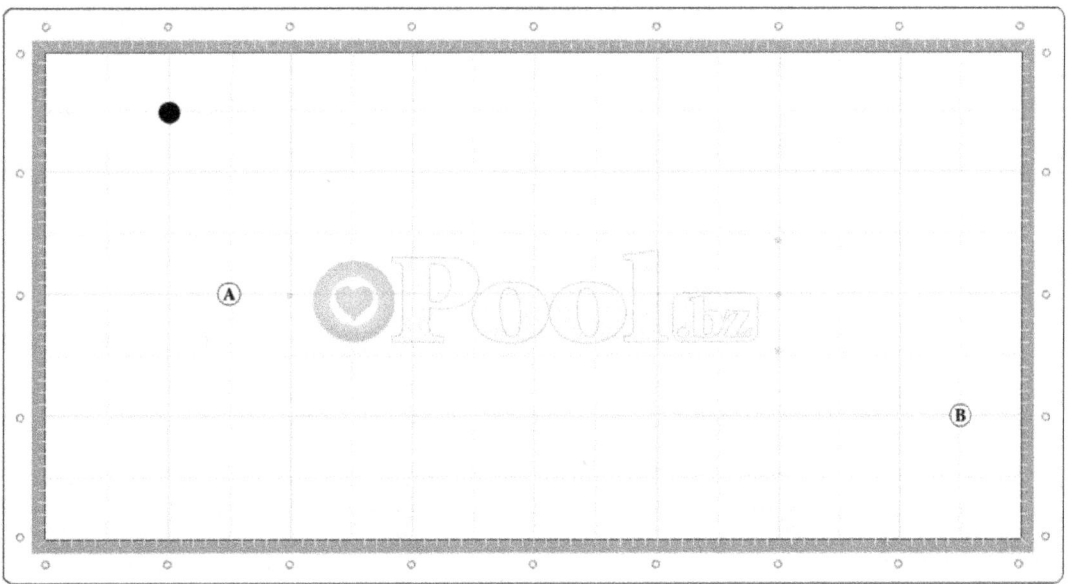

REMARQUES:

Billard Carambole: Plus énigmes et puzzles

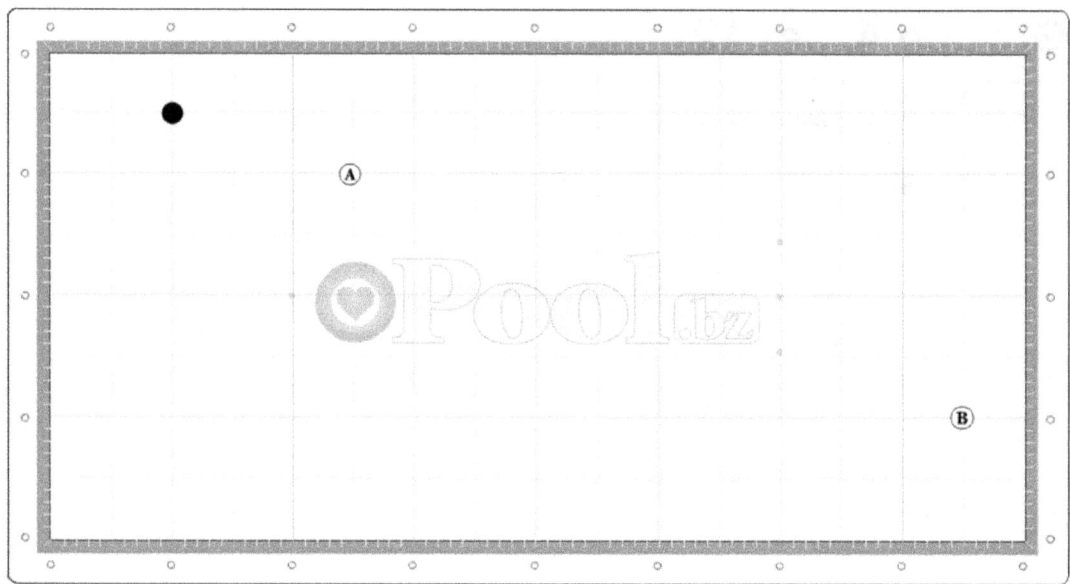

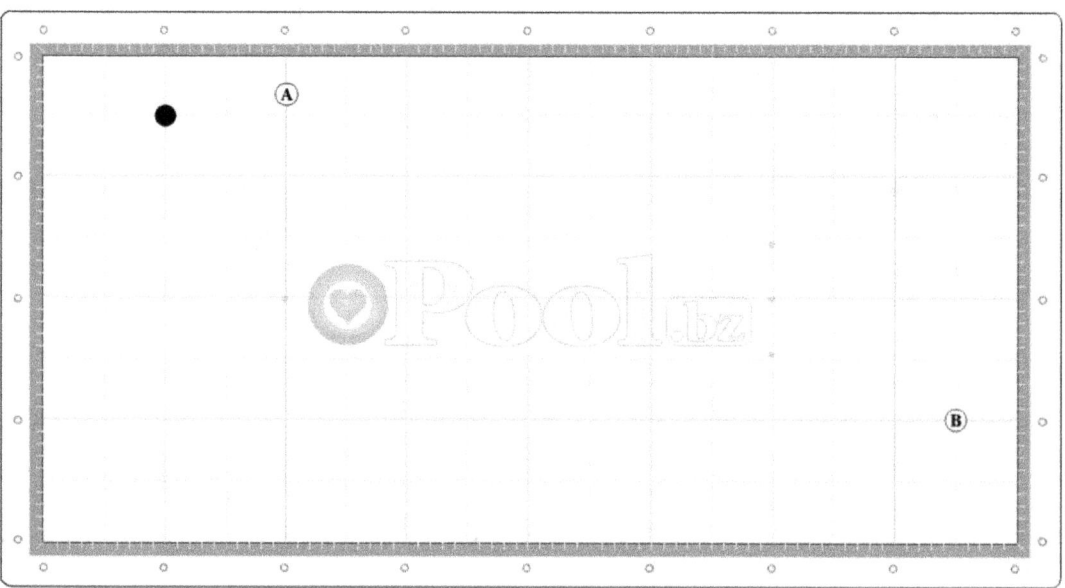

REMARQUES:

GROUPE 5

Groupe 5, set 1

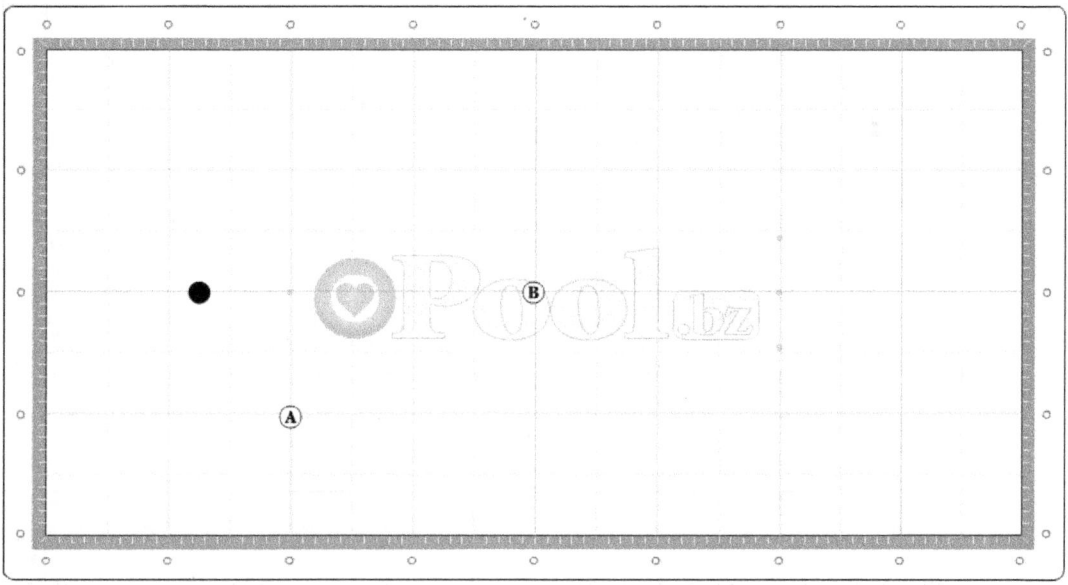

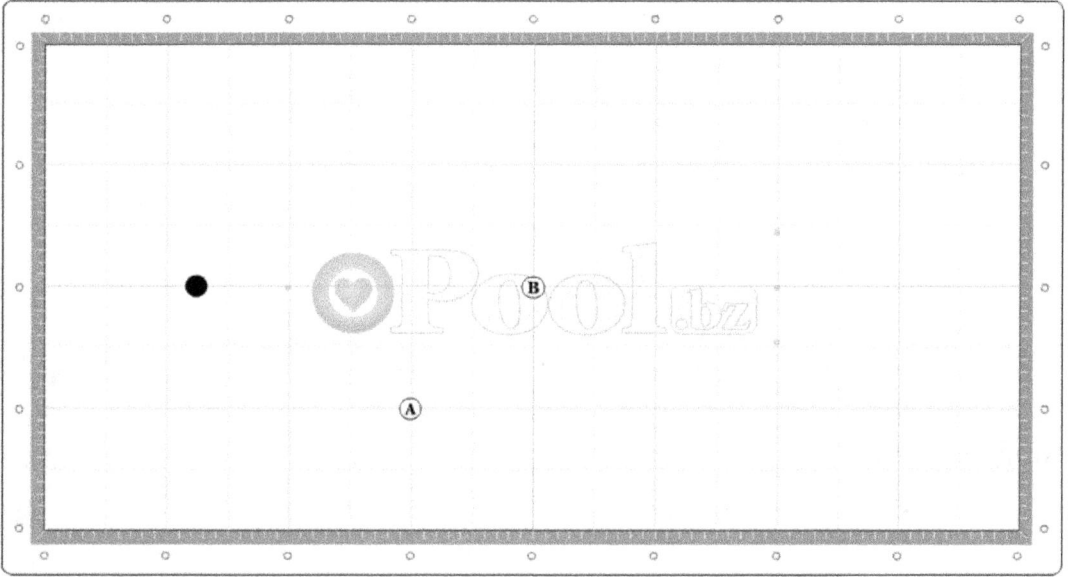

REMARQUES:

Billard Carambole: Plus énigmes et puzzles

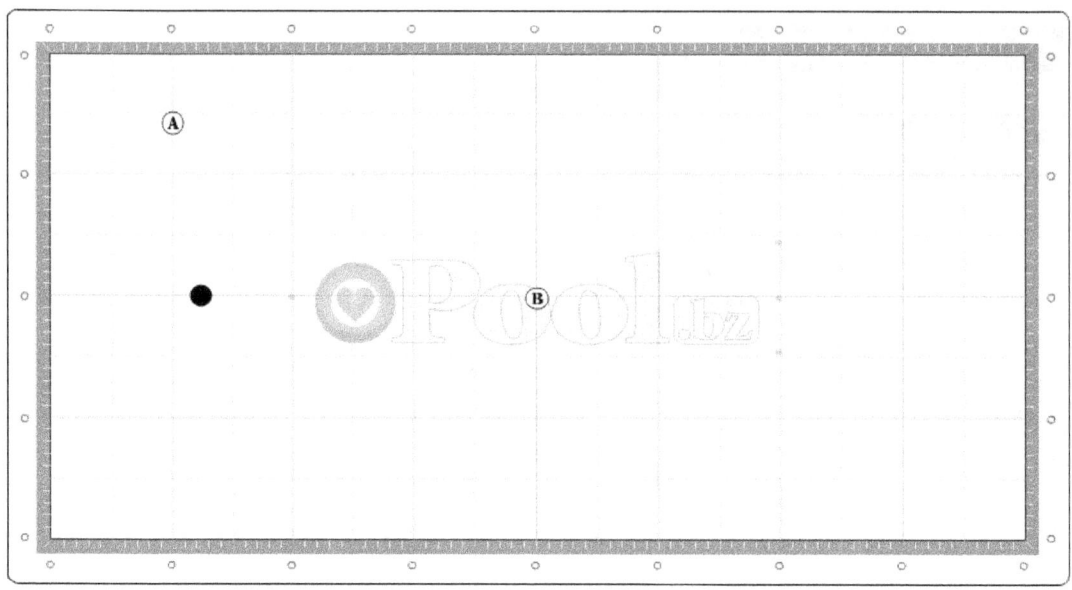

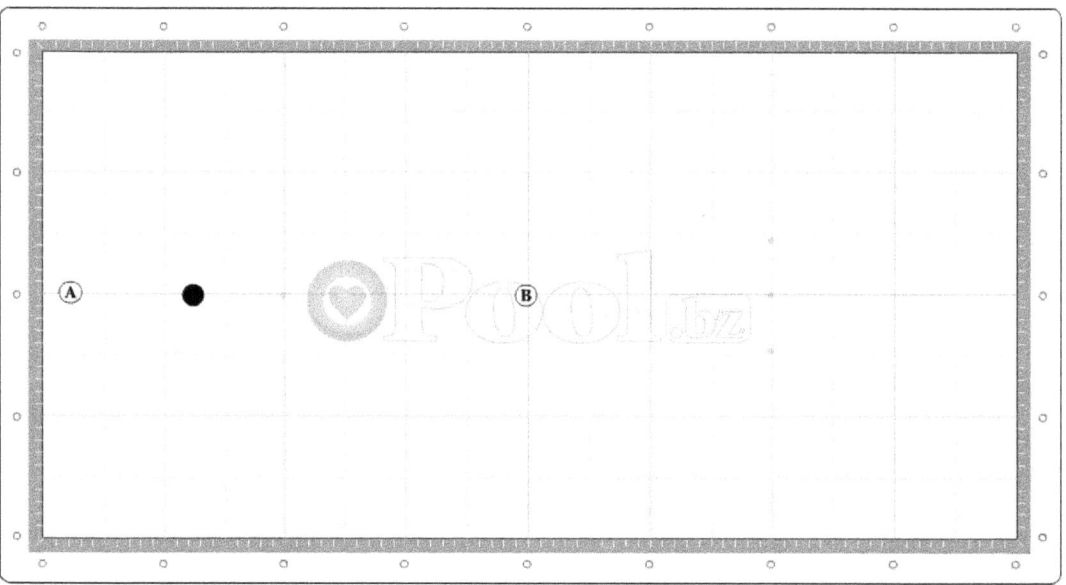

REMARQUES:

Groupe 5, set 2

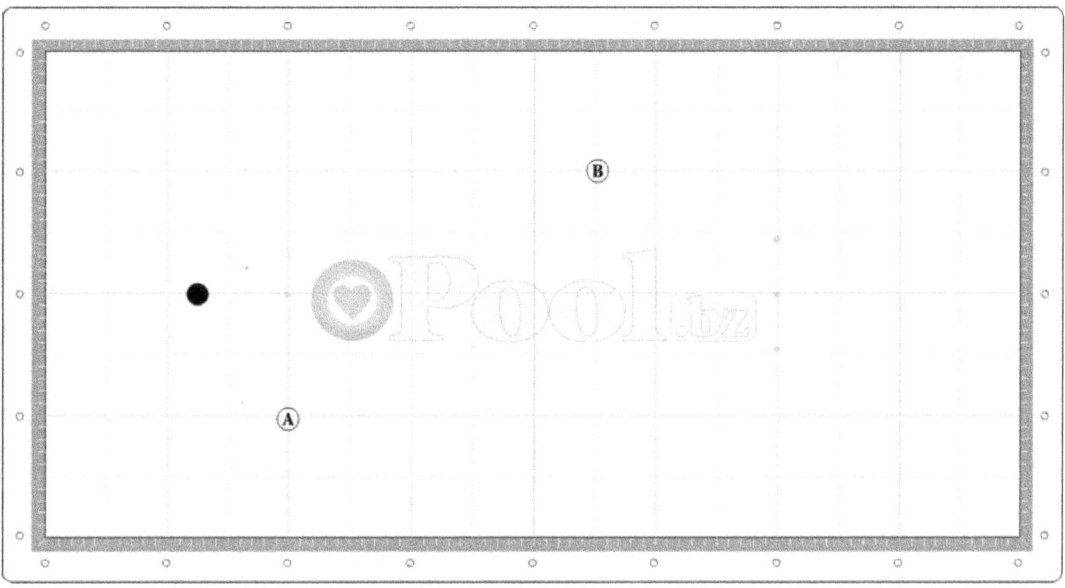

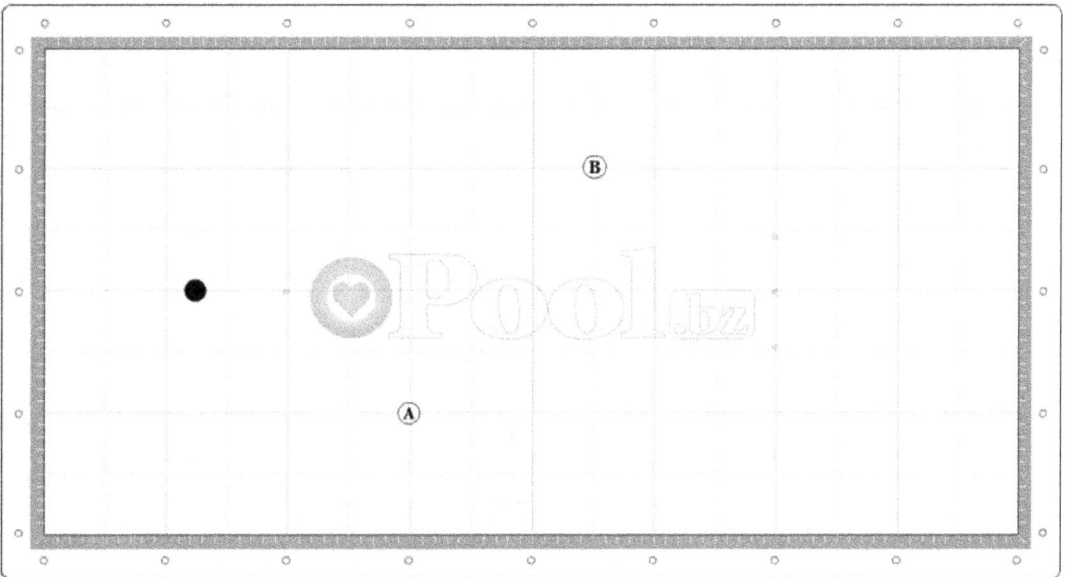

REMARQUES:

Billard Carambole: Plus énigmes et puzzles

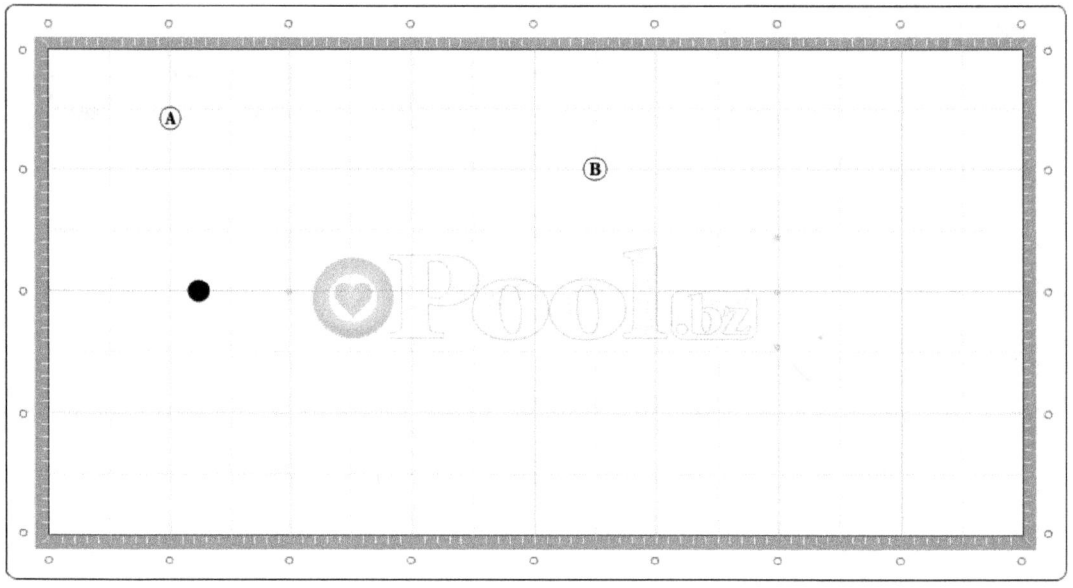

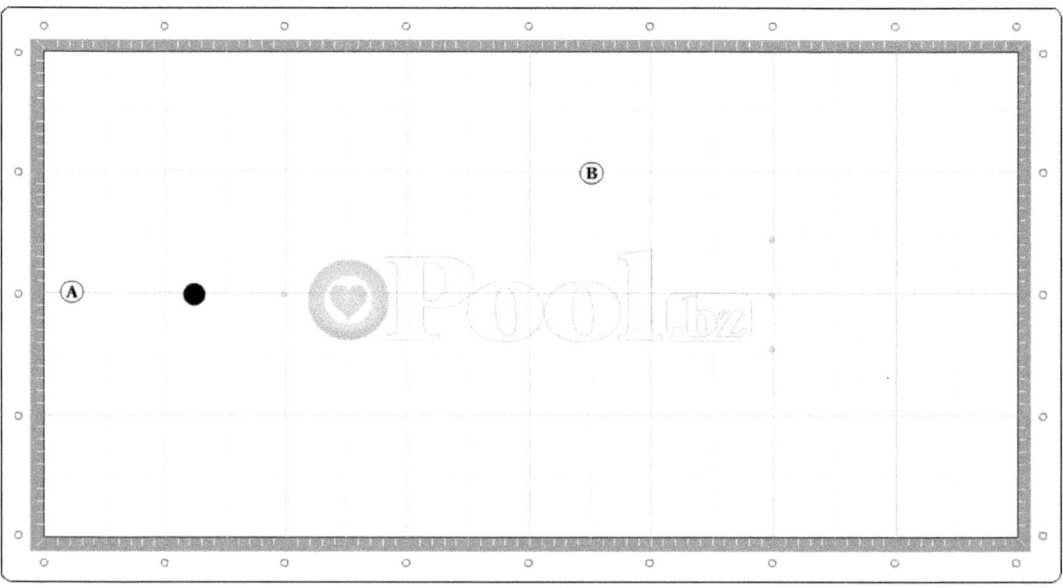

REMARQUES:

Groupe 5, set 3

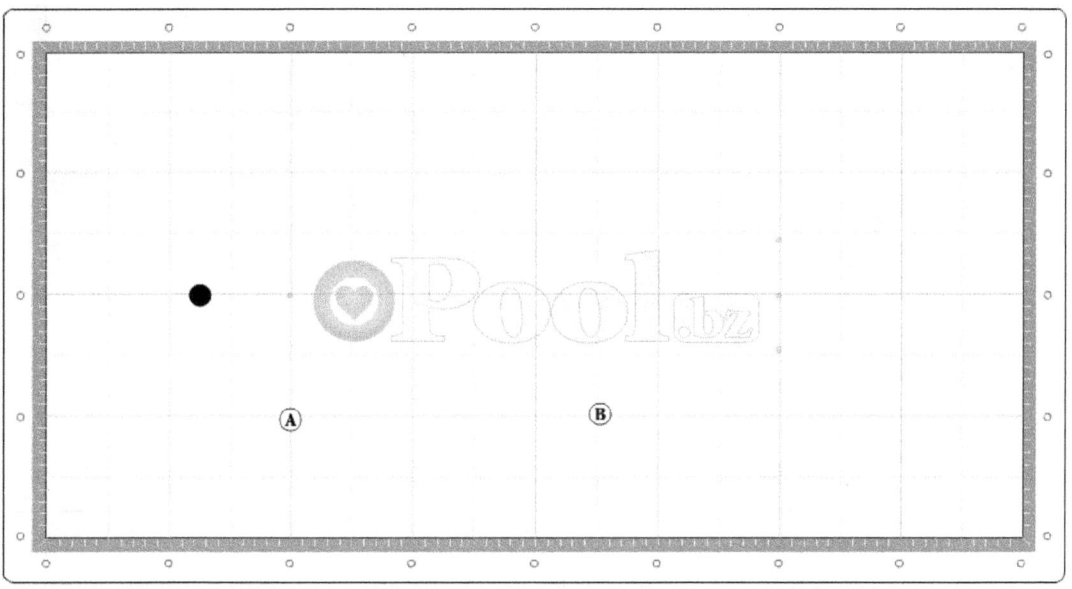

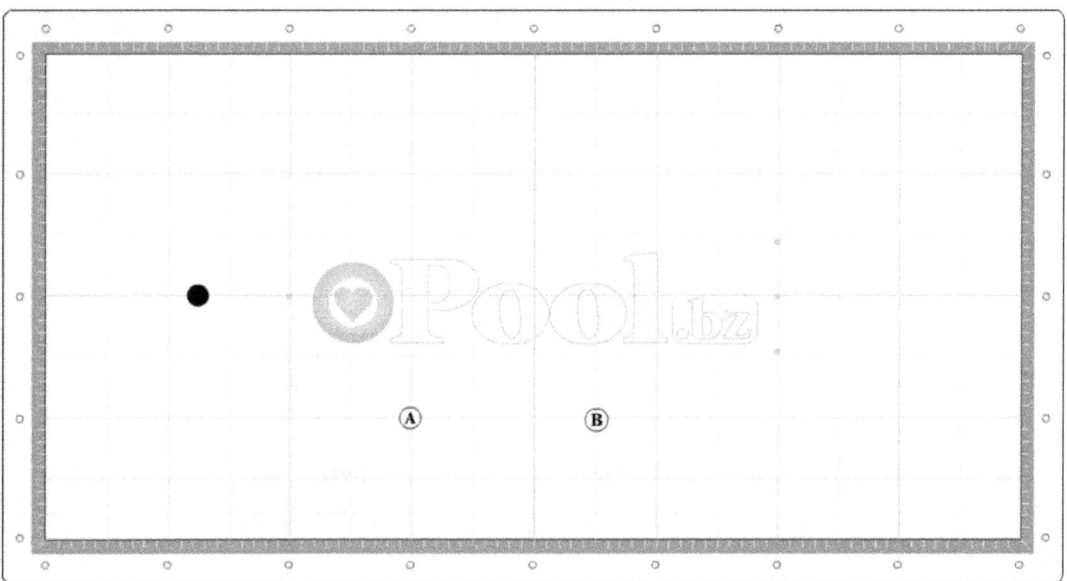

REMARQUES:

Billard Carambole: Plus énigmes et puzzles

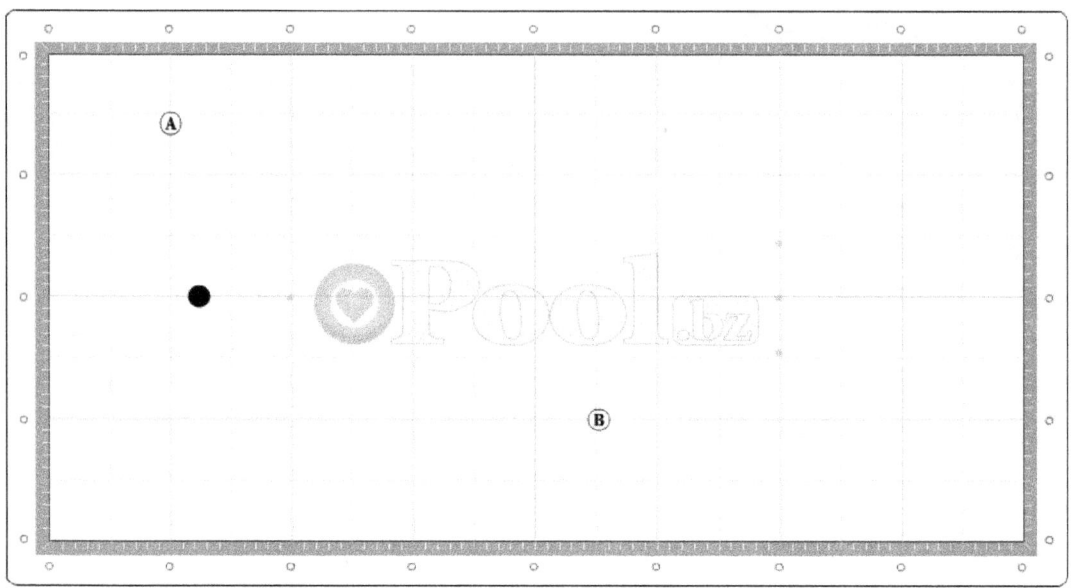

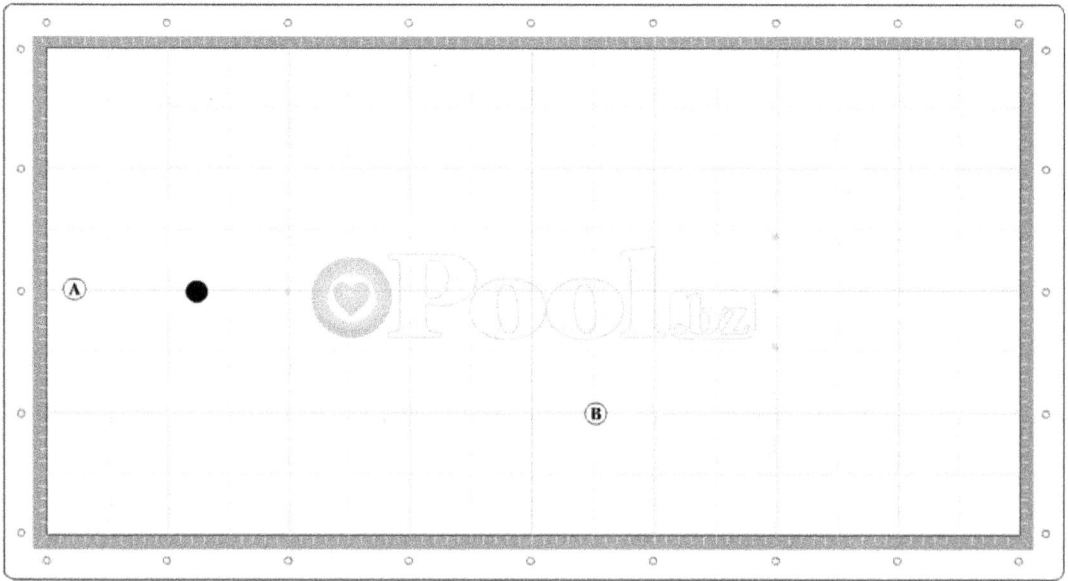

REMARQUES:

Groupe 5, set 4

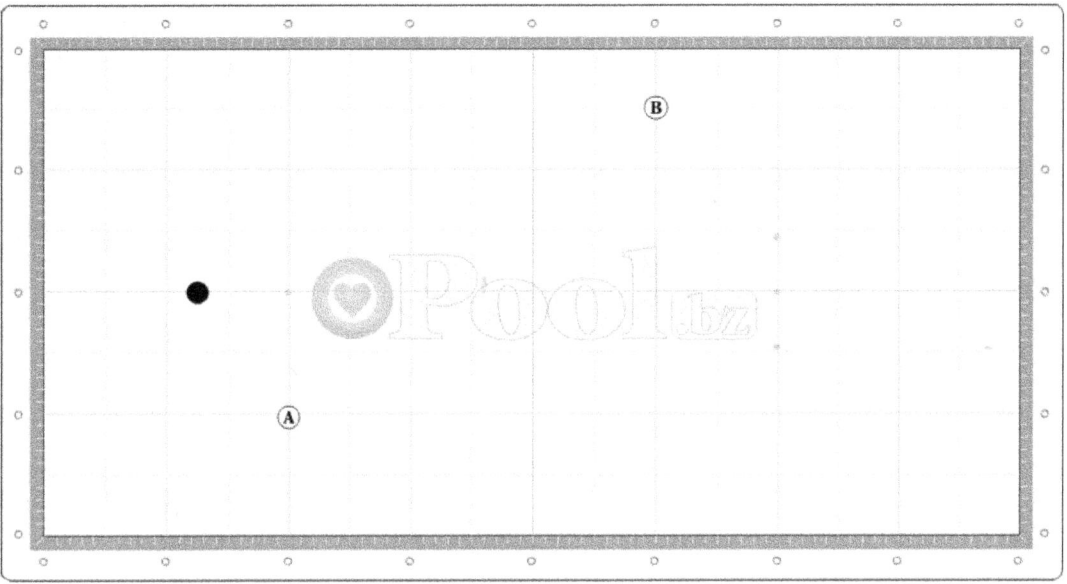

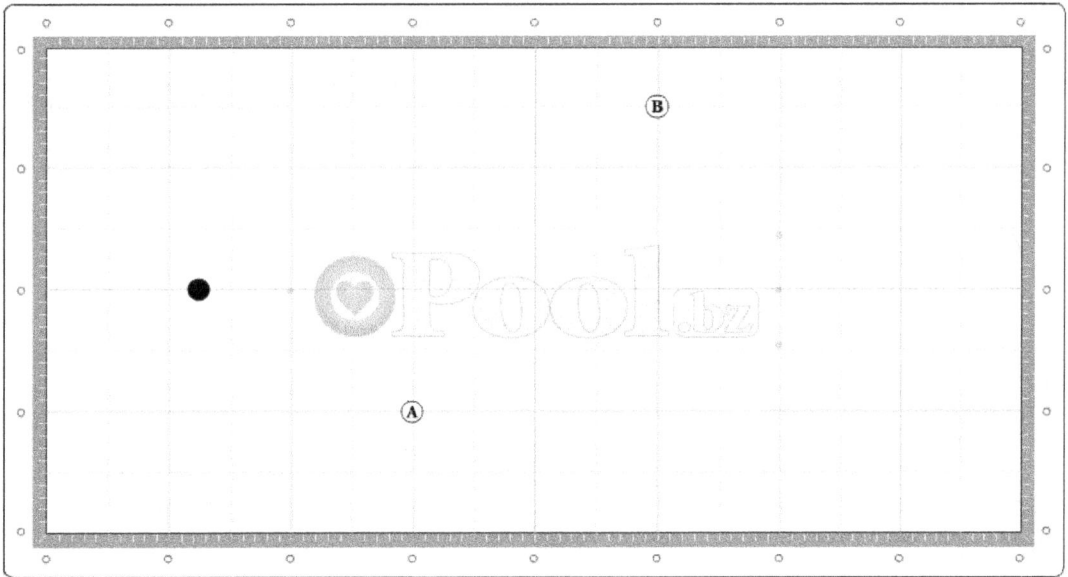

REMARQUES:

Billard Carambole: Plus énigmes et puzzles

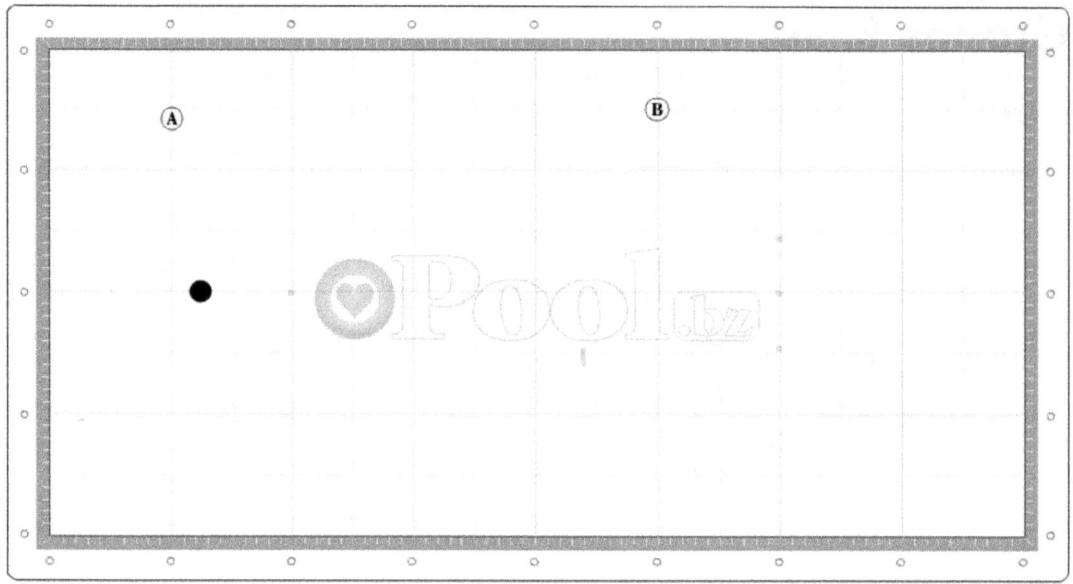

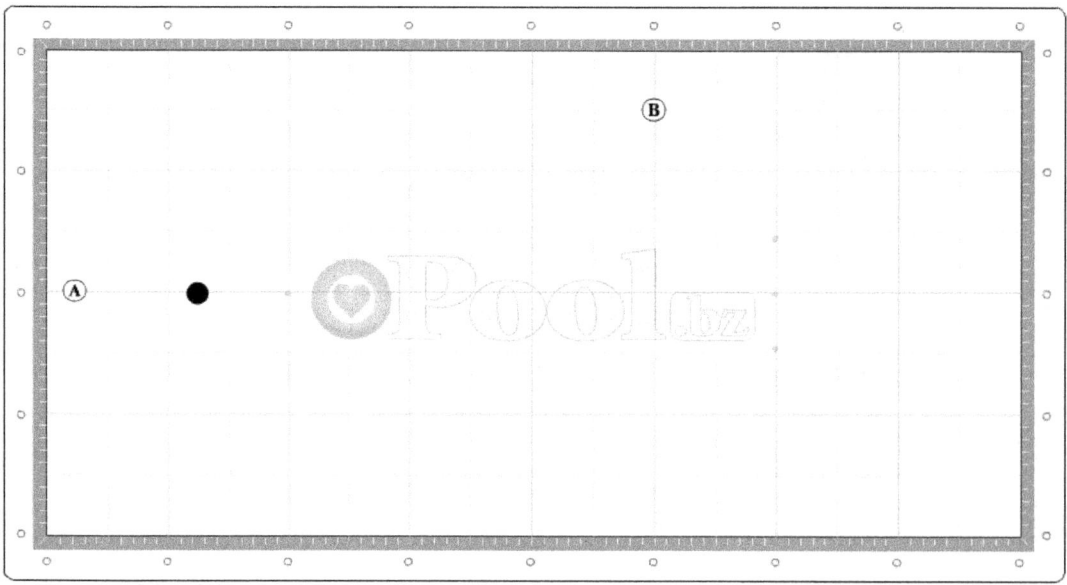

REMARQUES:

Groupe 5, set 5

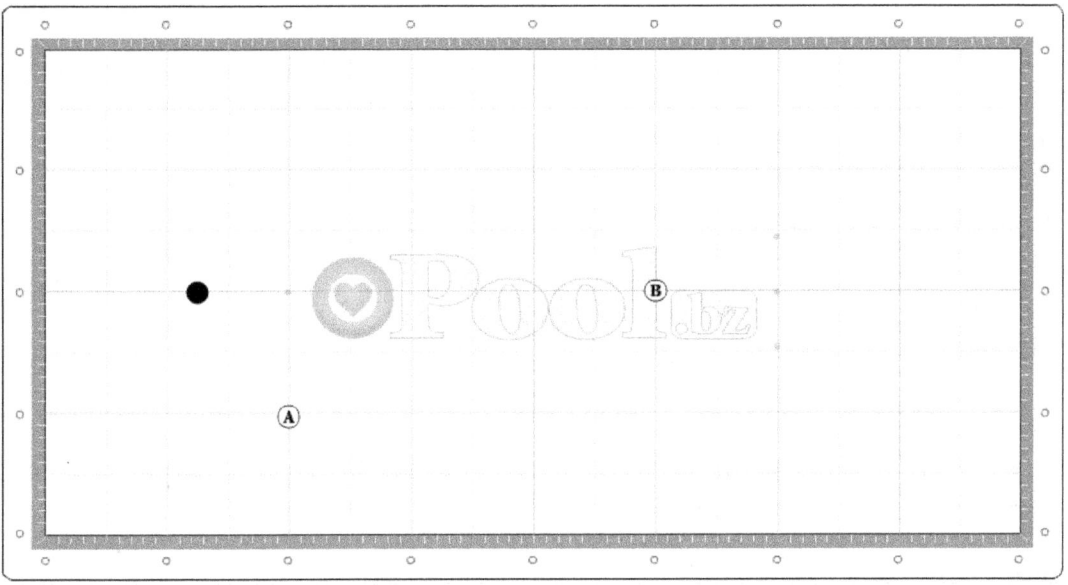

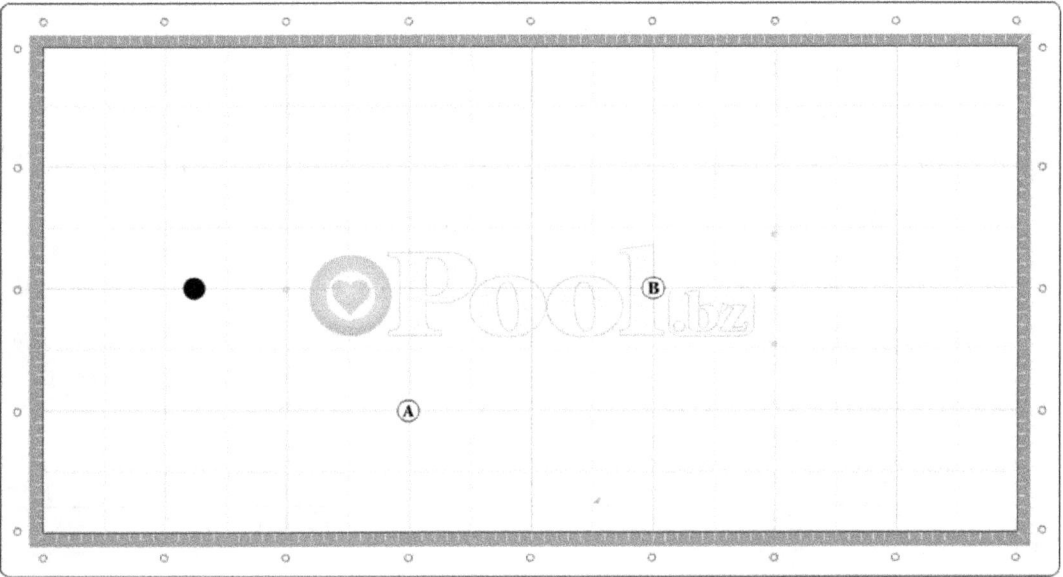

REMARQUES:

Billard Carambole: Plus énigmes et puzzles

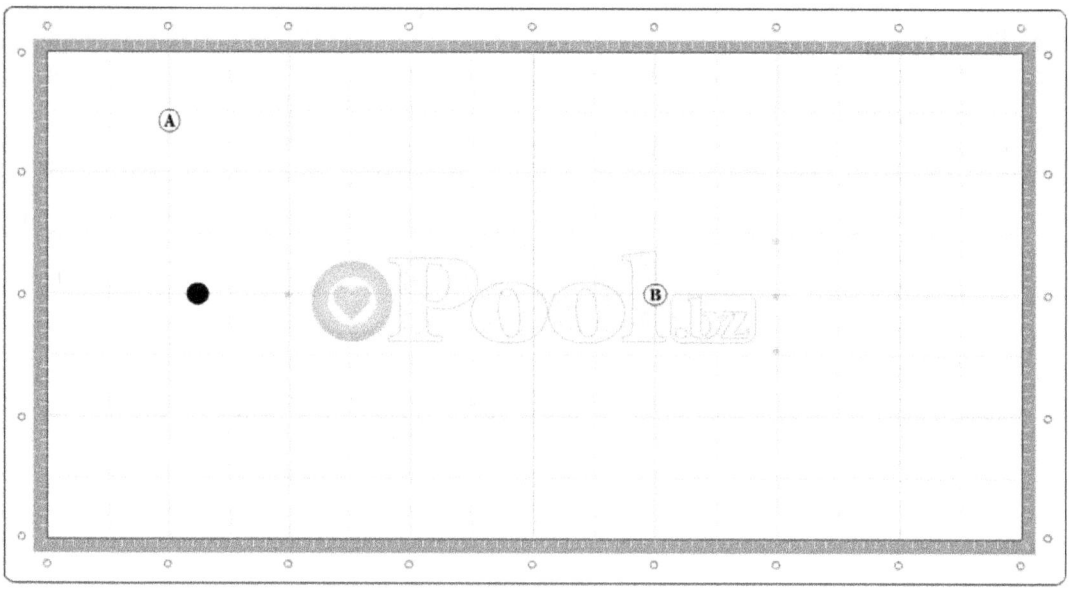

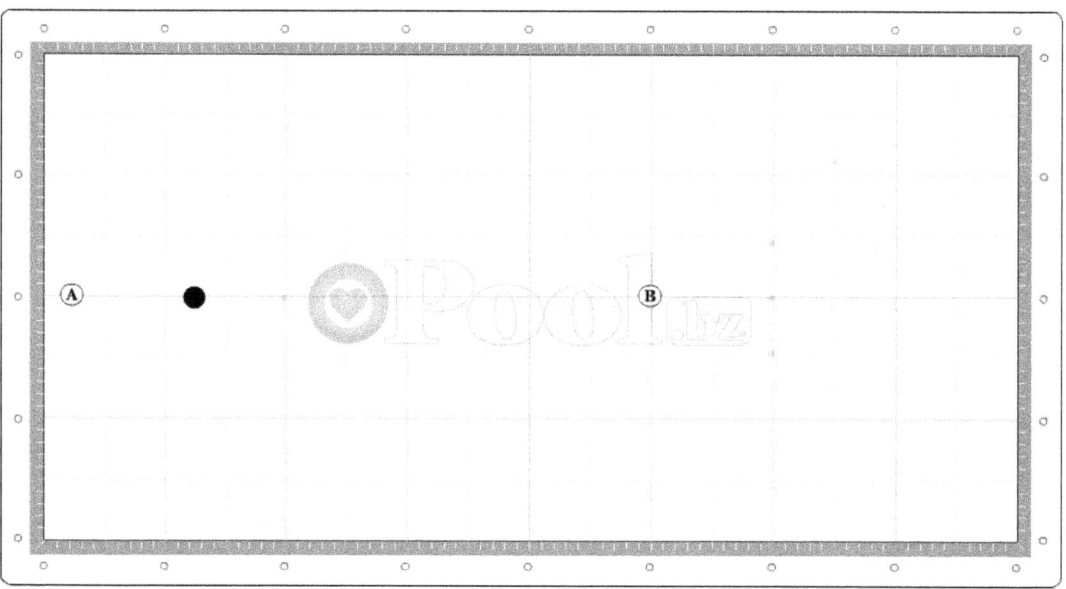

REMARQUES:

Groupe 5, set 6

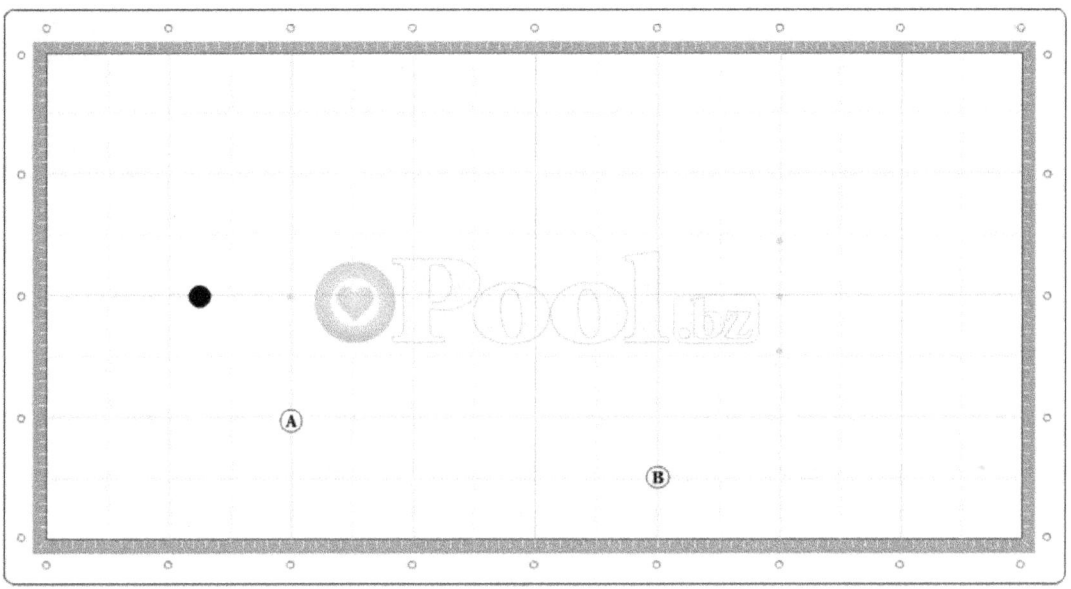

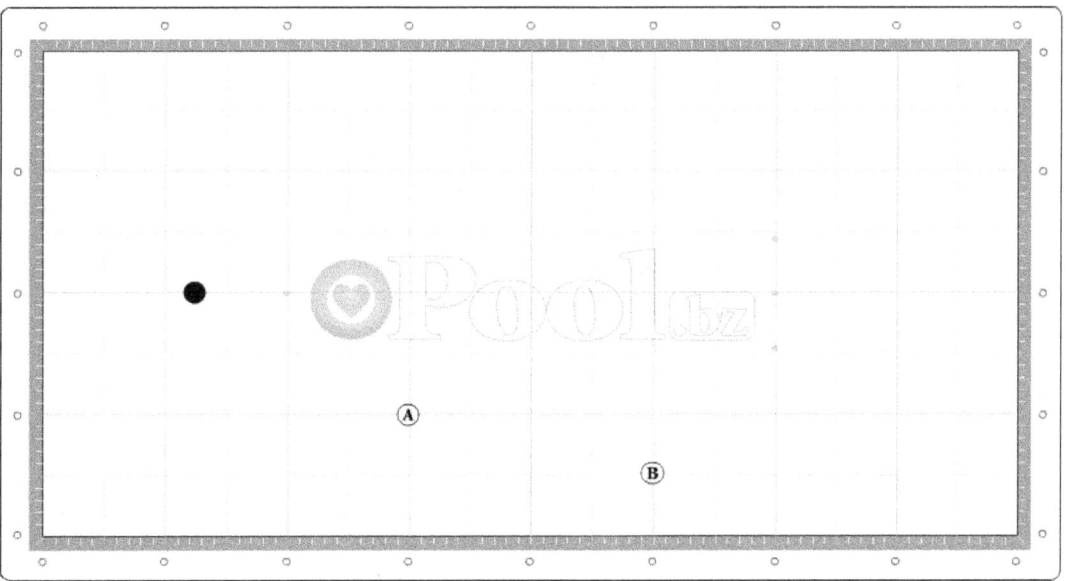

REMARQUES:

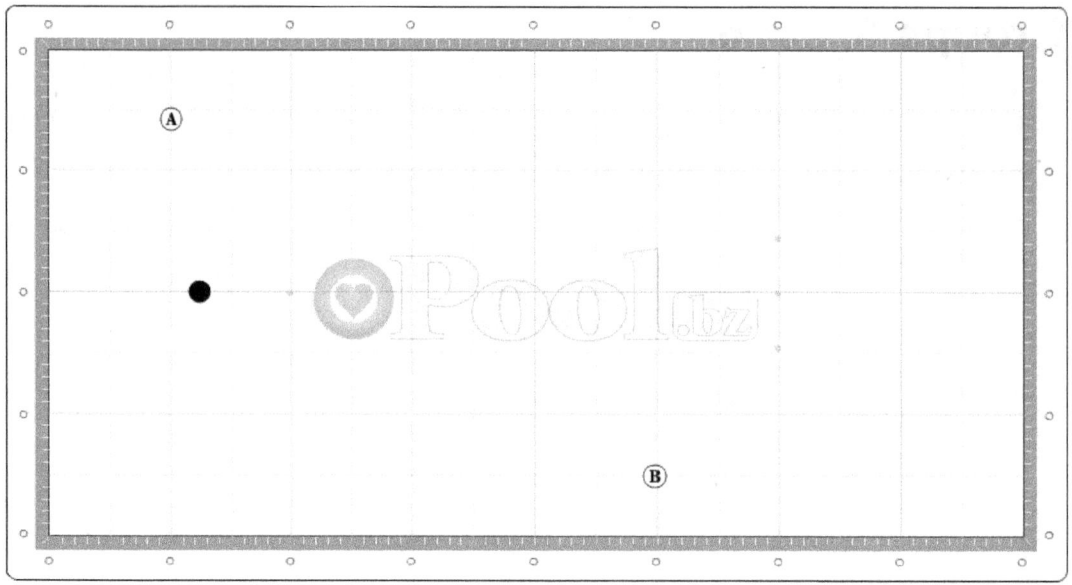

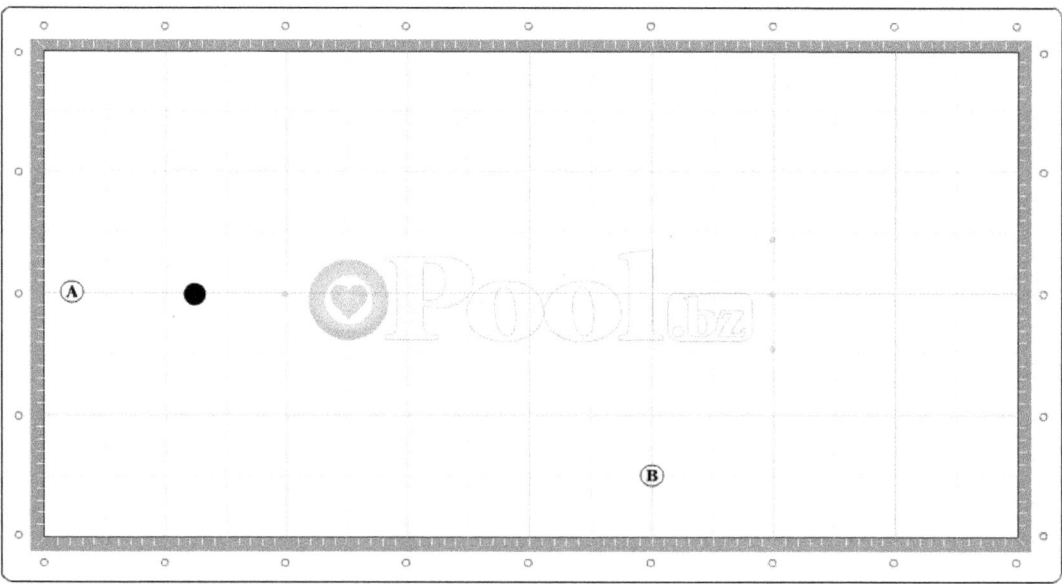

REMARQUES:

Groupe 5, set 7

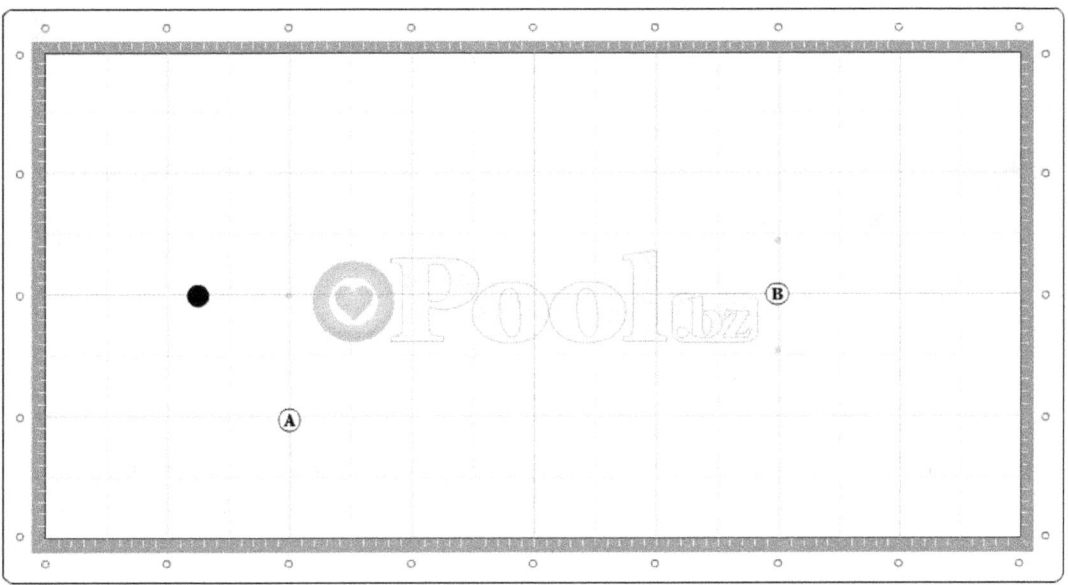

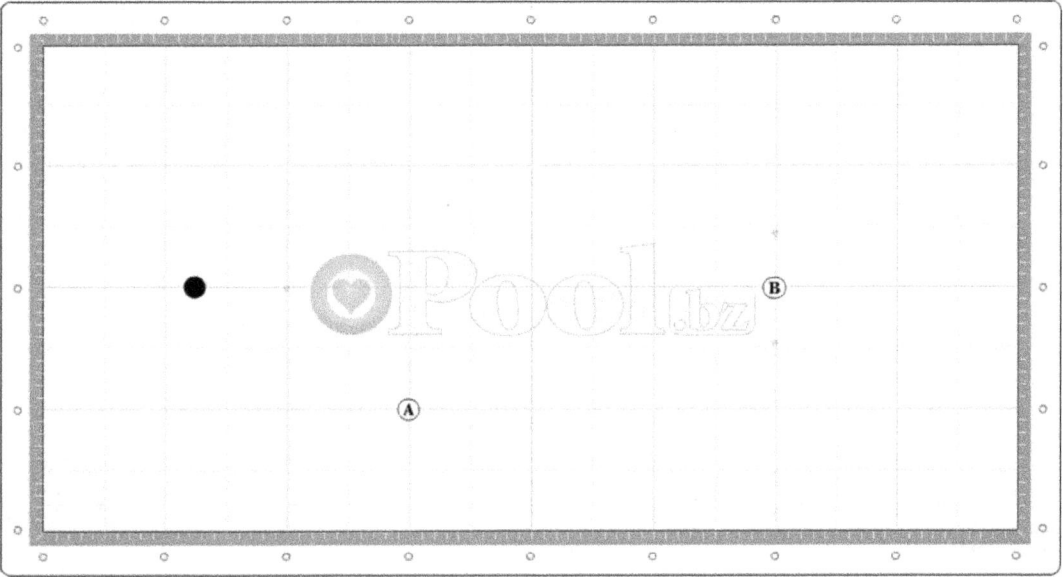

REMARQUES:

Billard Carambole: Plus énigmes et puzzles

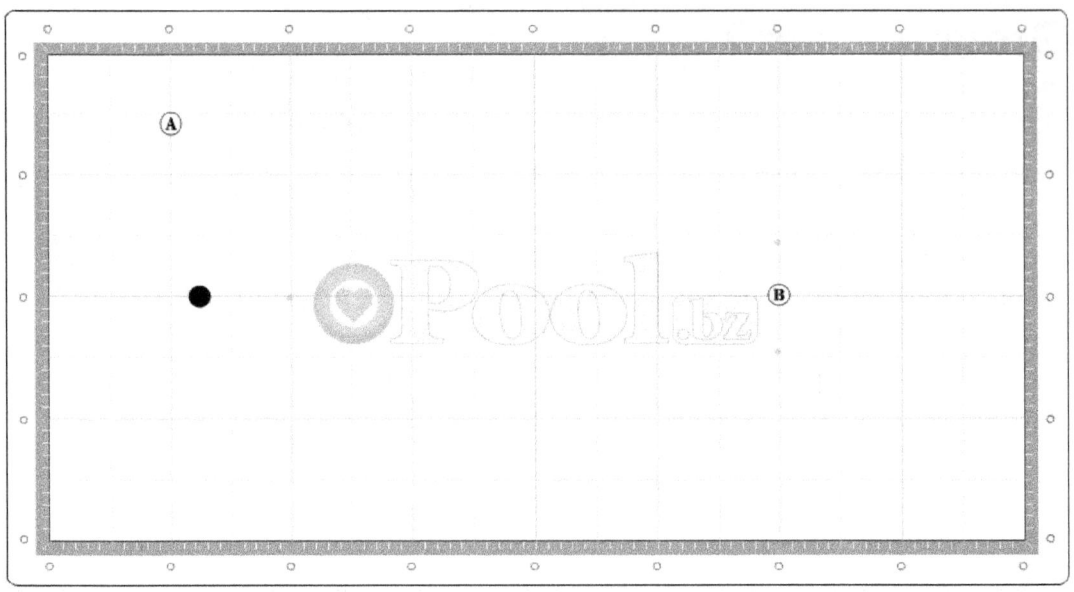

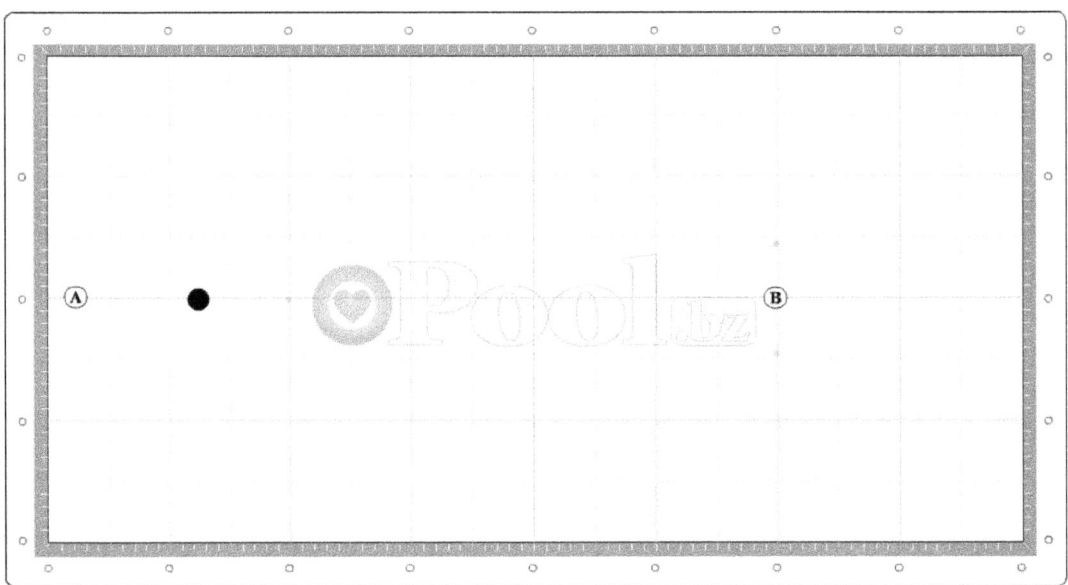

REMARQUES:

Groupe 5, set 8

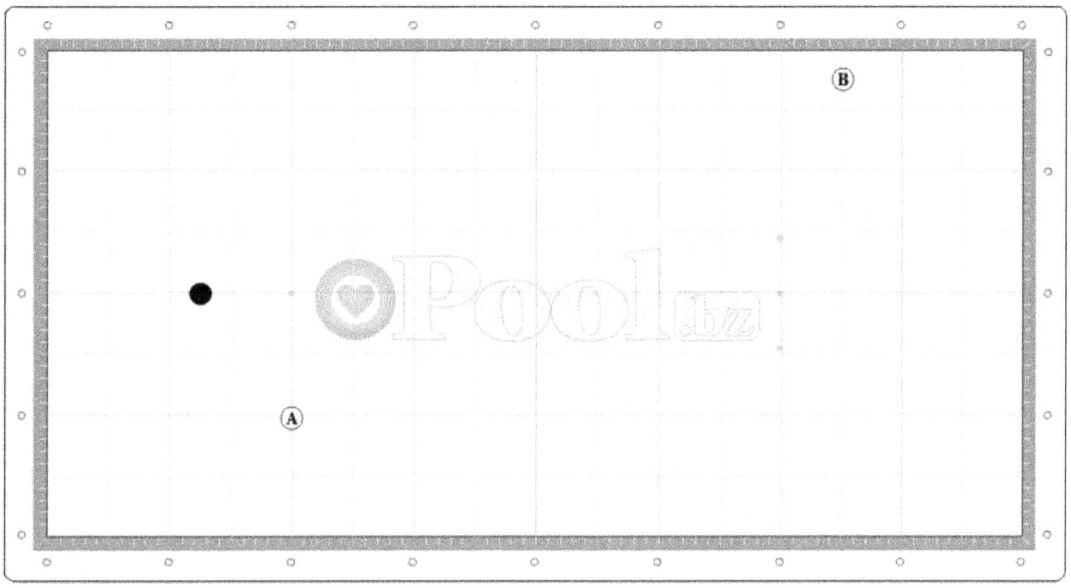

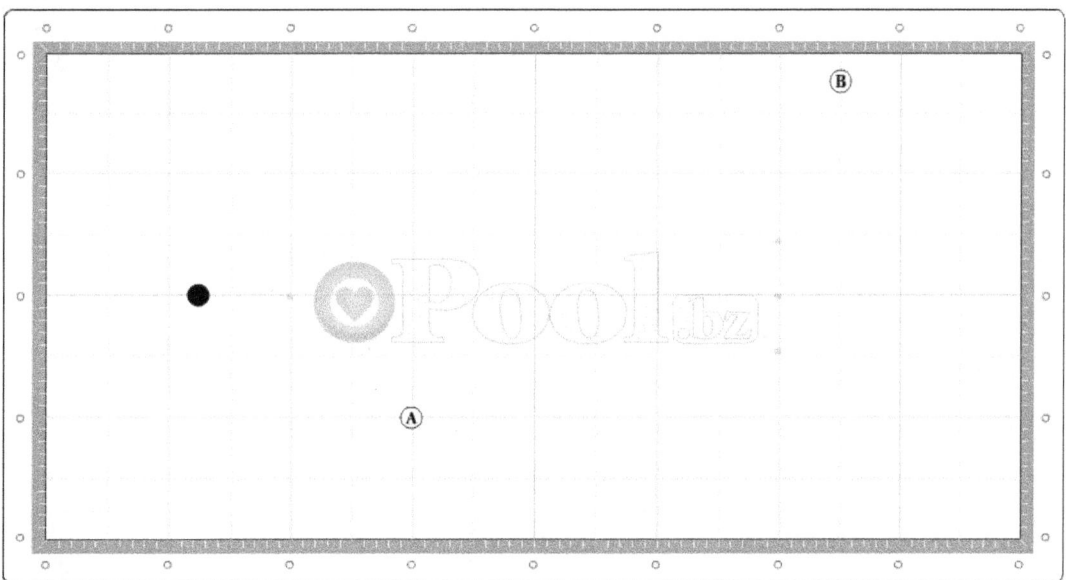

REMARQUES:

Billard Carambole: Plus énigmes et puzzles

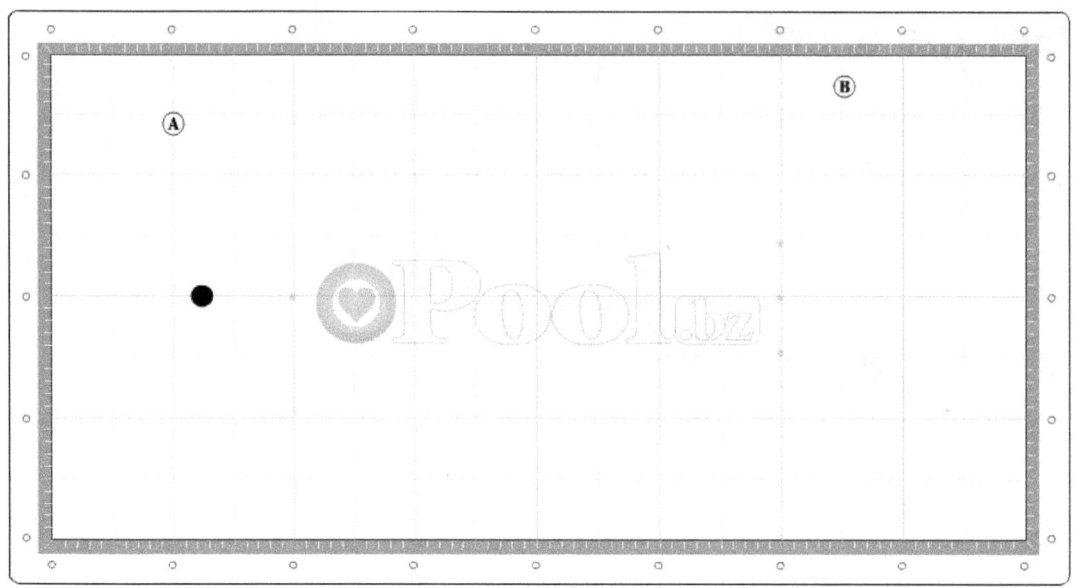

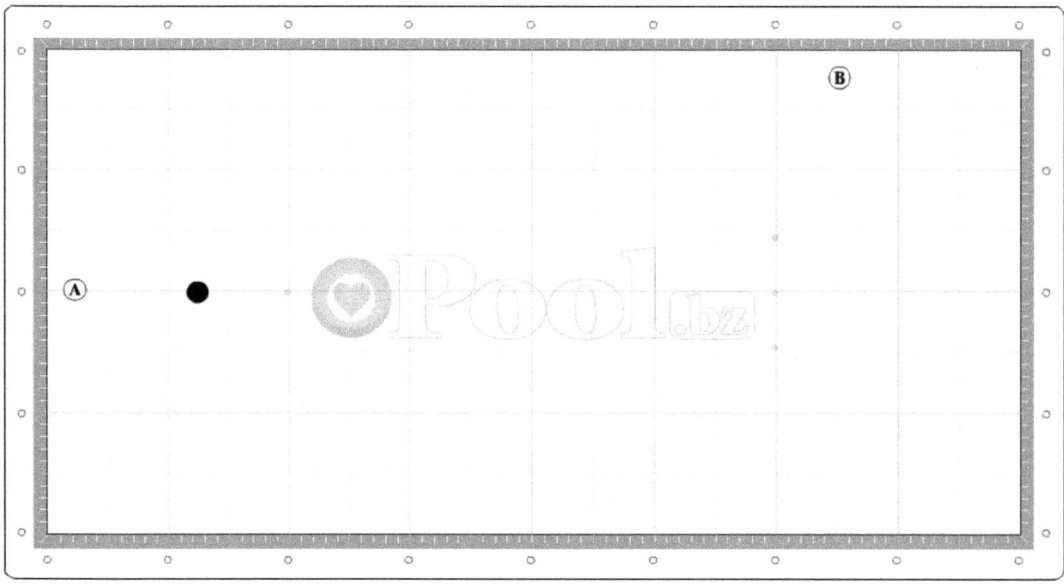

REMARQUES:

Groupe 5, set 9

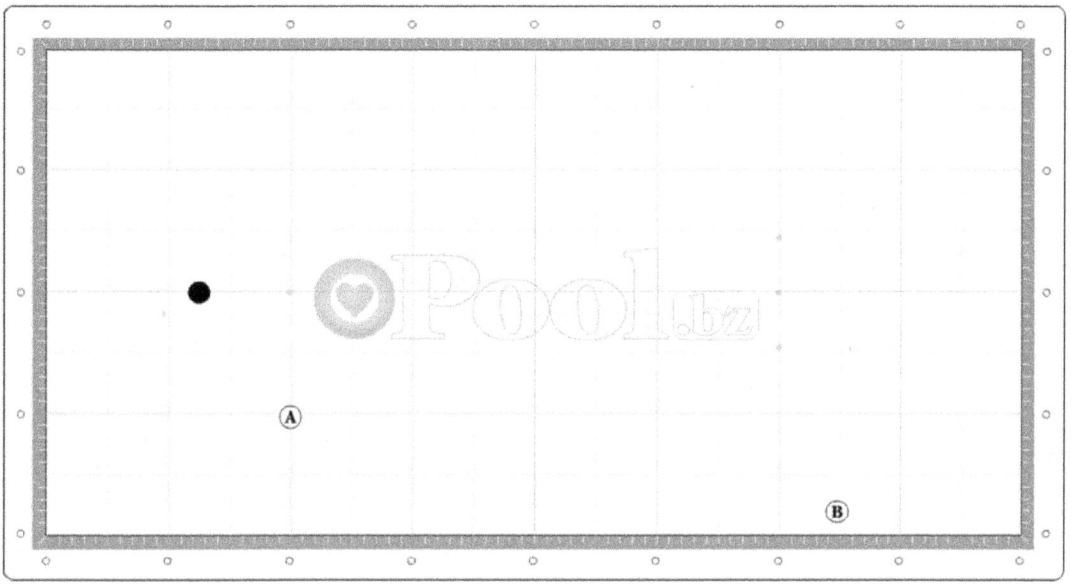

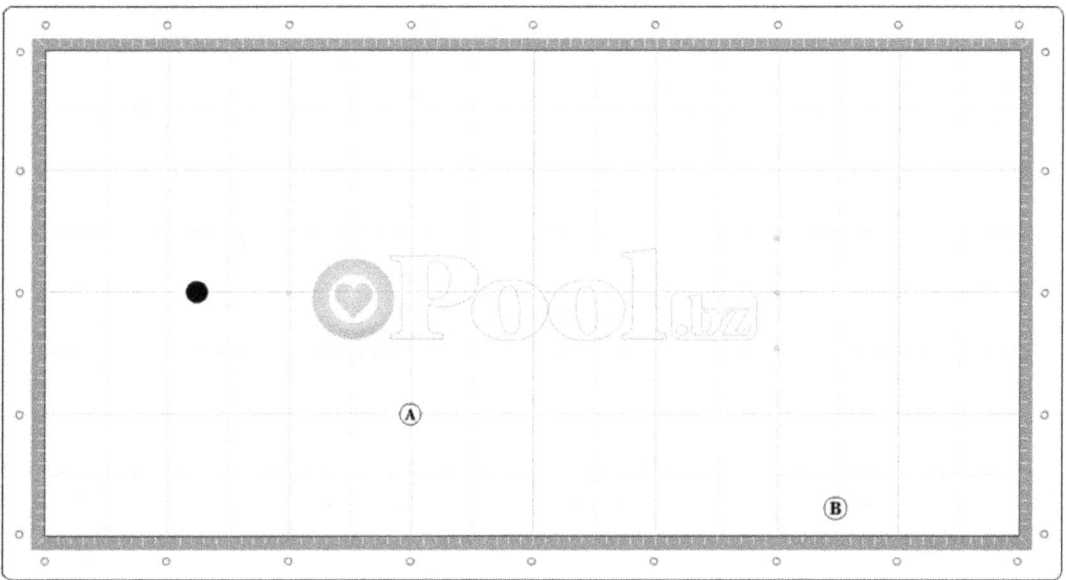

REMARQUES:

Billard Carambole: Plus énigmes et puzzles

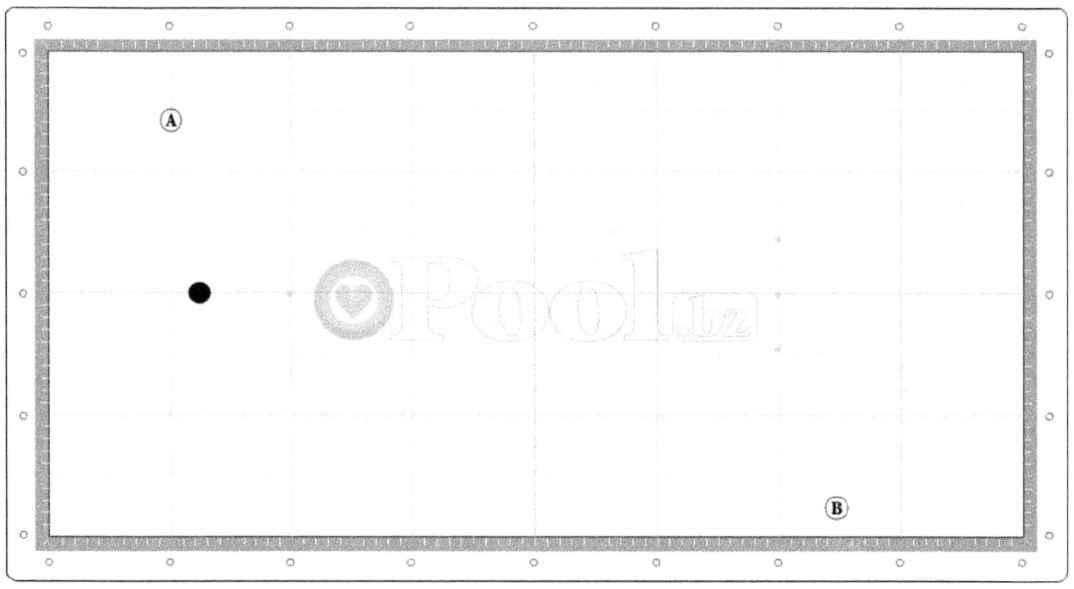

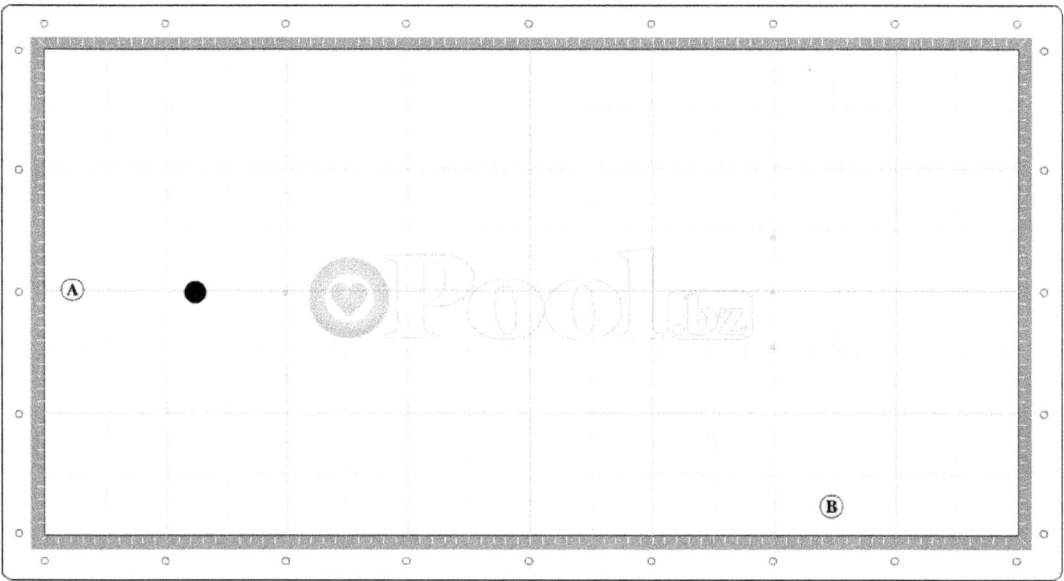

REMARQUES:

Groupe 5, set 10

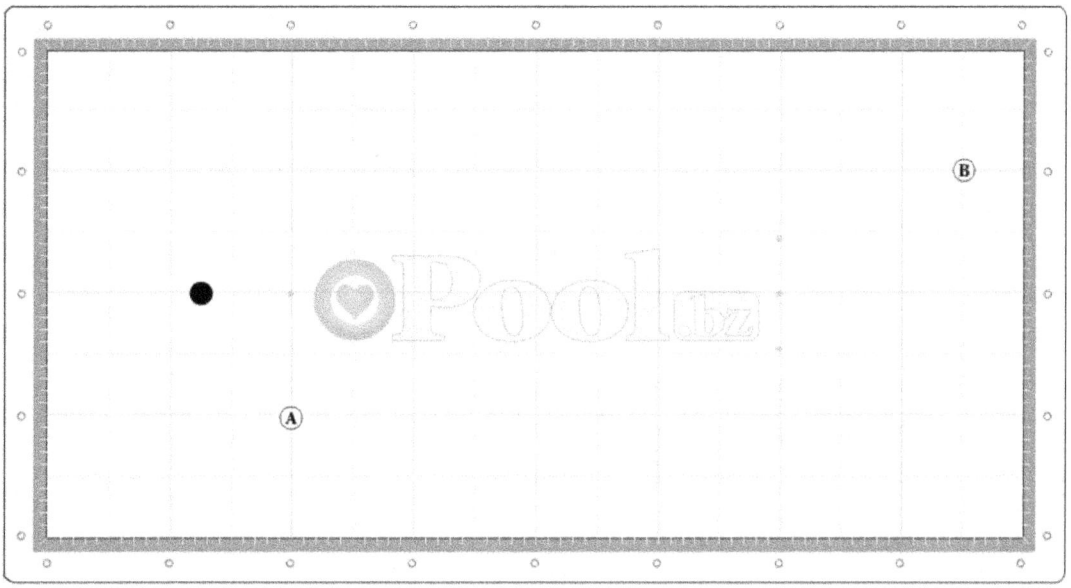

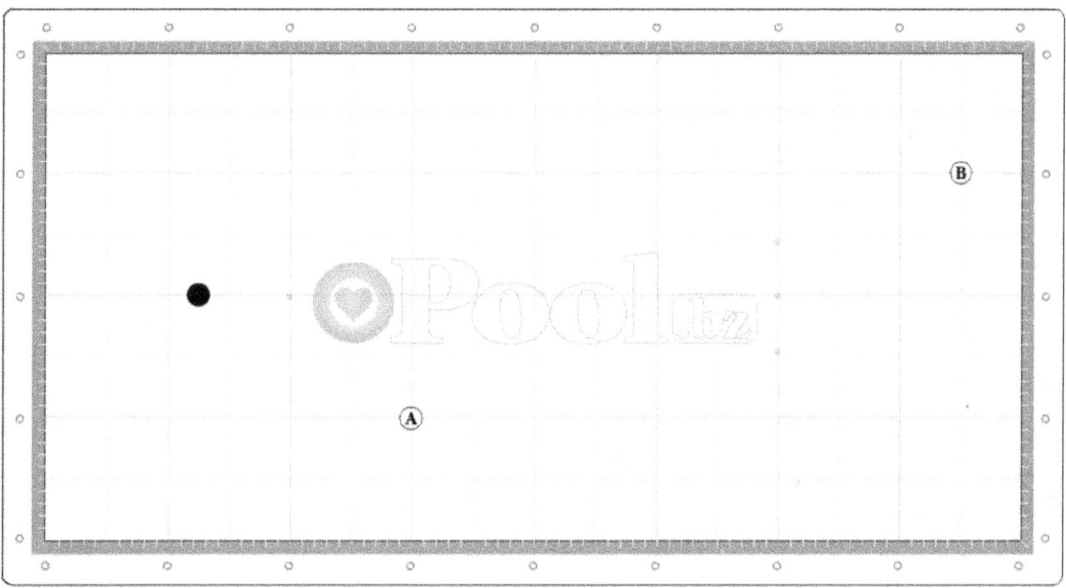

REMARQUES:

Billard Carambole: Plus énigmes et puzzles

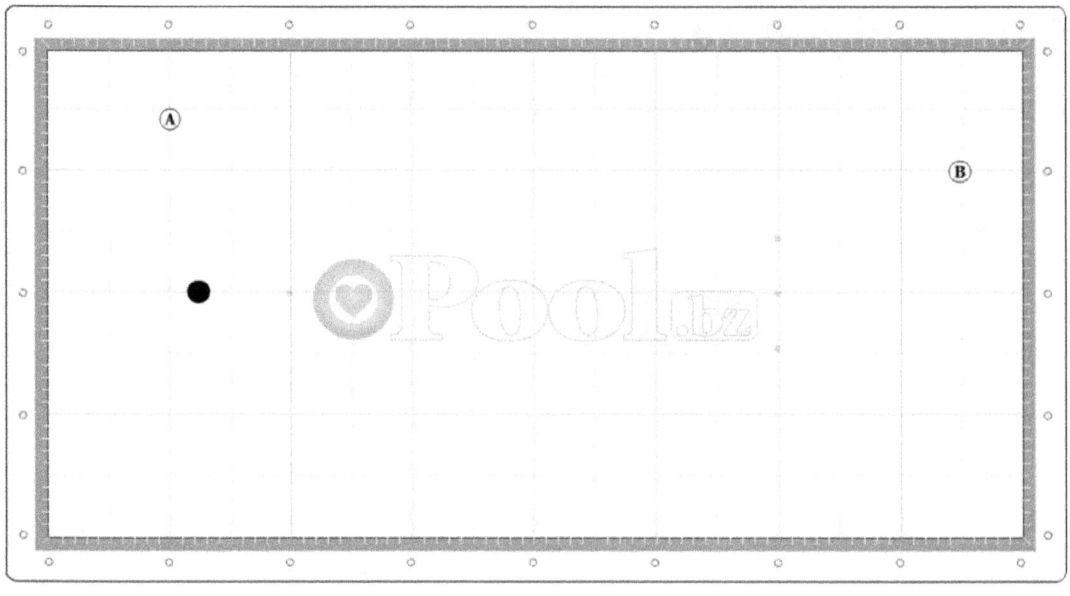

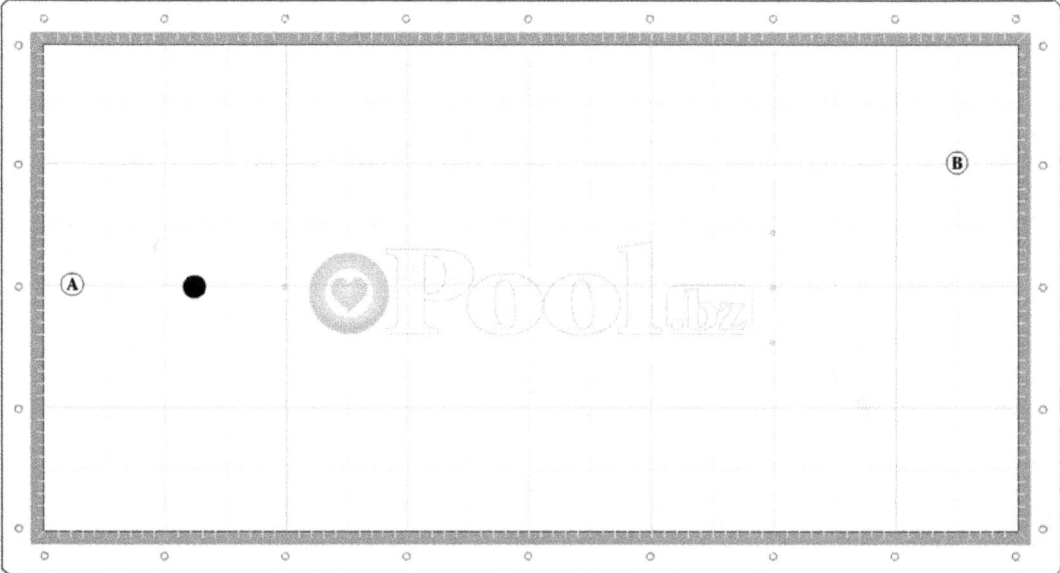

REMARQUES:

Groupe 5, set 11

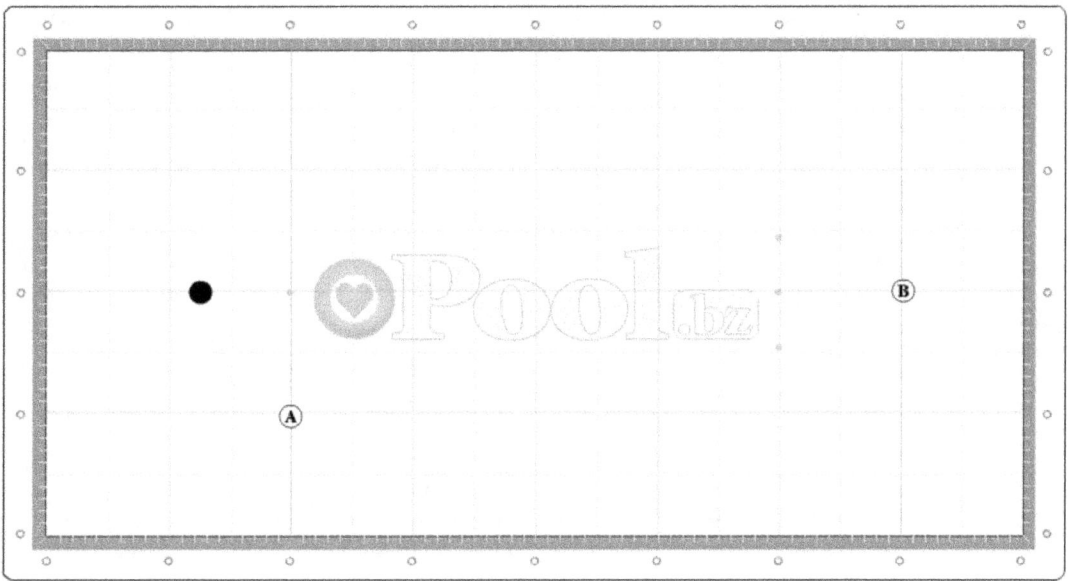

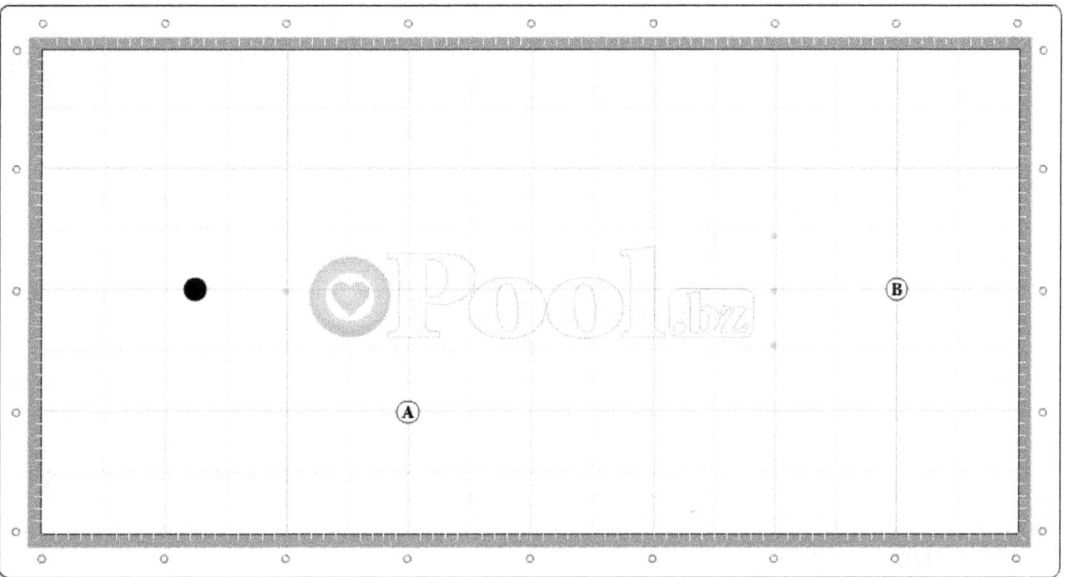

REMARQUES:

(Au début de ce livre, il y a 4 exemples de solutions de cette mise en page.)

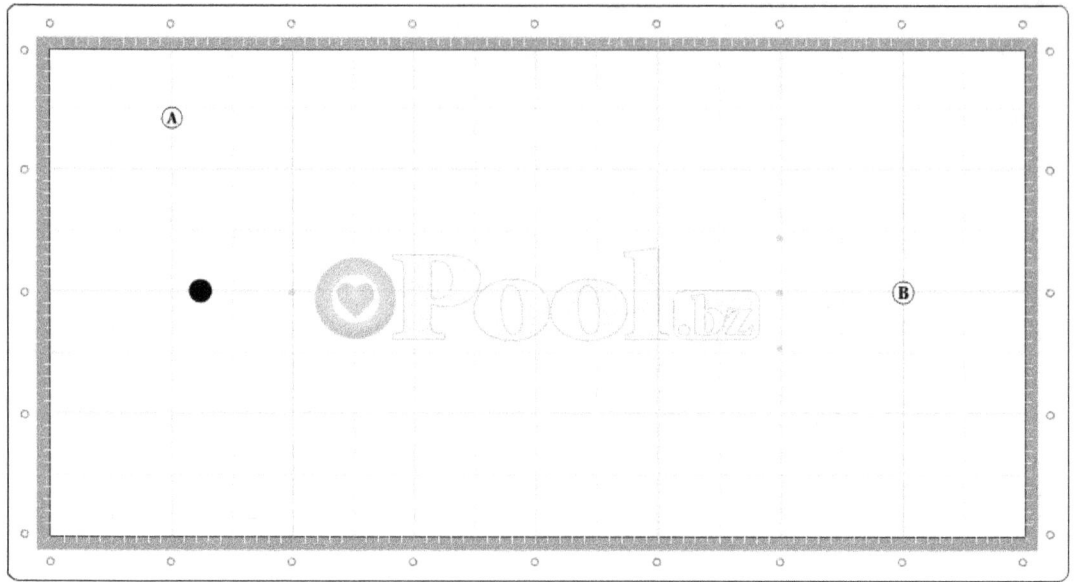

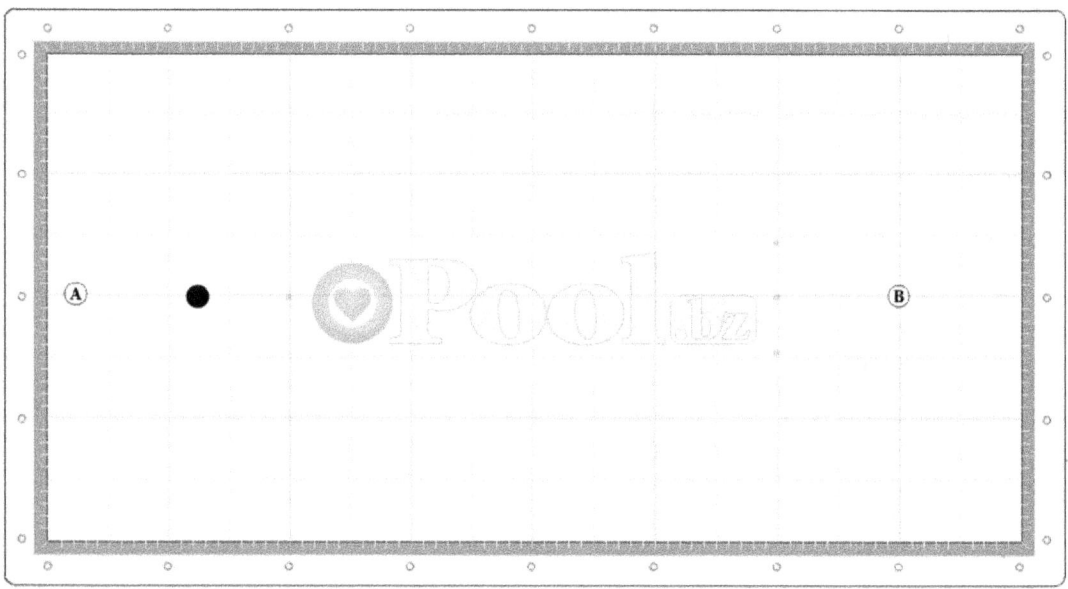

REMARQUES:

Groupe 5, set 12

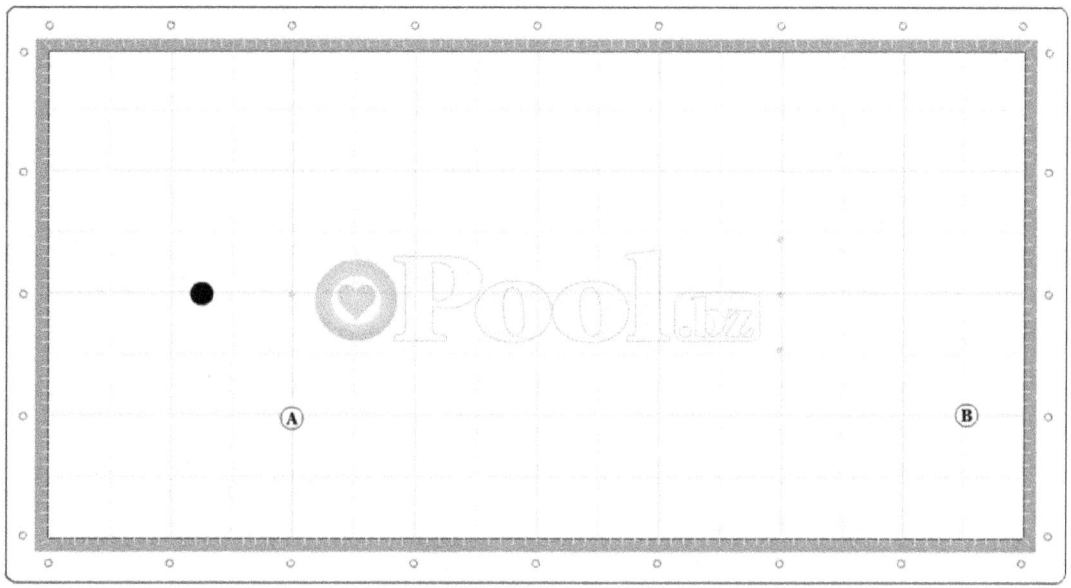

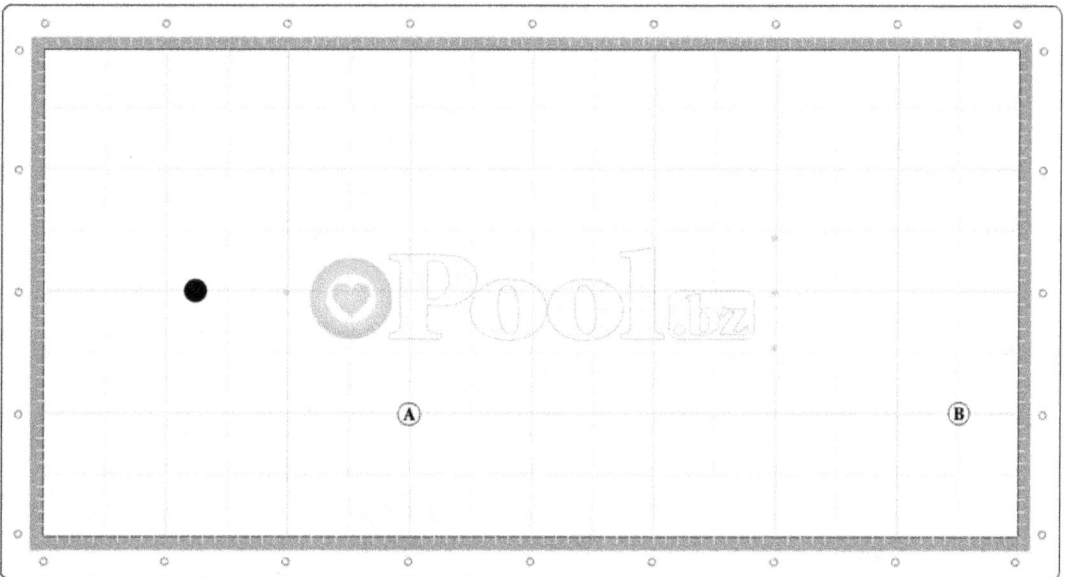

REMARQUES:

Billard Carambole: Plus énigmes et puzzles

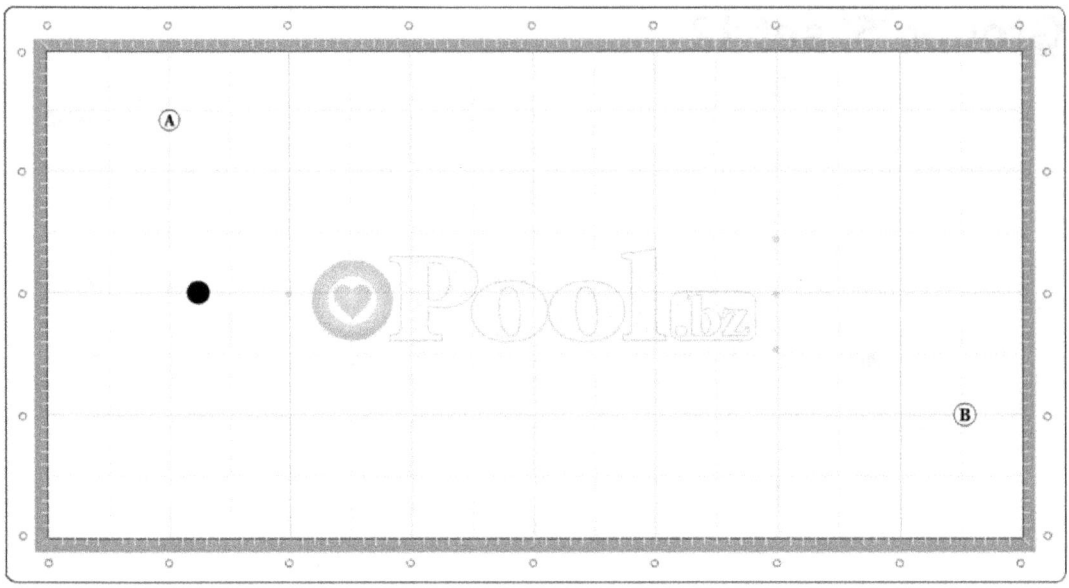

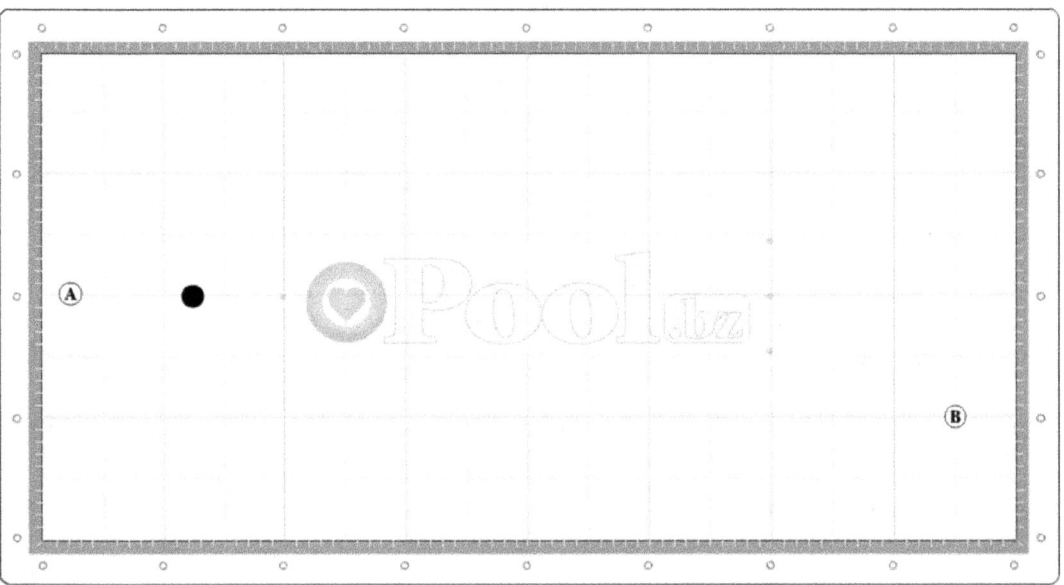

REMARQUES:

GROUPE 6

Groupe 6, set 1

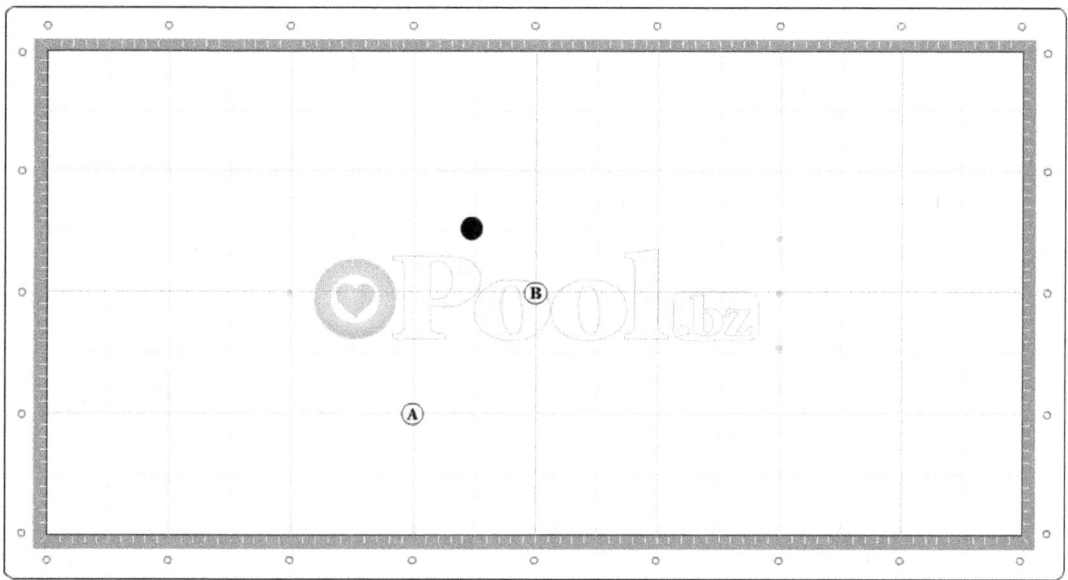

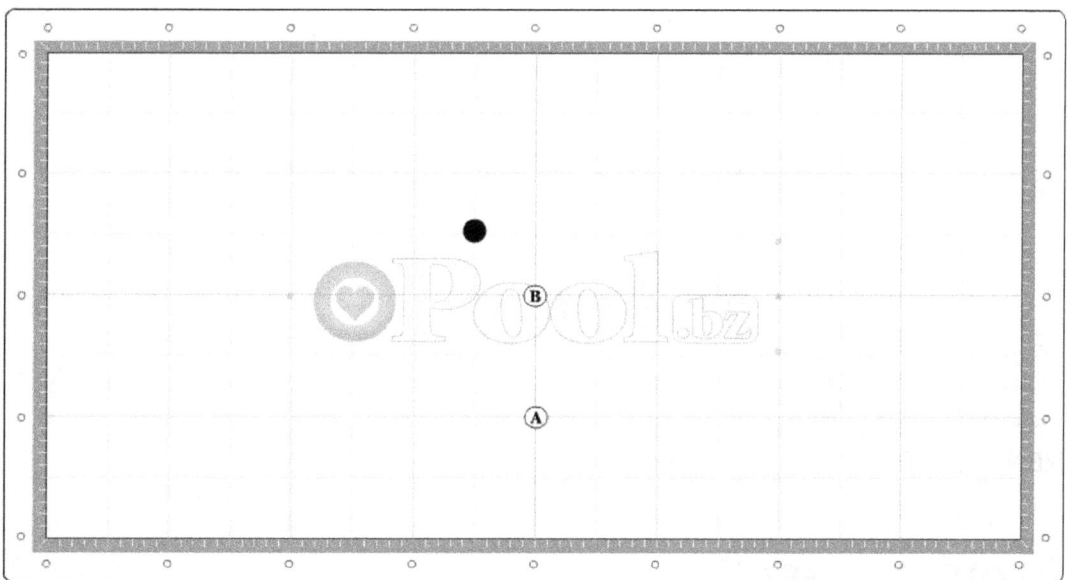

REMARQUES:

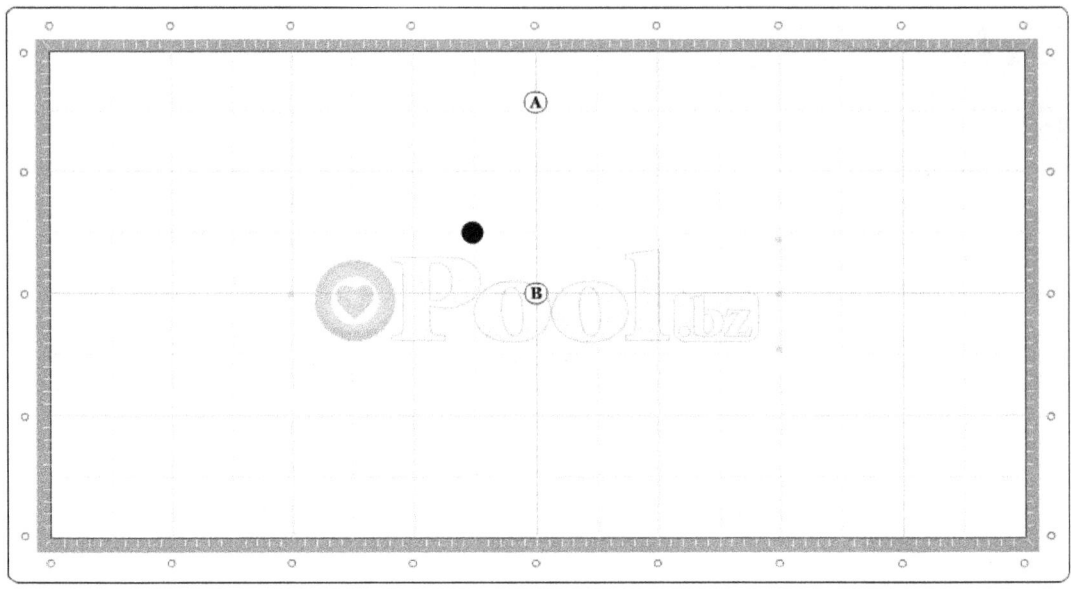

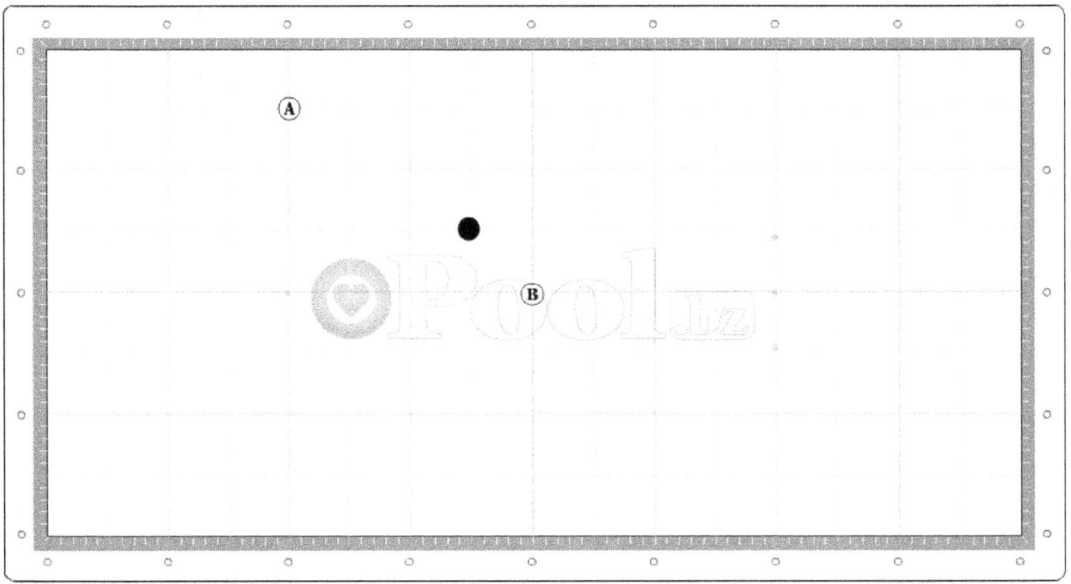

REMARQUES:

Groupe 6, set 2

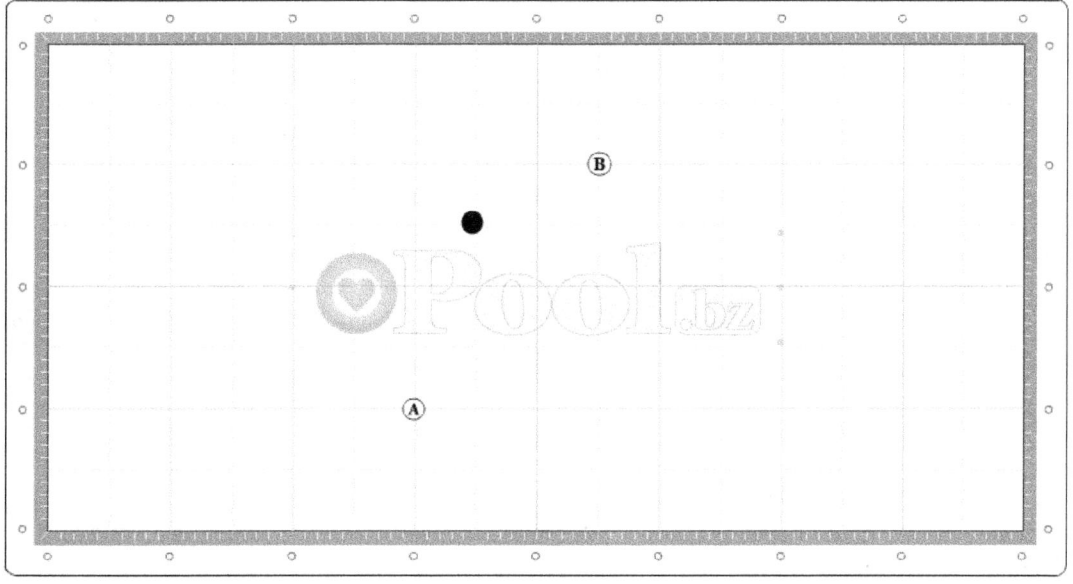

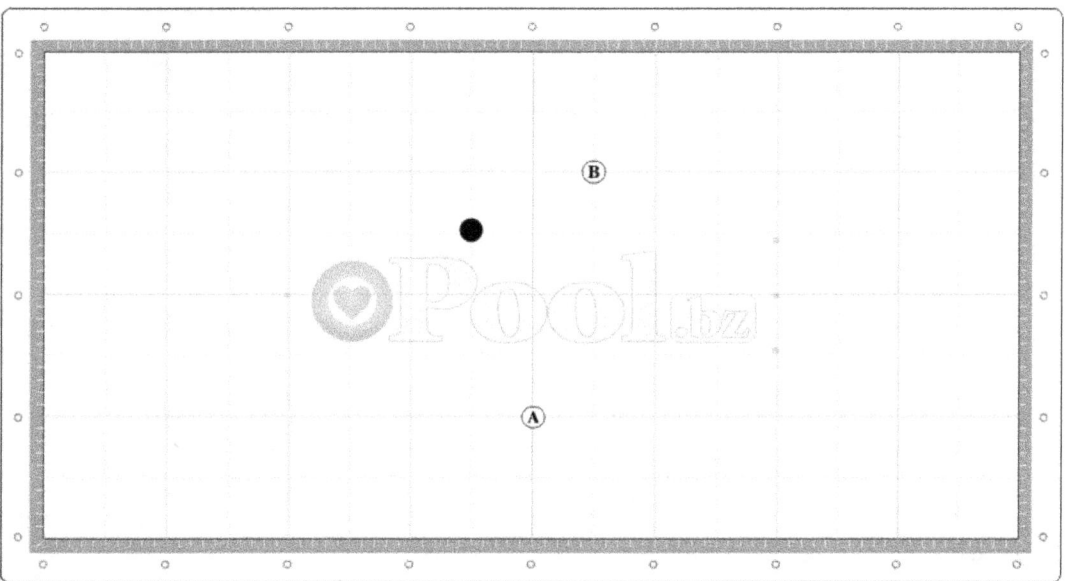

REMARQUES:

Billard Carambole: Plus énigmes et puzzles

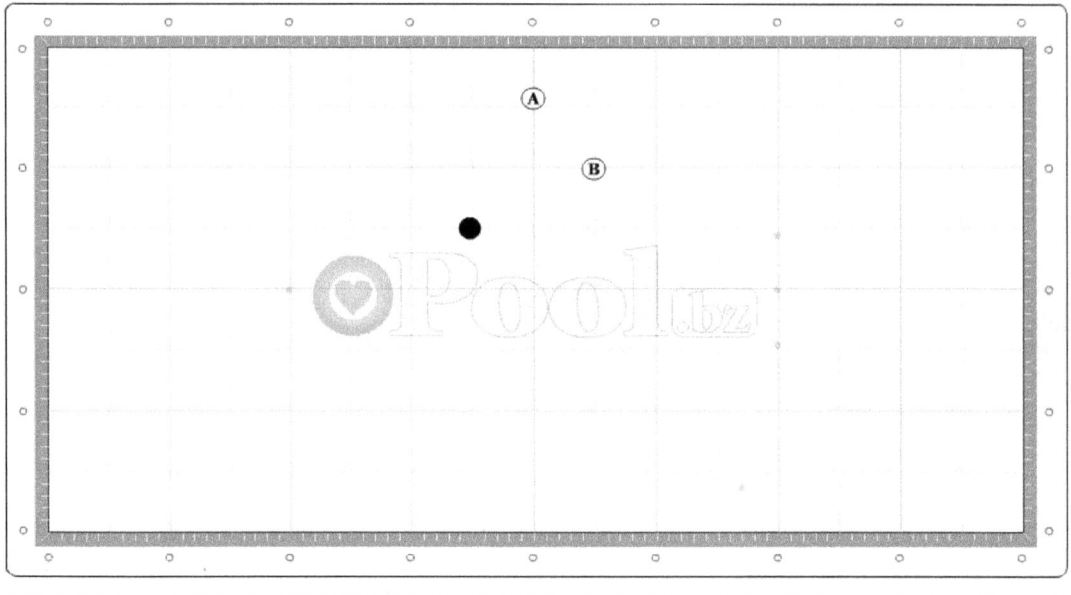

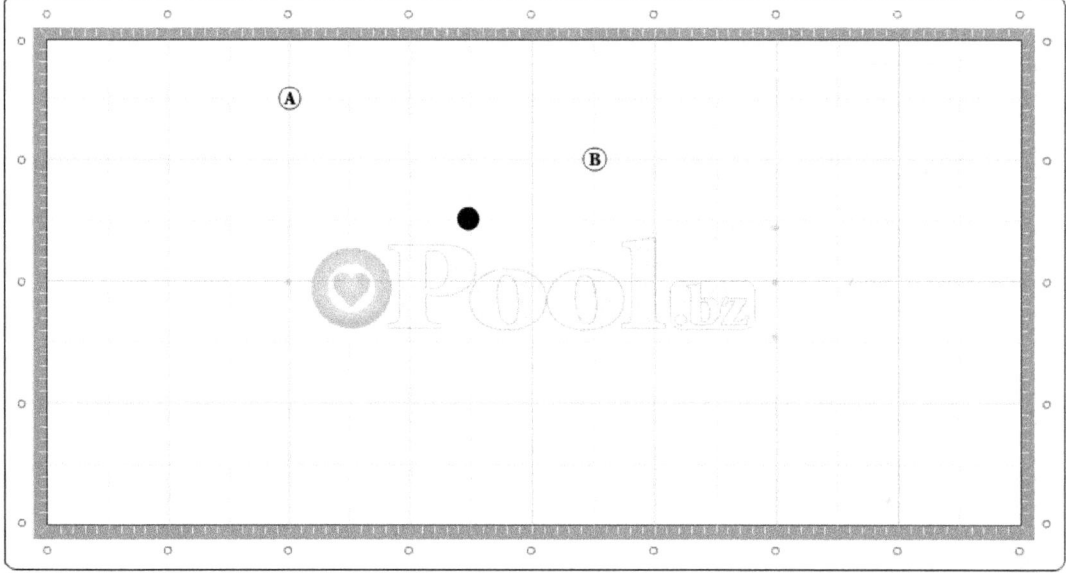

REMARQUES:

Groupe 6, set 3

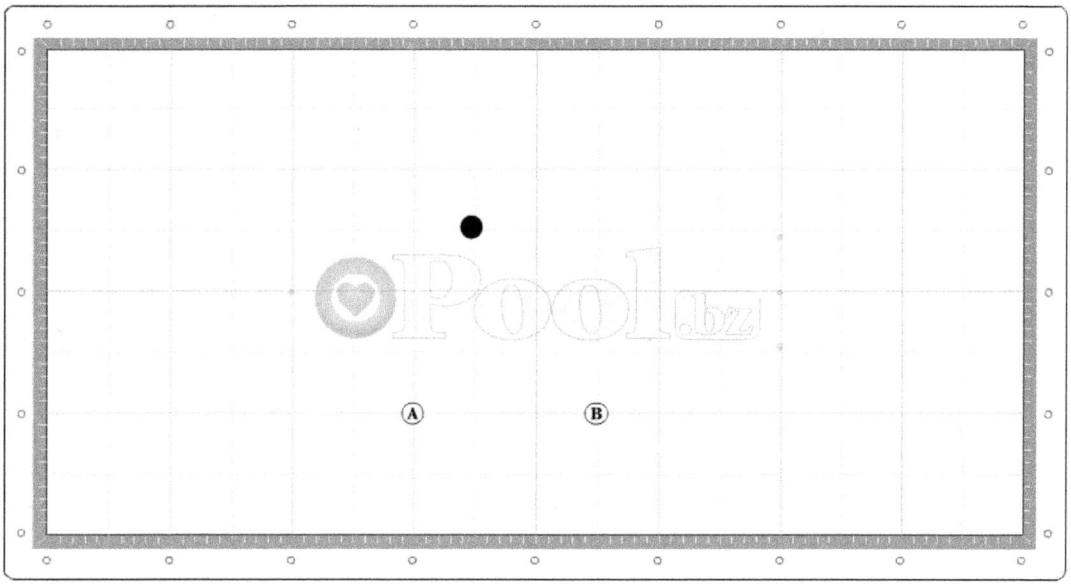

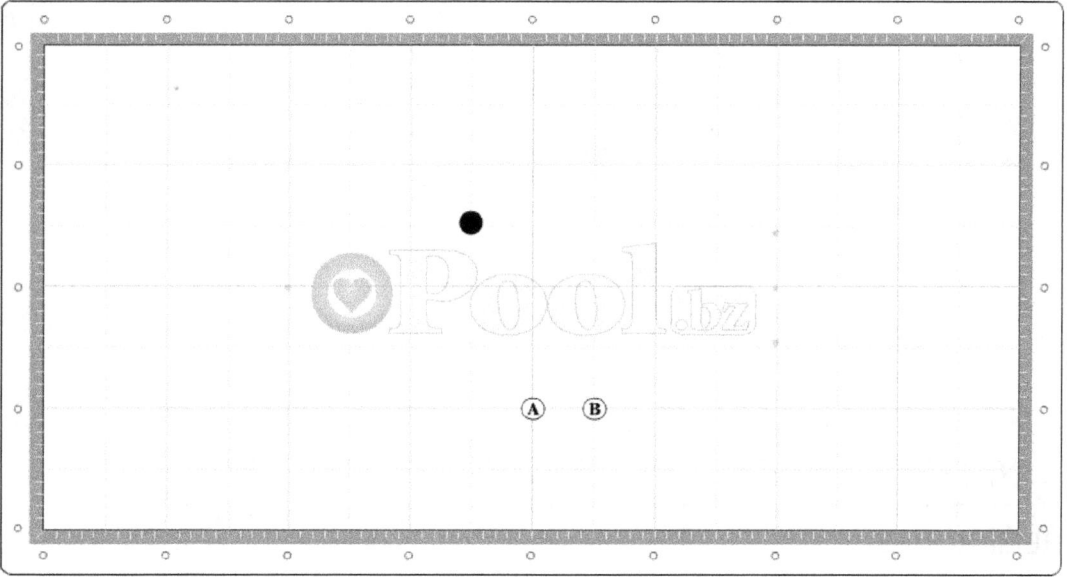

REMARQUES:

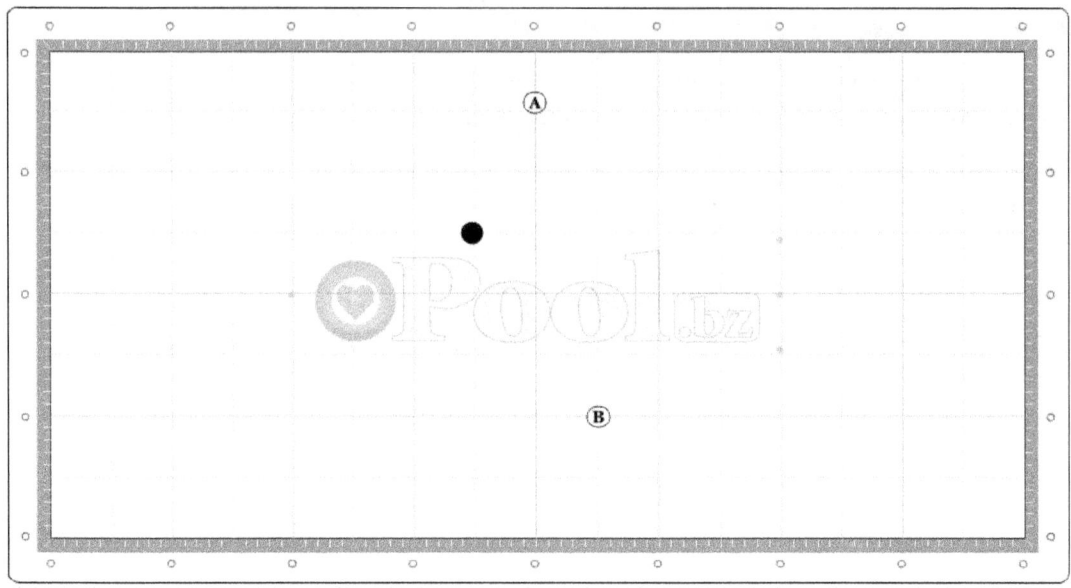

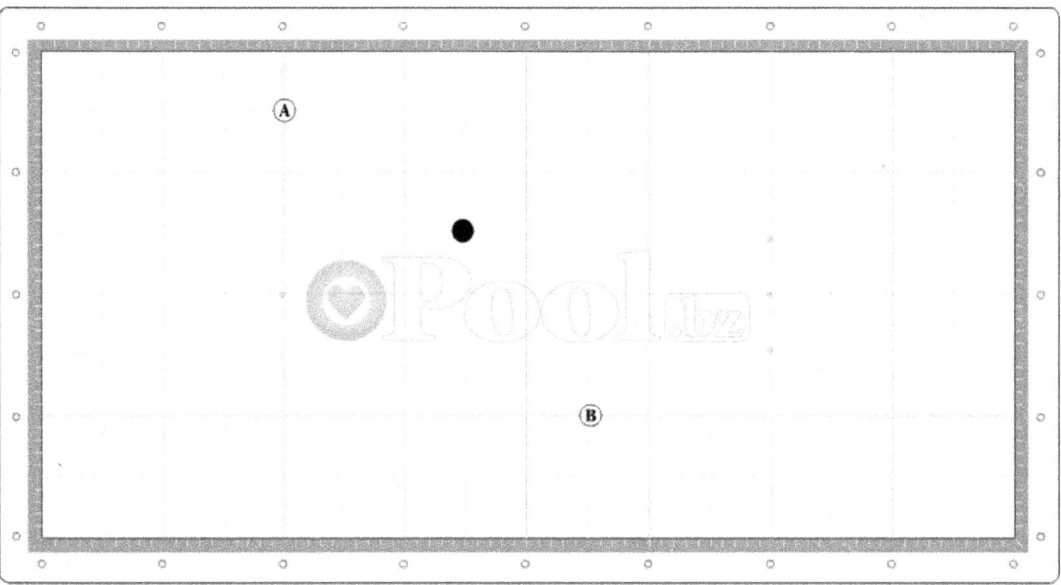

REMARQUES:

Groupe 6, set 4

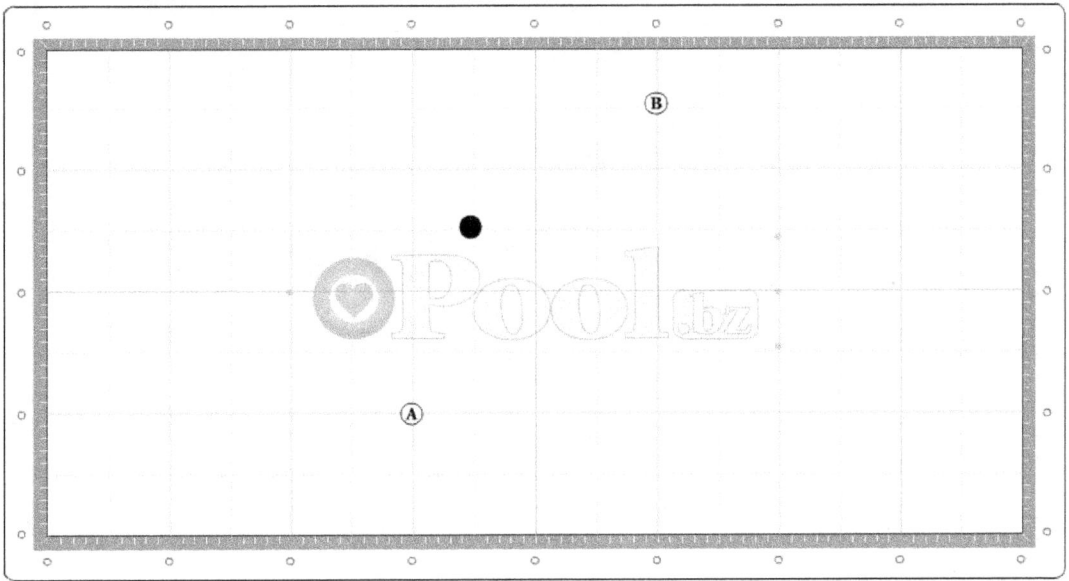

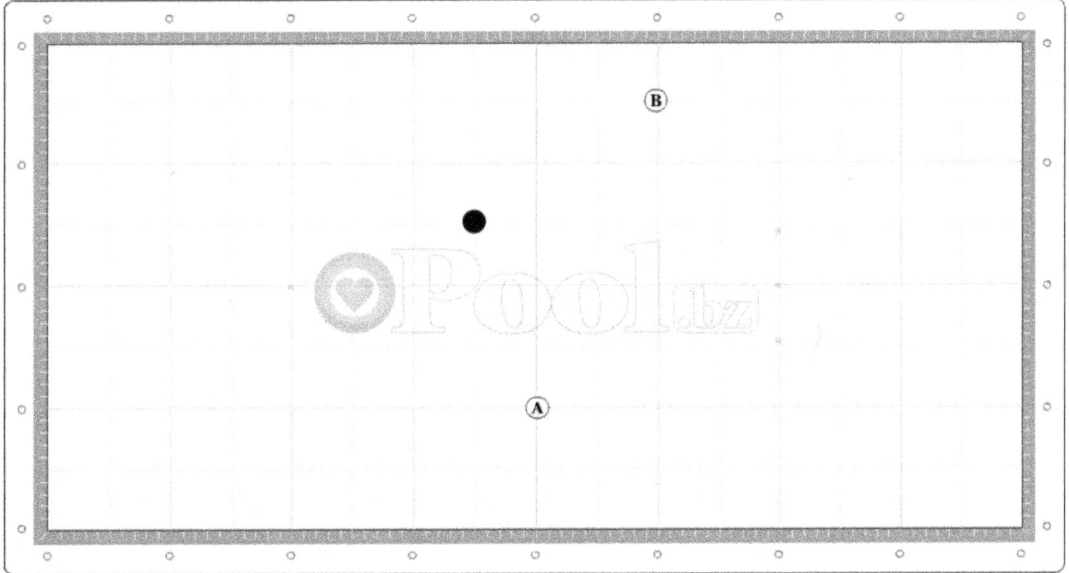

REMARQUES:

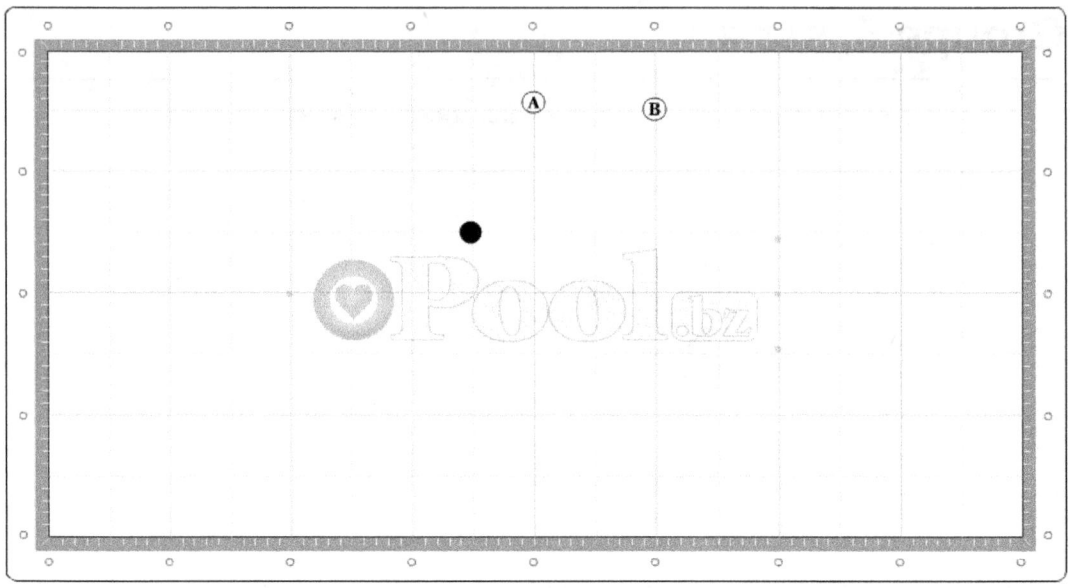

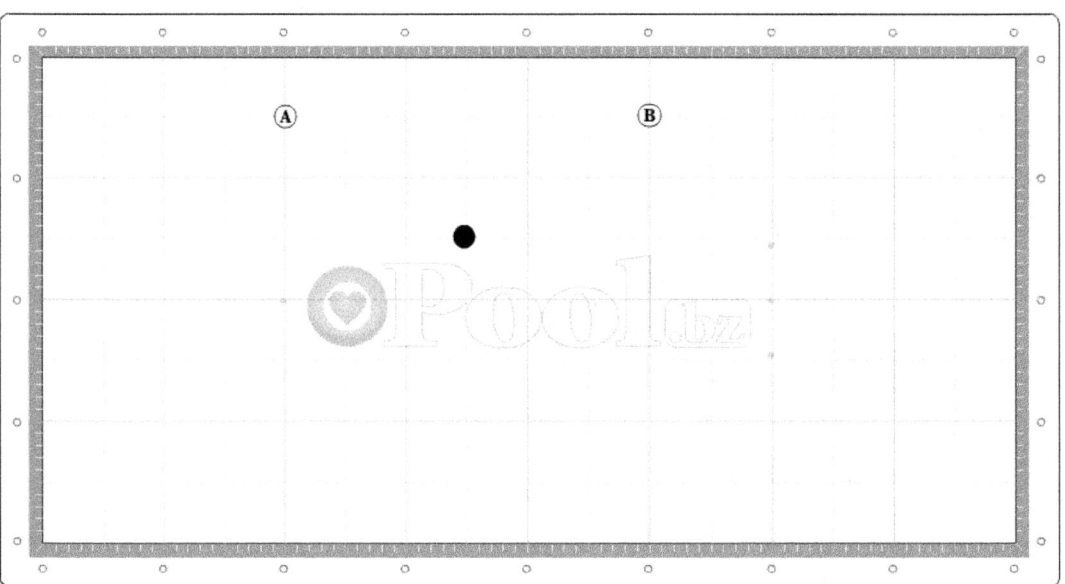

REMARQUES:

Groupe 6, set 5

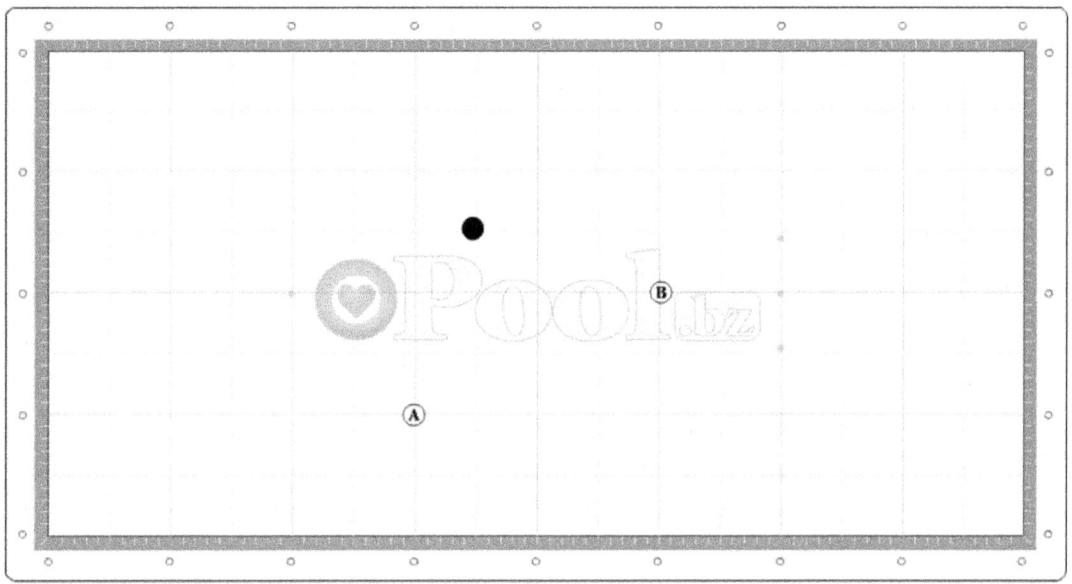

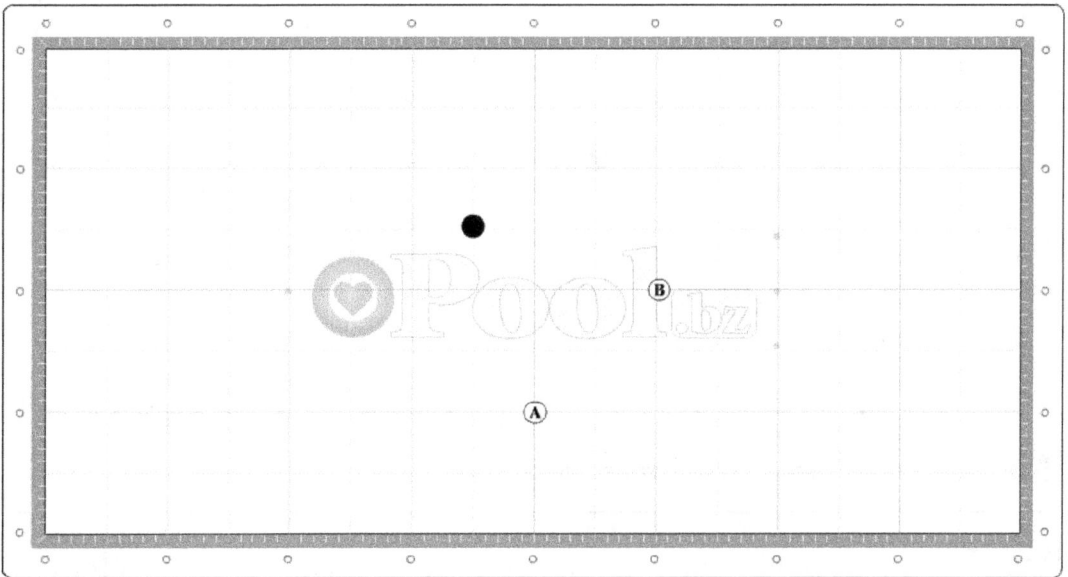

REMARQUES:

Billard Carambole: Plus énigmes et puzzles

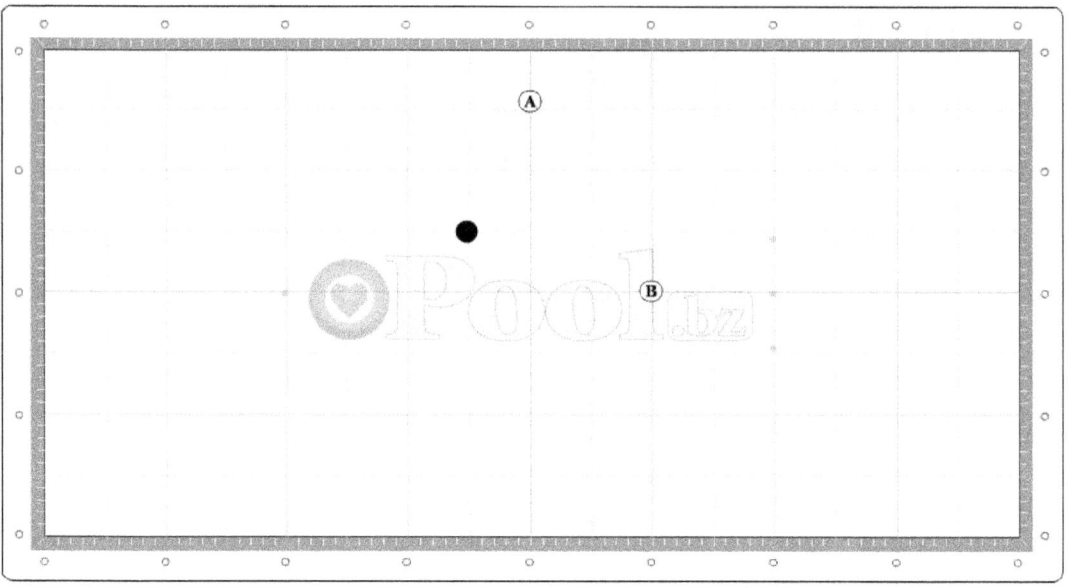

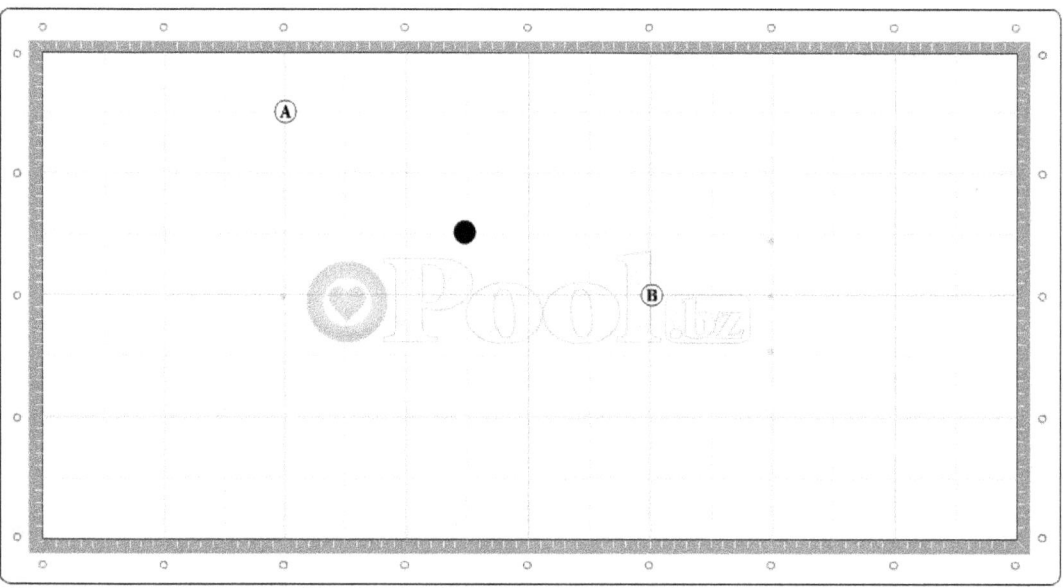

REMARQUES:

Groupe 6, set 6

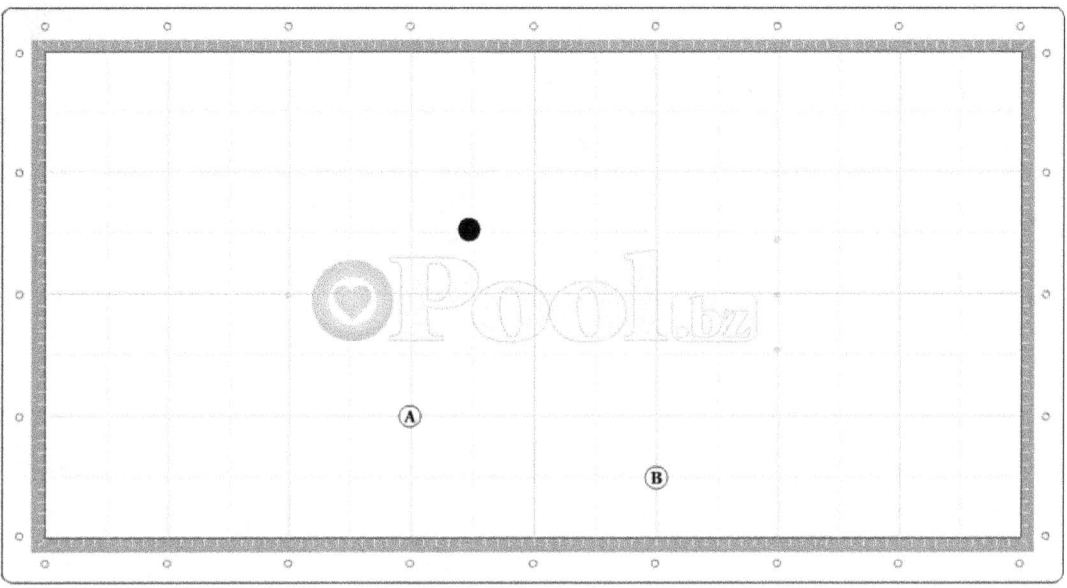

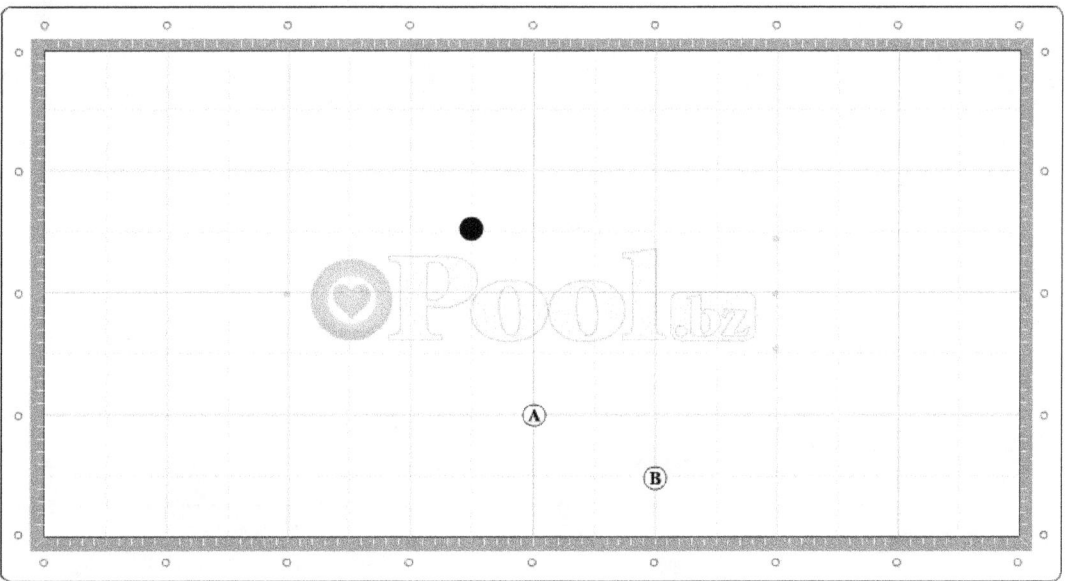

REMARQUES:

Billard Carambole: Plus énigmes et puzzles

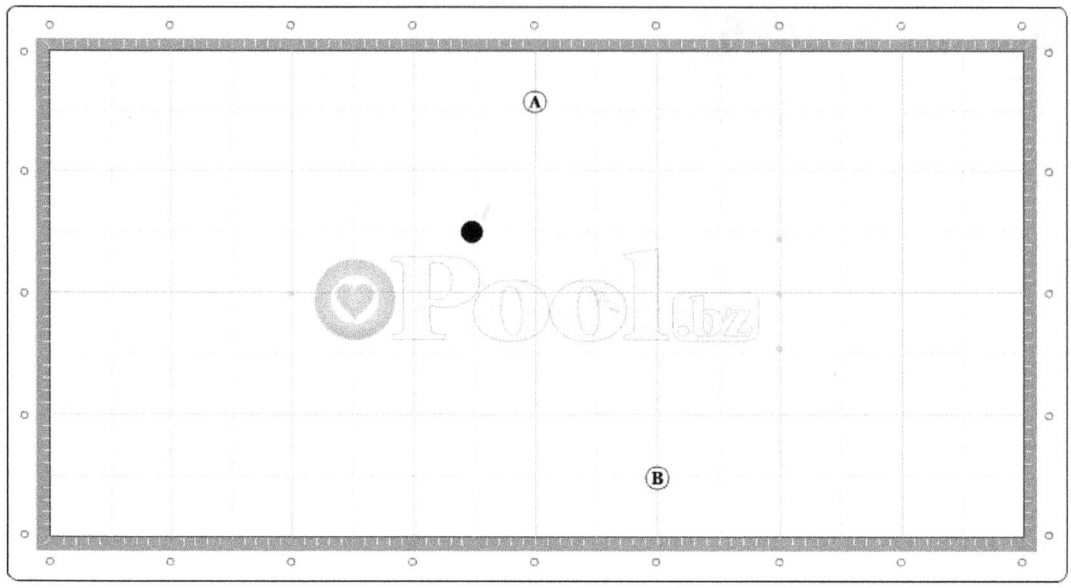

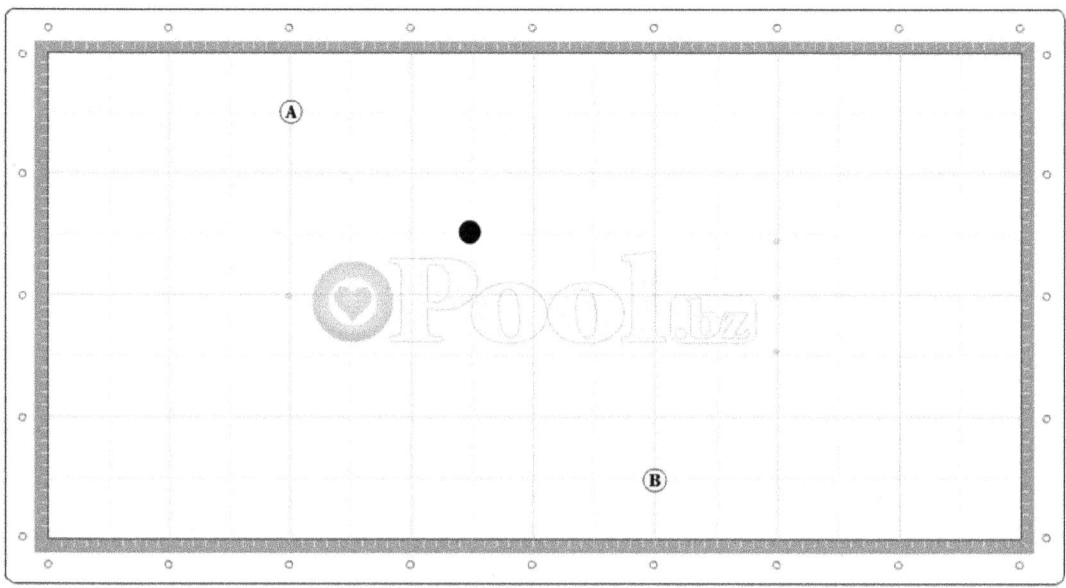

REMARQUES:

Groupe 6, set 7

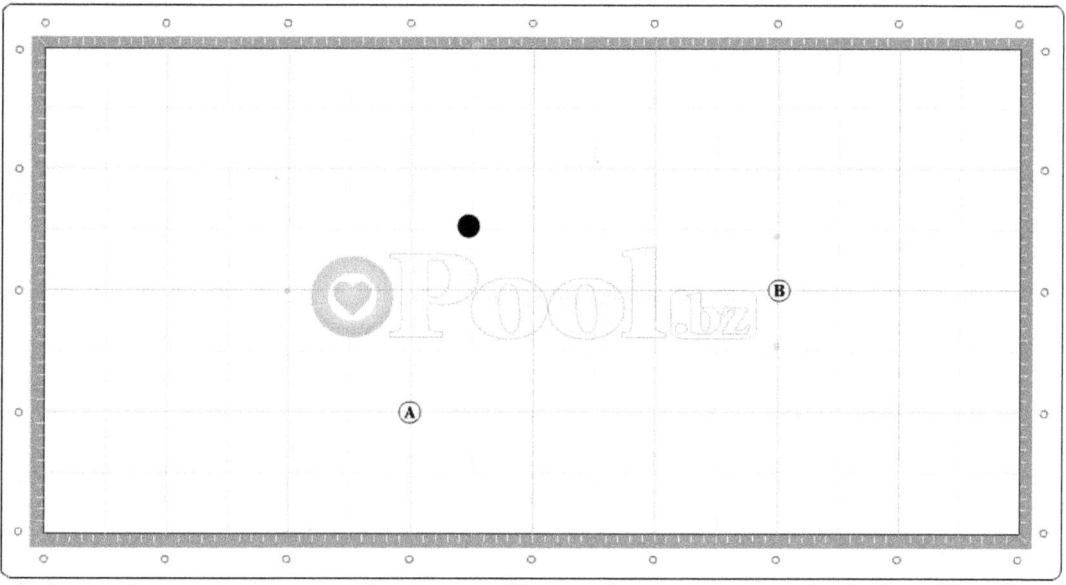

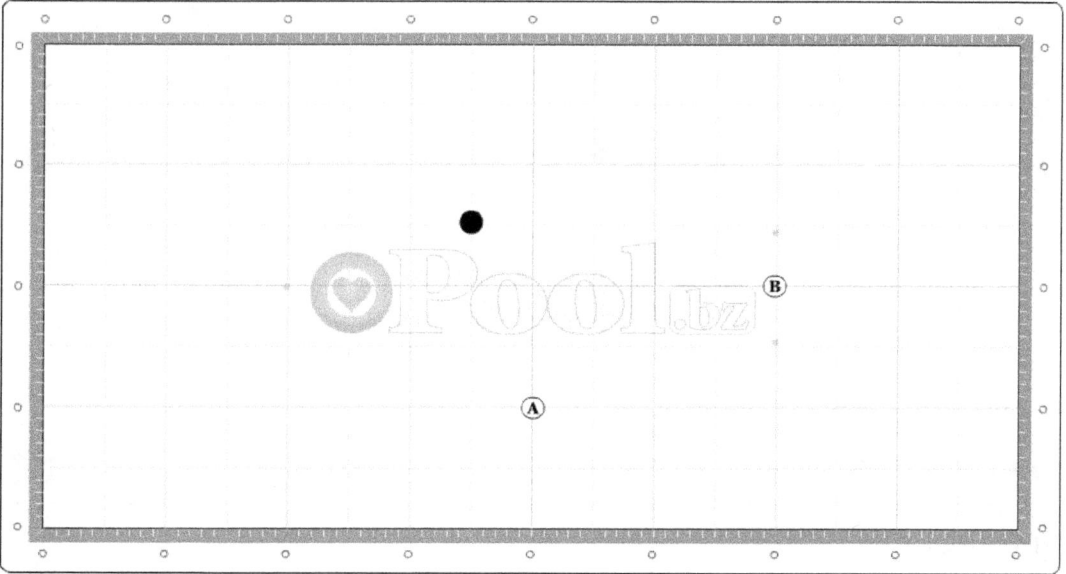

REMARQUES:

Billard Carambole: Plus énigmes et puzzles

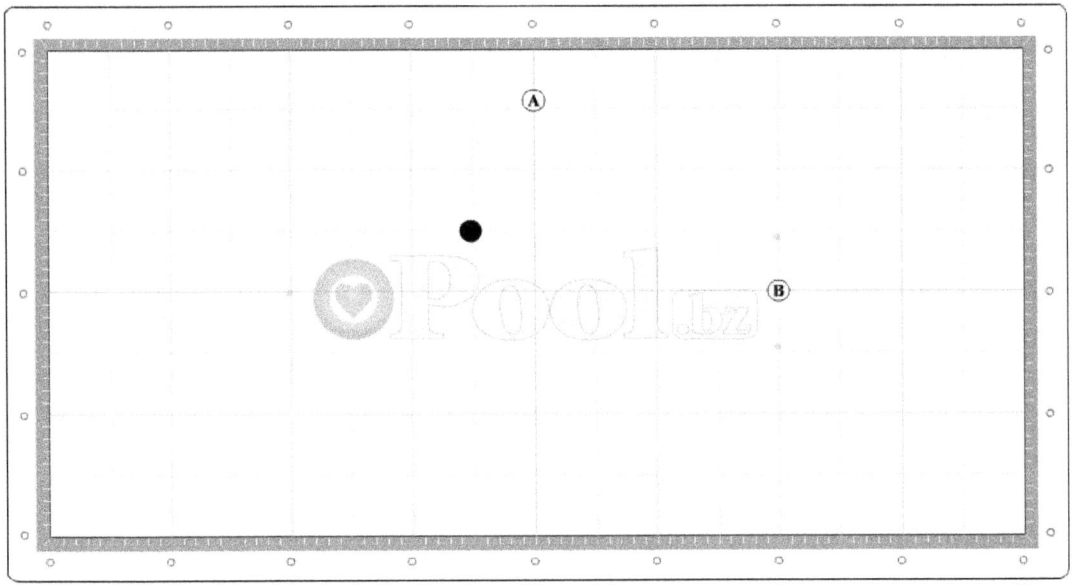

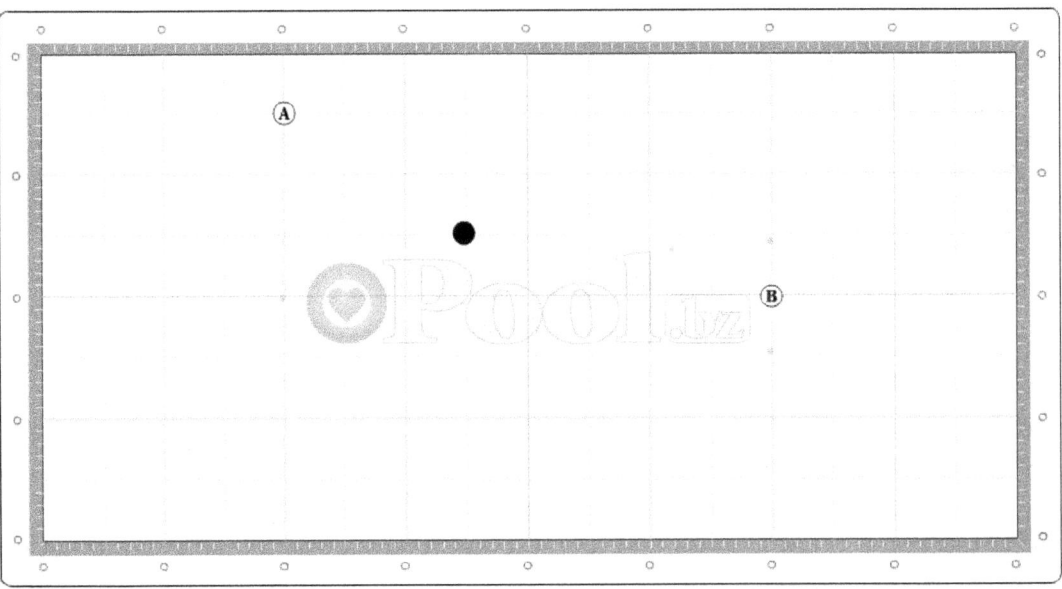

REMARQUES:

Groupe 6, set 8

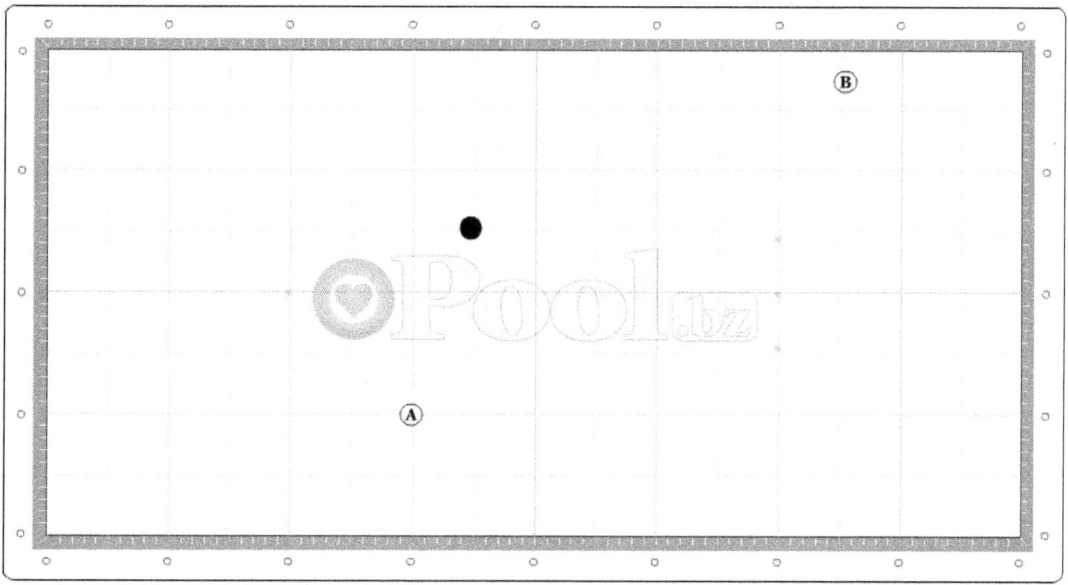

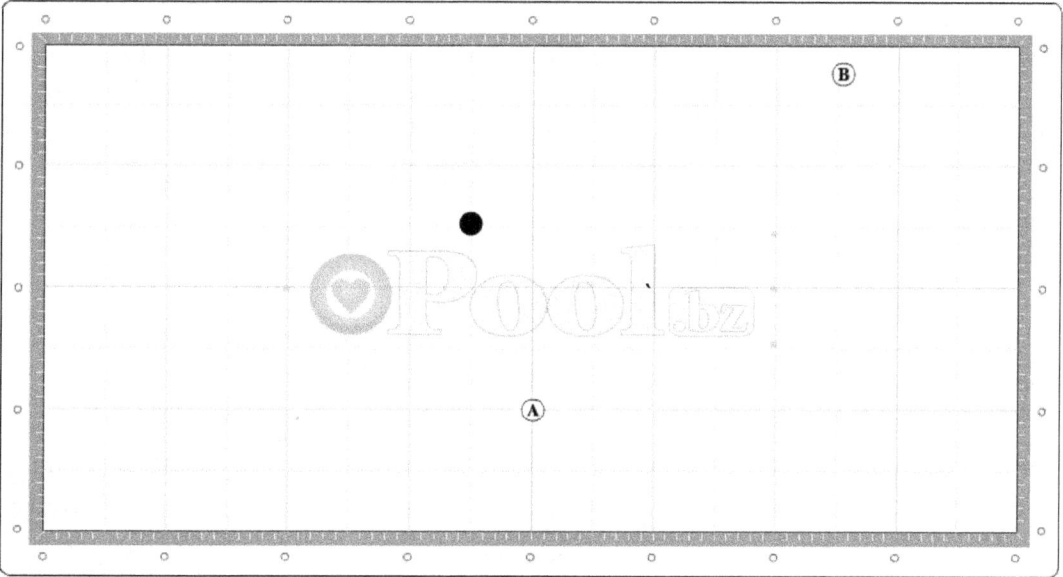

REMARQUES:

Billard Carambole: Plus énigmes et puzzles

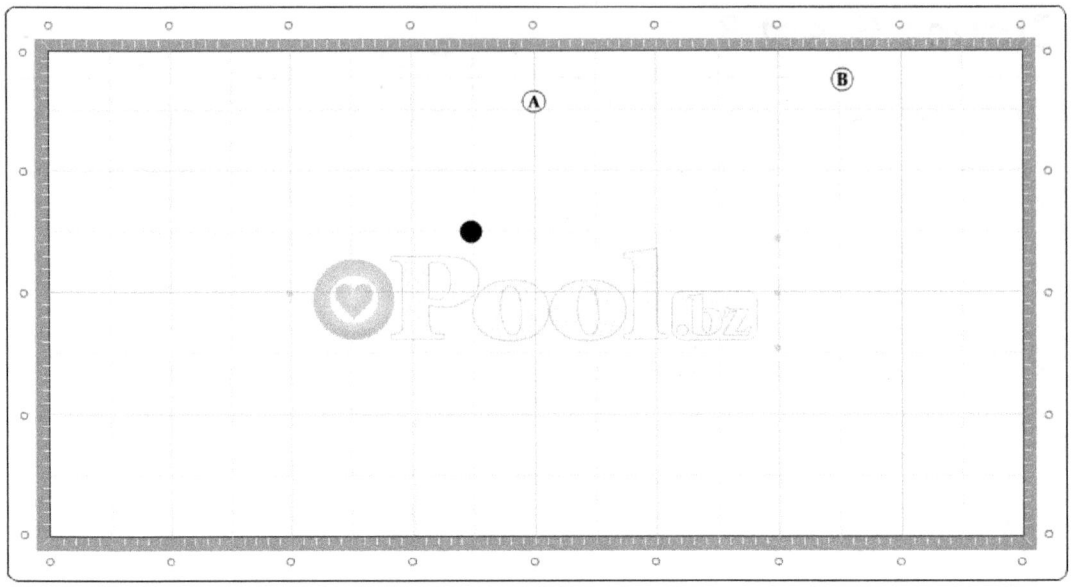

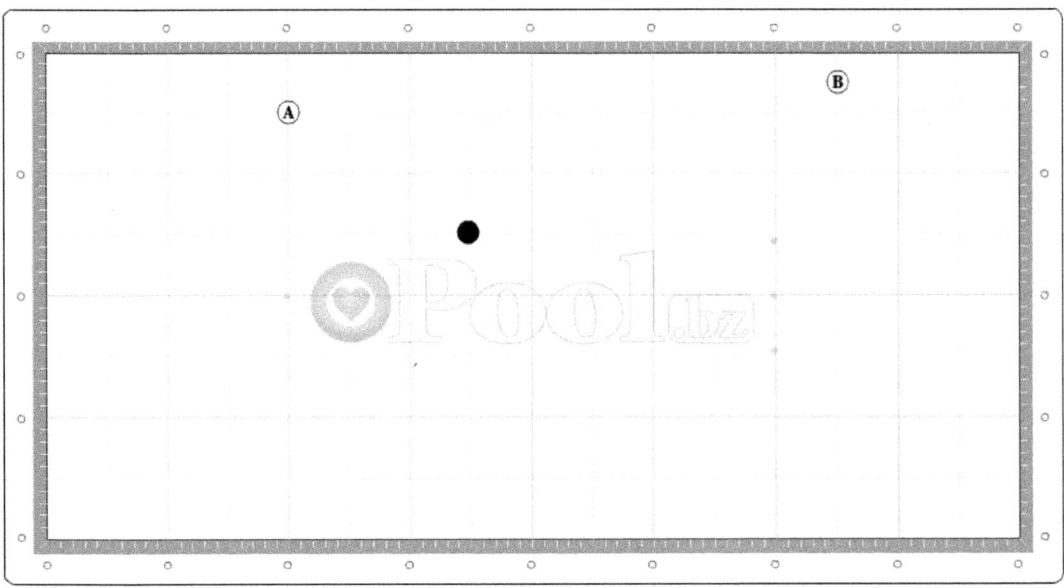

REMARQUES:

Groupe 6, set 9

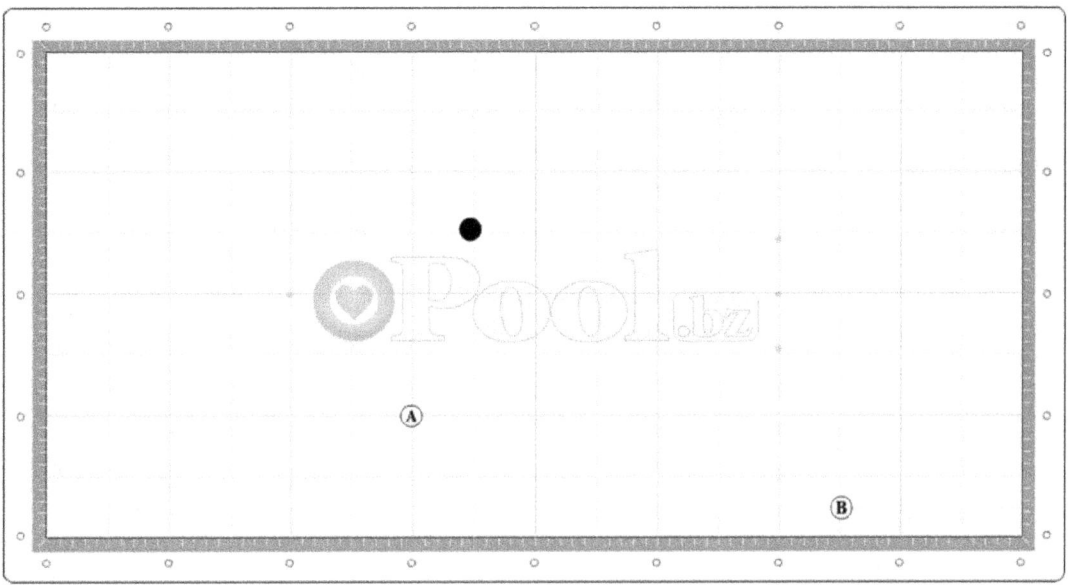

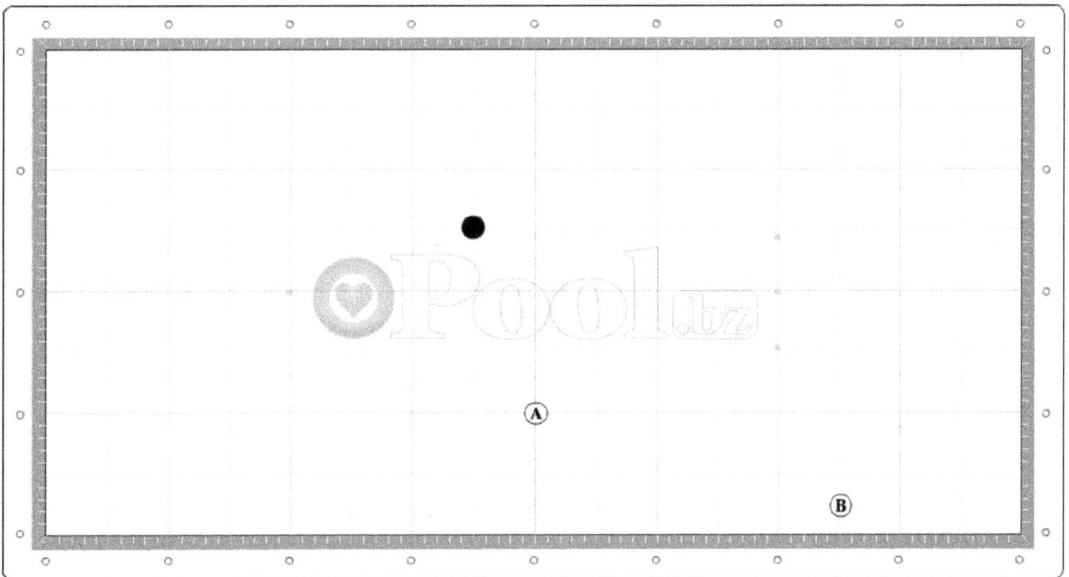

REMARQUES:

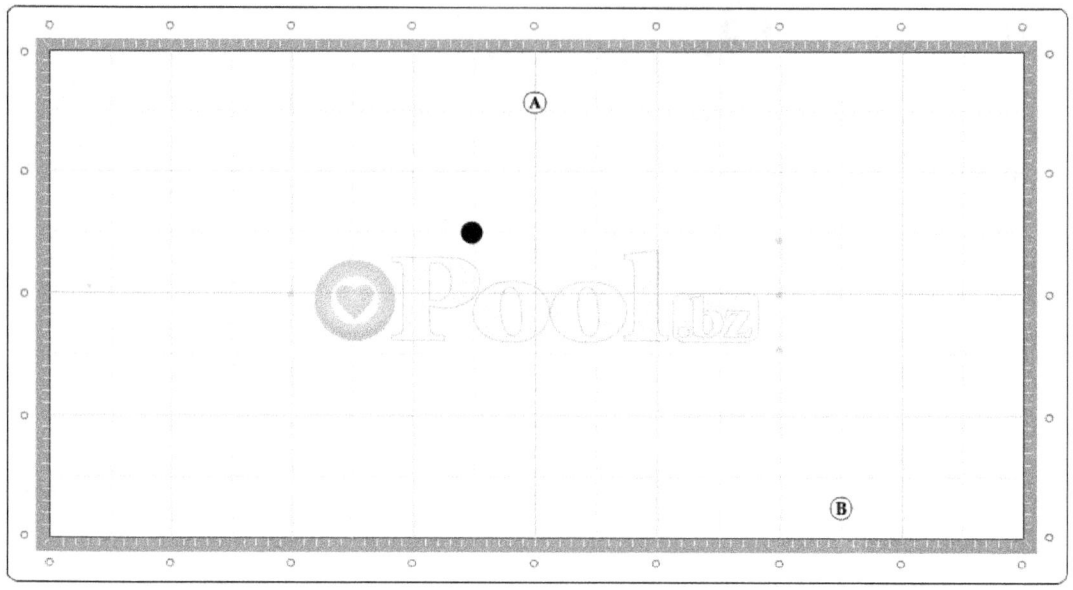

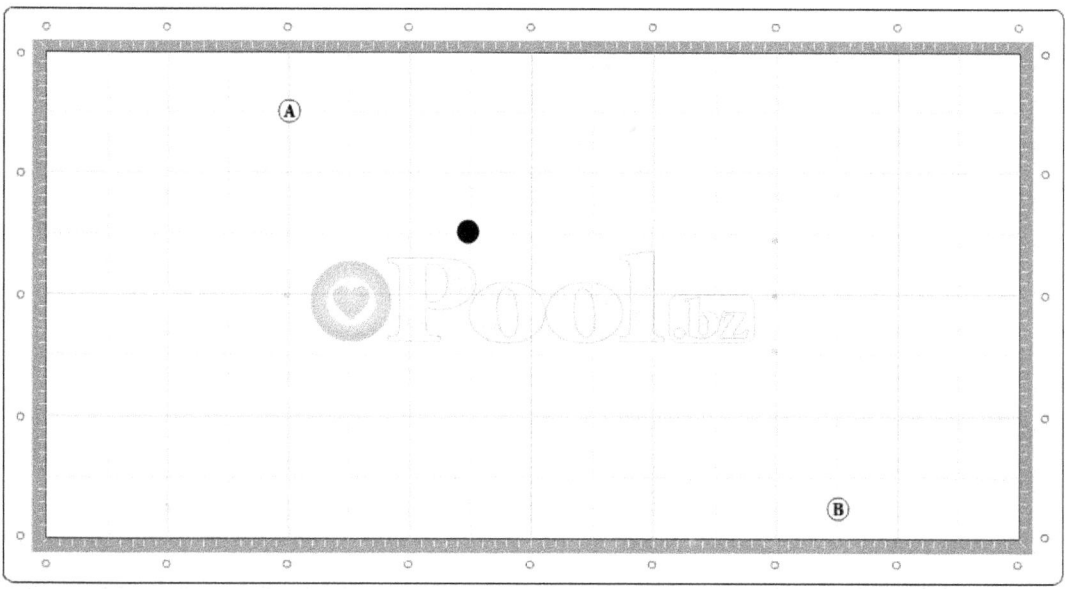

REMARQUES:

Groupe 6, set 10

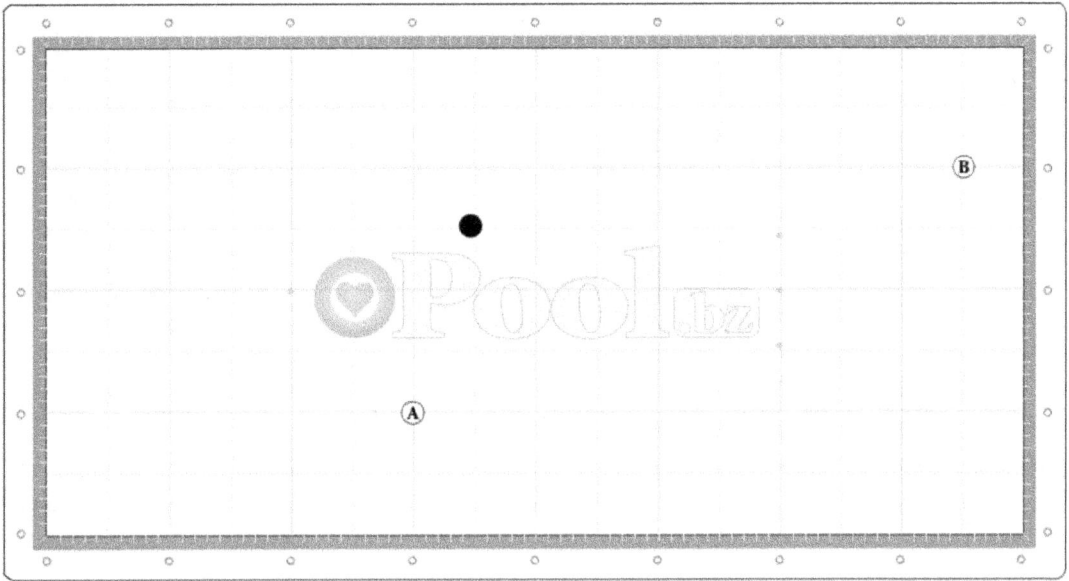

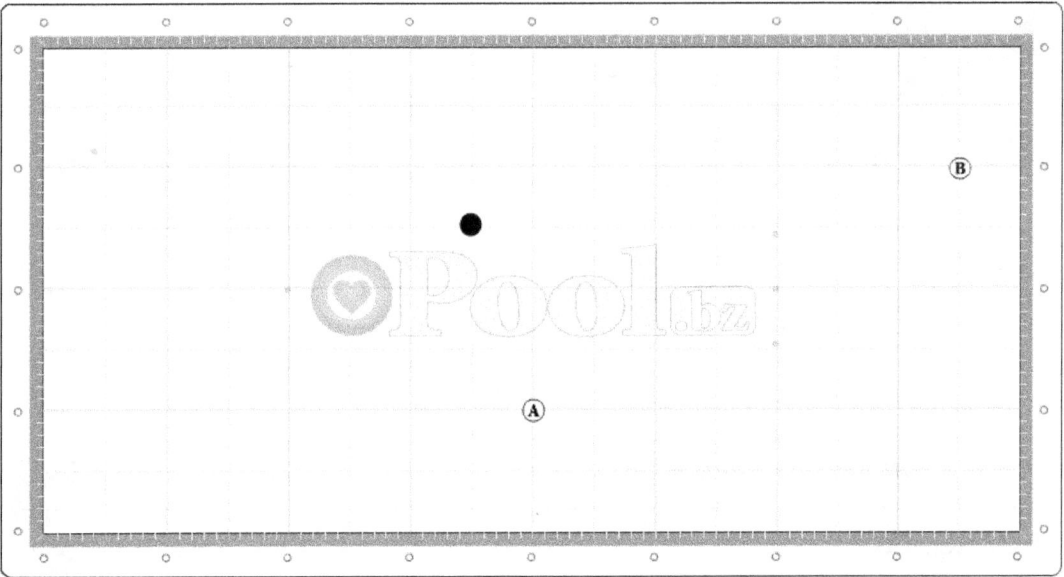

REMARQUES:

Billard Carambole: Plus énigmes et puzzles

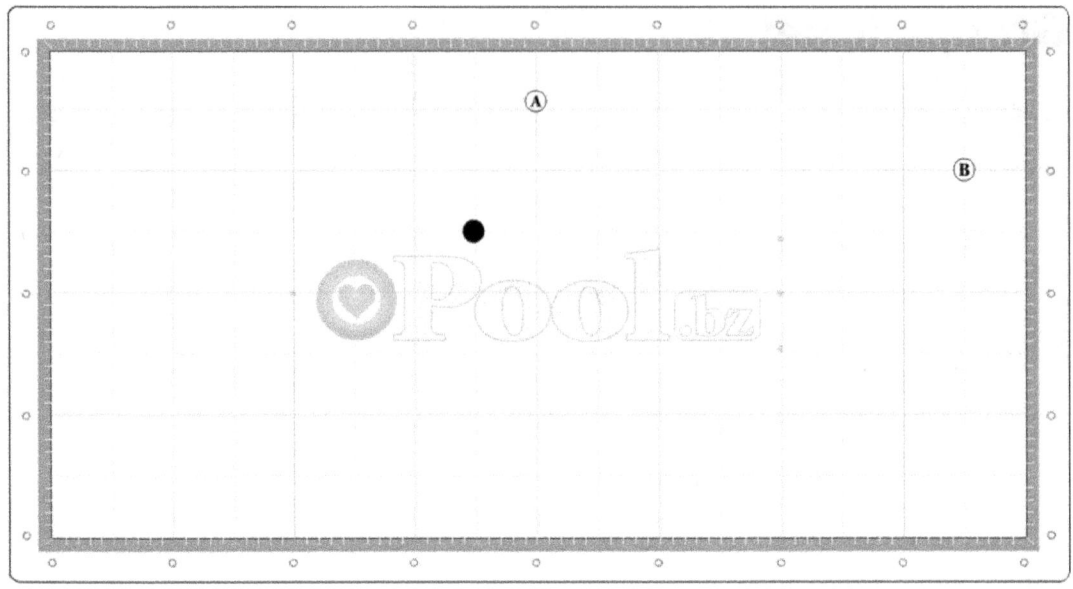

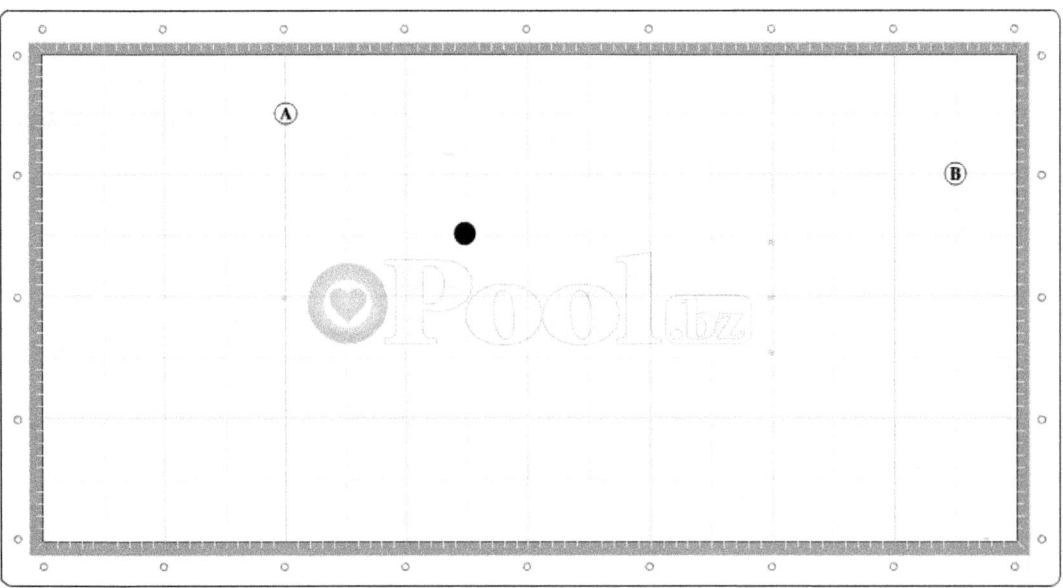

REMARQUES:

Groupe 6, set 11

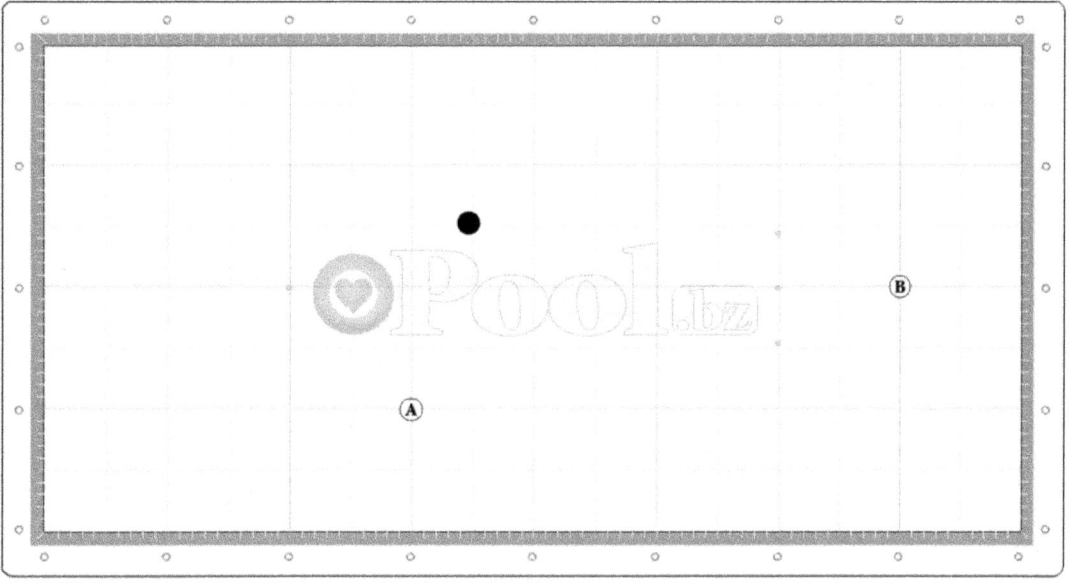

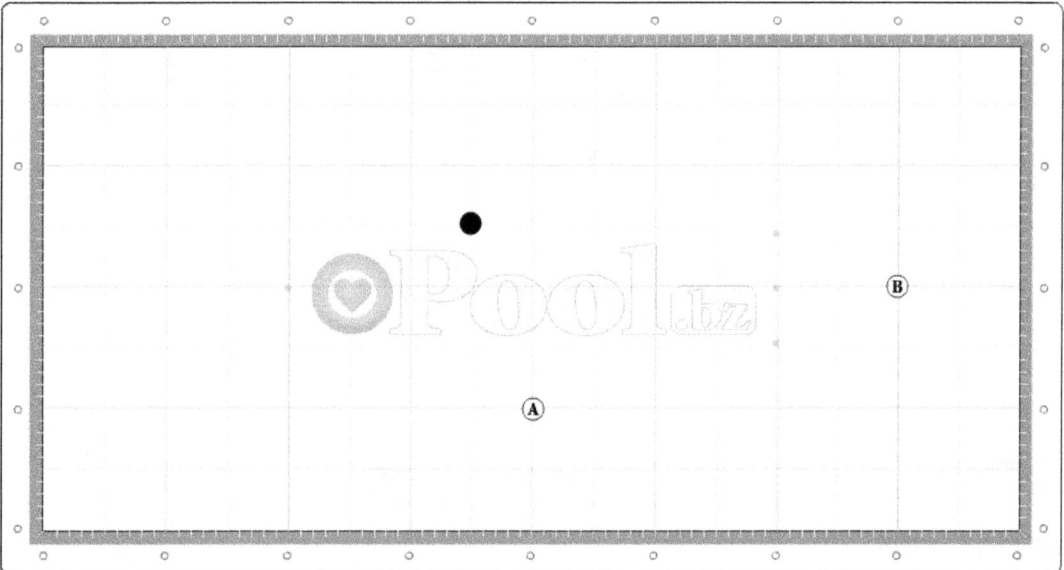

REMARQUES:

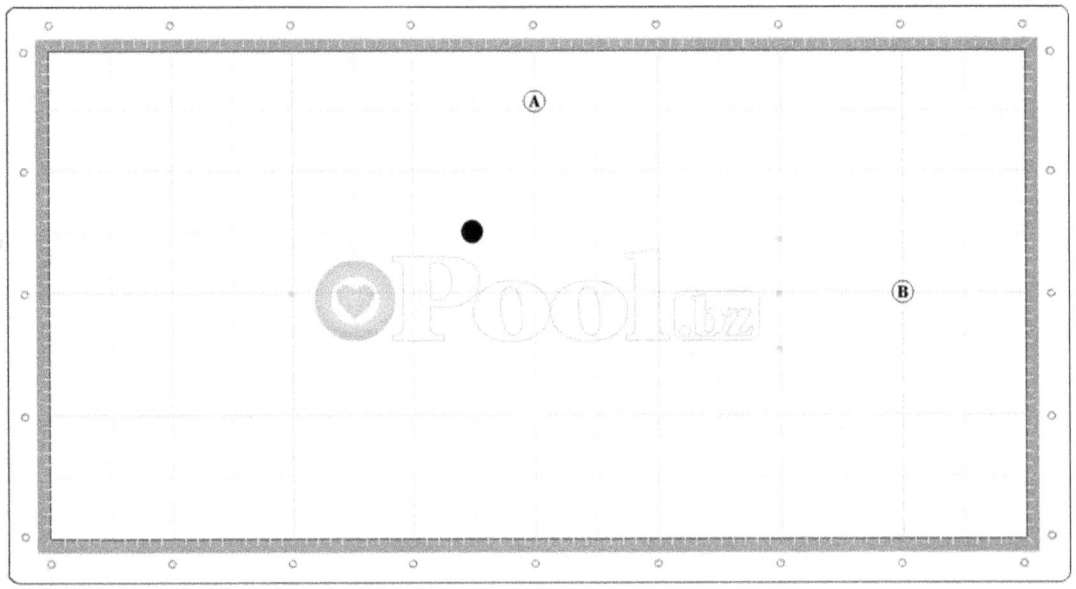

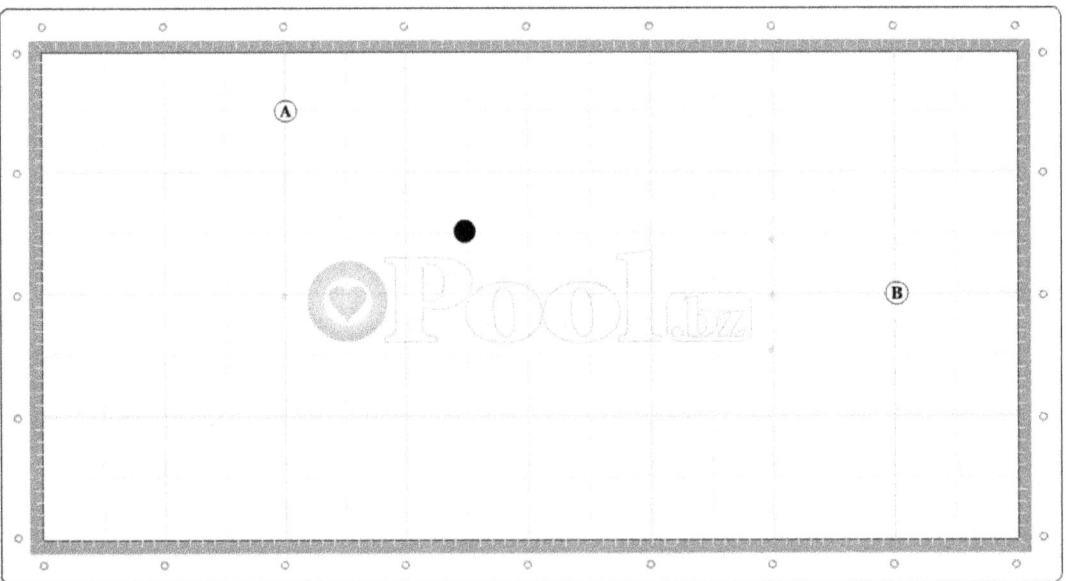

REMARQUES:

Groupe 6, set 12

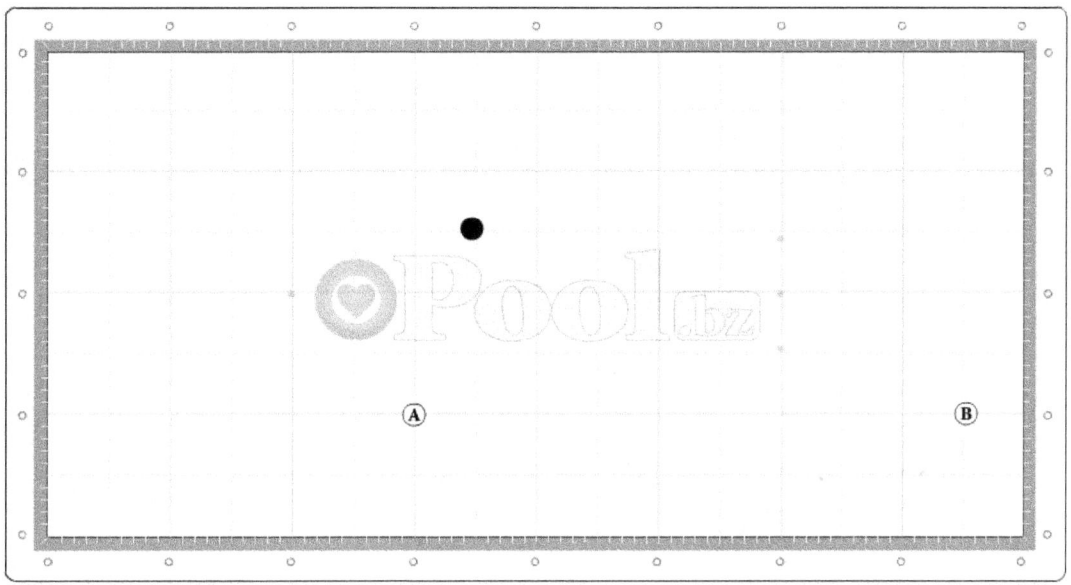

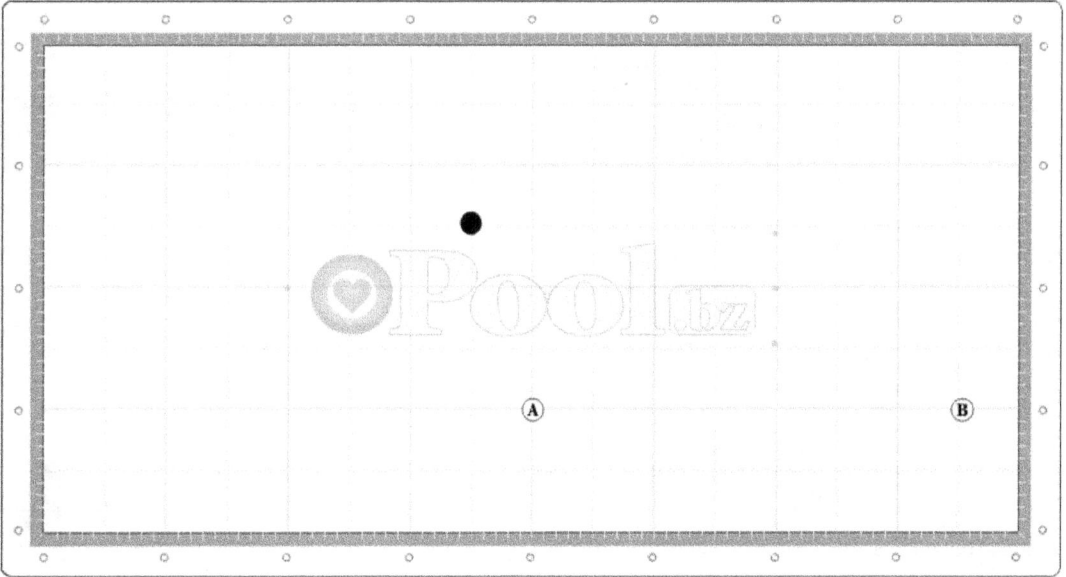

REMARQUES:

Billard Carambole: Plus énigmes et puzzles

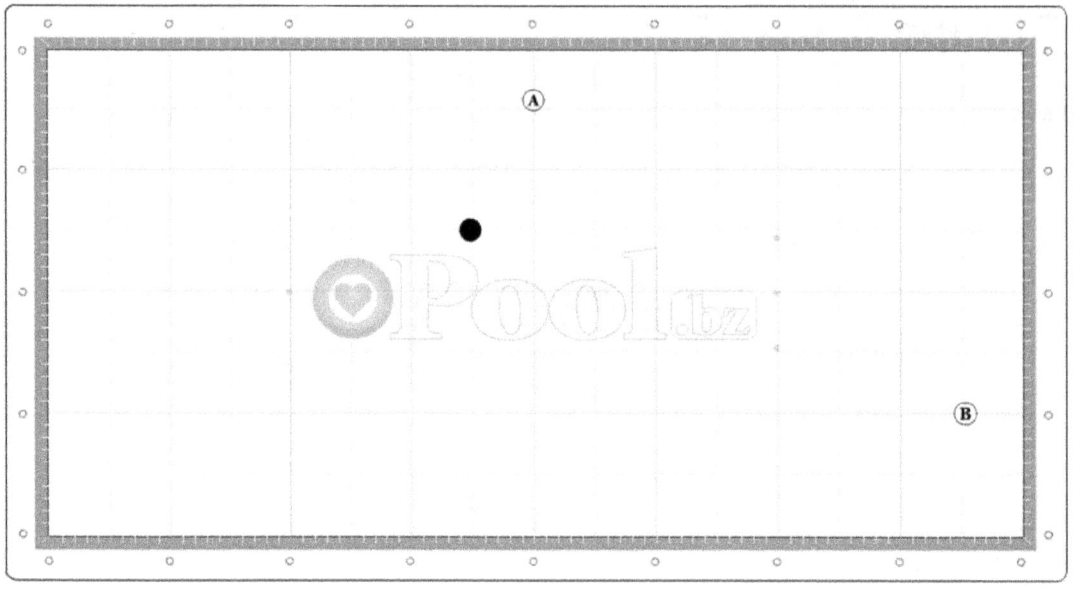

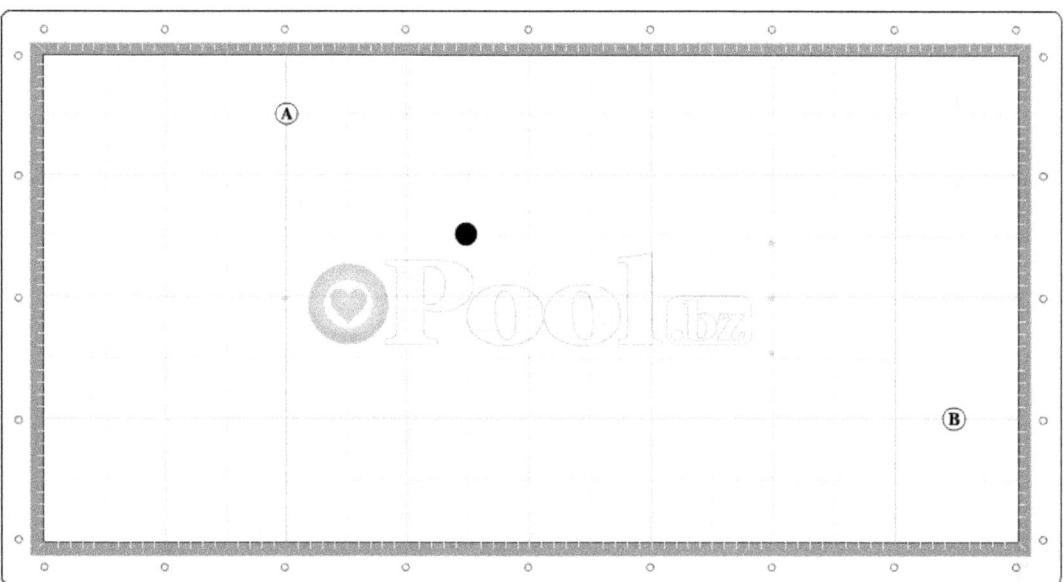

REMARQUES:

Tables vierges

(Imprimez-les pour capturer et pratiquer des mises en page intéressantes.)

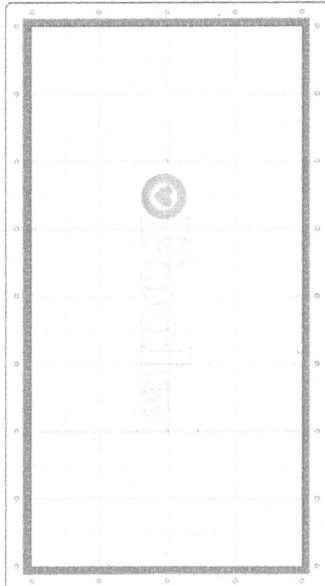
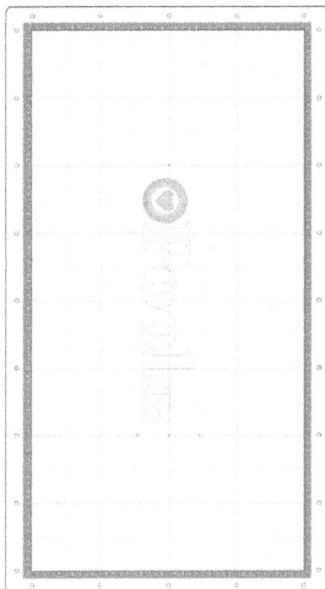
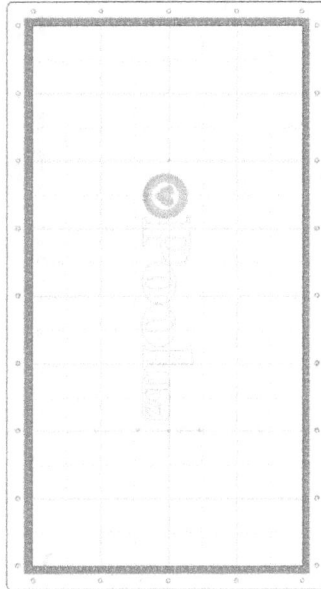
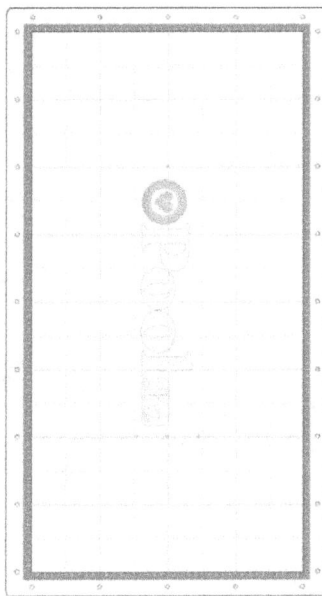
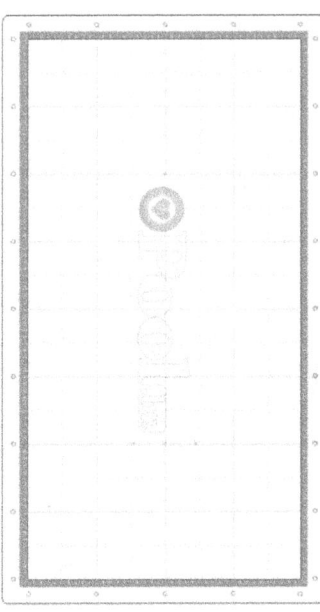
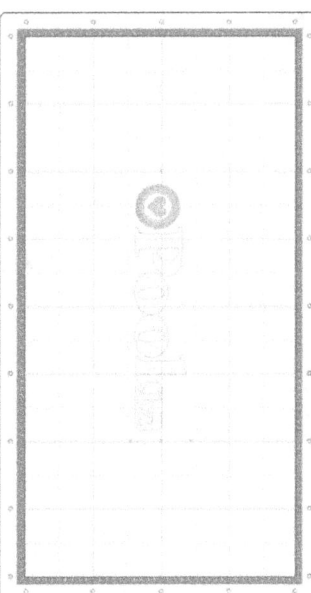

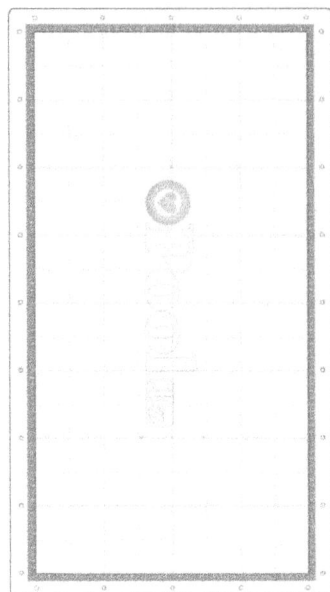

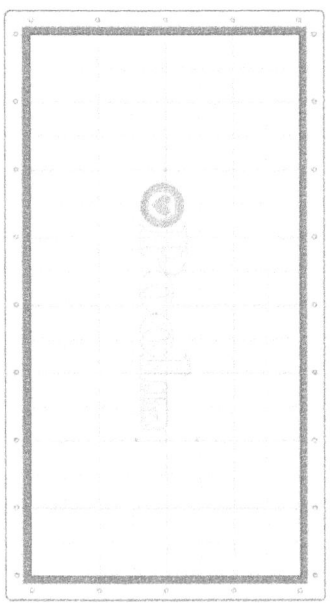
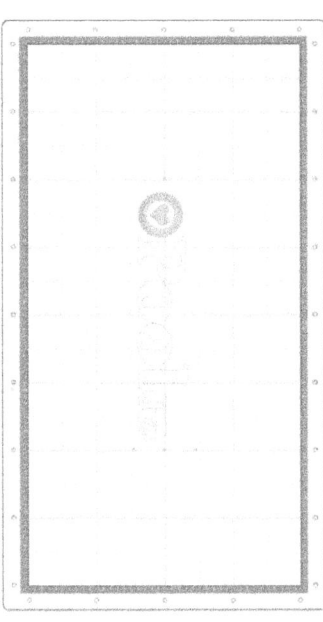

www.ingramcontent.com/pod-product-compliance
Lightning Source LLC
Chambersburg PA
CBHW082231180426
43200CB00037B/2790